寻拾遗落的记忆

锦屏文书征集手记

王宗勋 ◎著

中国出版集团

世界图书出版公司

广州·上海·西安·北京

图书在版编目（CIP）数据

寻拾遗落的记忆：锦屏文书征集手记 / 王宗勋著.
--广州：世界图书出版广东有限公司，2015.9（2025.1重印）
ISBN 978-7-5192-0287-3

Ⅰ.①寻… Ⅱ.①王… Ⅲ.①契约-文书-研究-锦屏县 Ⅳ.①D927.734.36

中国版本图书馆 CIP 数据核字(2015)第 230307 号

寻拾遗落的记忆——锦屏文书征集手记

策划编辑	杨力军
责任编辑	钟加萍
封面设计	高艳秋
投稿邮箱	stxscb@163.com
出版发行	世界图书出版广东有限公司
地　址	广州市新港西路大江冲25号
电　话	020-84459702
印　刷	悦读天下（山东）印务有限公司
规　格	787mm×1092mm　1/16
印　张	17.5
字　数	350 千
版　次	2015 年 9 月第 1 版　2025 年 1 月第 2 次印刷
ISBN	978-7-5192-0287-3/K·0294
定　价	88.00 元

序

张应强

  宗勋终于决定将"锦屏文书"征集手记定稿付梓,命我作文为序,自有他的道理,不敢不从。然领命之后,每每不知从何下笔,以至迁延至今。猜度宗勋本意,这部手记与其说是在记事,不如说更是一本心情日记,而我是其中大多数时间与事件的共同经历者或见证者,我需要做的已经不是手记的真实性说明,也不是对这些文字的社会意义与学术价值的评价,而只是表明一种态度、一种跟他在一起跟他一路走过来且感同身受的态度。

  2000 年深秋,我在清水江边结识宗勋,当时他在锦屏县负责档案馆工作,真的可以说是后来被我们命名为"清水江文书"(亦即"锦屏文书")的民间历史文献,牵连起我们这十多年共同的事业与深厚的情谊。在随后的一些年里,我们变成了形影相随的一个组合:中山大学历史人类学研究中心与锦屏县政府合作开展的民间文书收集整理工作,增加了我们的联系和沟通,苗乡侗寨更是留下了我们同行的足迹;我们在一起商量和安排学术考察及田野调查的活动计划,一起探讨和处理文书收集整理中出现的种种事务。

  特别要提的是,随着"清水江文书"("锦屏文书")收集整理研究工作的渐次展开,来自中山大学的本科生、硕士生和博士生,也陆续到清水江流域选点进行田野调查,他们都无一例外地得到了宗勋最直接的帮助和指导;而作为指导教师的我,甚至也因为有宗勋的相助与翼护,省却了为学生田野调查的诸多劳神费心。当然,这与我对宗勋的认识和信任有关。作为本乡本土的知识分子、文化人,宗勋不仅对生活的这片土地非常熟悉和充满感情,而且以副主编身份参与了 1995 版《锦屏县志》的编修,更担当了 2011 版县志的主编大任,任劳任怨、勤勤恳恳、踏踏实实,行走清水江两岸的村村寨寨,方物掌故了然于胸,著老乡贤广交成脉,是以职道正业之外有《乡土锦屏》《文斗——看得见历史的村寨》等隽永发微之作面世。

  宗勋为这部手记起名《寻拾遗落的记忆》,是他 1995—2010 年 16 年间工作实态的记录和心路历程的写照。前半段五六年间的文字,让我了解到了"清水江文书"("锦屏文书")重获学界关注和宗勋开始接触并加入相关工作的曲折过程,也感受到了学术薪火传承的偶然因素与必然逻辑,更明白了后来文书收集整理工作顺遂和卓有成效之所本所源。2000 年因缘际会,我与宗勋产生交集之后，共同经历的喜乐愁苦，在宗勋手记的字里行间，点点滴滴，恍若昨日。即使中间数年时间里，因为种种缘由，我带学生们南移都柳江流域开拓新的田野调查点，分水岭似乎也没有对我们的联系和共同的兴趣带来丝毫阻隔。或许，宗勋想要寻拾的，也包括了这些随清水江、都柳江流淌渐已模糊的记忆?!

时光如水，今天"清水江文书"（"锦屏文书"）整理与研究已然成为众多不同学科的研究者饶有兴味的热点。宗勋不无犹豫地抛出这部手记，人若测其欲溯本清源自我标榜，自是无稽之度；倒是于相关学术思考及研究实践有所助益之处，我可以在此略说一二。"清水江文书"（"锦屏文书"）产生和存留于民间，而且是直到晚近各自民族语言仍是当地社会交际主要工具的苗侗等少数民族村寨，这本身已经是值得关注和研究的社会文化现象；而手记中所记录描述的当地民众对这些家藏文书的态度、文书背后的故事等，不正是历史人类学研究中解读民间文献最基本的着手点吗？时常在指导学生围绕"清水江文书"（"锦屏文书"）展开田野调查研究的时候，强调参与观察的重要价值非访谈所可比拟及替代，原因就在于民间文书产生、保存和传承的逻辑与脉络，以及对民间文书原有文化生态的观照和把握等，是靠参与对象社会的日常生活，观察、体验、感受、感悟得来的。如果说，人类学具有学科标识性的田野调查工作成果，最基础的就是访谈笔记、观察笔记乃至心情笔记；那么，这部记录宗勋寻拾遗落记忆的手记，对了解"清水江文书"（"锦屏文书"）收集整理的过程、认识和理解其原有社会传统与关系网络，以至入手解读文书的"地方性知识"脉络等，都是大有裨益的。

手记的 16 年(1995—2010)是宗勋感触颇多的 16 年。而我与宗勋的另外一个 16 年(2000—2015)，有着我们共同的经历和不同的体验。时间已经过去，但记忆还在那里，于是历史仿佛就是当下，我们还在继续做些共同有兴趣的事情。最后，借我的老师陈春声教授为我和宗勋共同主编的《清水江文书》所写序言的一句话，来结束这篇短文："应强是苗族人，宗勋是侗族人，两位与清水江有着割舍不断的血缘和情缘的苗族和侗族学者，志同道合，一起从事数百年来主要由苗族和侗族先人创造的清水江文书的整理与研究，这样的工作，不但具有学术积累和思想发明的价值，而且也可以被赋予某种民族文化传承的象征意义。"

2015 年 7 月 28 日于马丁堂

（张应强，中山大学社会学与人类学学院院长、教授、博士生导师）

目　录

上篇　寂境叩问

1995 年

1995 年 10 月 24 日 上午，锦屏县政协副主席兼县志办公室主任姚炽昌，带领贵州省民族研究所副研究员杨有赓和日本东京外国语大学教授唐立先生，来到县志办公室（县民族旅社五楼），要求查阅亮司《龙氏迪光录》，我便将复印件提供给他们。

在唐立先生翻阅《龙氏迪光录》时，杨有赓先生在一边和我们交谈，说他是贵州省金沙县人，1964 年云南大学历史系毕业分配到贵州省民委工作。当年，他随省民委民族经济调查组来到锦屏，深入农村做苗、侗族经济历史情况调查。他们在三江、九寨、启蒙、河口等地，得到了有关锦屏林区历史的很多第一手资料。特别是在文斗下寨，他们从大队会计姜元均家里得去了 200 多份当时被视为"封建糟粕"的清代山林买卖契约文书。在高岑公社，他还同公社书记王世藩打上了"老赓"。回去不久，"文化大革命"爆发，调查组的那帮人或被打倒或靠边站，他自也靠边站了，他们从锦屏得去的那批资料便不知去向。然而，1980 年他在清理办公室时，无意中在准备运出去烧掉的废纸堆里发现了从文斗姜元均家得去的那批契约文书。过了不久，那些调查资料，几经辗转后又阴差阳错地回到他的手中。1988 年，他将那些资料整理成《侗族社会历史调查》一书出版，书中引用了相当部分文斗契约文书的原文，首次将锦屏林业契约向外界披露。前些年，日本学习院大学助教授武内房司先生通过这本书知道锦屏林业契约后，特地到贵阳来找他了解锦屏的林业契约。他便带武内房司来锦屏，在姜继源老主任的带引下到文斗做调查，在姜元均家又借去了一批契约。在武内房司的介绍下，唐立也来找他了解锦屏林业契约的情况。所以，这次他又带唐立先生过来。唐立是英国人，澳大利亚国籍，在日本东京外国语大学工作。

杨有赓说，今天下午姜继源老主任要带他们到平鳌村去收集清代林农佃山造林的契约，已经同平鳌的退休干部姜于休联系好了，老姜家里还保存有一些契约。

这是我第一次听说我们锦屏县内的民间林业契约。日本学者为什么大老远特地跑到这里搞这些契约？这些破旧东西为什么能吸引他们呢？我心里纳闷着。

1995 年 11 月 3 日　上午，杨有赓和唐立二人又一次来到县志办公室，要求再次阅读《龙氏迪光录》。这次杨有赓先生很高兴。他说，他们这次在平鳌收获很大，收集到了两千多份清代的林业契约，大都是清朝乾隆、嘉庆、道光这几个时期的。这些天，唐立先生在平鳌村一边研读这些旧契约，一边就契约方面的问题同村民进行访谈。日本人做学问认真、细致、刻苦，无论什么问题都要弄个清楚，这种敬业的精神很值得我们学习。傍晚，我送杨、唐二人乘卧铺车返回贵阳。

1997 年

1997 年 3 月 3 日　中午，我在上班路上遇见退休老干部姜继源（县人大常委会原主任），他说他家有一大包旧山林契约，要我去看看。到他家后，他从客厅沙发边大木柜的最底层拿出一个塑料包，里面有大小不一的契约 20 多扎。姜老主任说，这批契约是前年杨有赓带日本学者唐立到平鳌村姜于休家族收集来翻拍之后转退回来的。这些东西放在我这里无用，退回平鳌去又怕他们管理不好损失掉。你爱写东西，干脆拿去研究好了。我们锦屏是老林区，这些东西都是记录林业方面经验的，是先人留下来的宝贵财富，对研究林业发展历史和制定林业政策很有参考价值。前不久，杨有赓打来电话说，他去年到日本待了几个月，就是同唐立、武内房司他们整理研究这些东西。这些东西在我们锦屏农村还有很多，希望你们想办法把它们收集上来，今后要多做研究，争取做出点名堂出来。我粗略点了一下，这批契约有 1200 余份。我于是带着契约，兴致勃勃地到回县档案馆（1996 年 10 月，县志办公室撤销，有关县志业务移归县档案局，我由县志办公室副主任调任县档案局副局长兼档案馆馆长）。

记得前年，杨有赓带日本学者唐立来做田野调查时曾到过县志办公室，交谈中听他说过文斗、平鳌等村还保存有大批古代的林业契约，很有价值，但我未曾亲眼见过。回到档案局后，我打开那包"宝贝"，只见那些契约都折成三指大小，长短不一，纸张发黄、破旧。我选择没有破损的一部分尝试阅读，但见契约文书中所记录的内容都是清朝乾隆至光绪时期平鳌先人买卖山林田土、租佃山场栽杉种小米的合同协议，有的是卖木材款分配的记账单，有的则是山林土地权属纠纷的诉状和调解书文书。我觉得很有意思，于是看了一下午，越看越觉得它们是好东西，是遗落在大山深处的瑰宝，是散藏在农户家中的史页，是我们这个全国著名人工林区古近代林业经济发展的原始记忆。

看过后，感觉有点遗憾，如果早几年看到的话，肯定要把它作为特色内容写进《锦屏县志》里去。这时，我也终于明白了日本学者为什么对它们感兴趣，不惜漂洋过海大老远跑来这里收集研究它们的原因，日本学者的学术嗅觉实在是太灵敏了。人家日本人都这么感兴趣，我们自己能不能也利用这些东西做一些文章呢？

1997 年 3 月 4 日 上午，我把昨日到姜继源老主任家收得旧契约的事向局长杨义本汇报。我说，听说在我们锦屏农村，这种契约还有很多，希望局里把它当作锦屏特色档案组织人下去收集并加以整理，写些编研和报道文章加以宣传。杨局长说，现在不行，州局和县政府要求我们今年实现档案馆达标升级，我们的精力和重点是应付档案馆的达标升级。这些东西（指契约）待以后再说吧。

1997 年 4 月 17 日 我把从姜继源家得来的那包契约拿出来，逐张展开，用报纸夹压，然后放在库房的一空柜里。

1999 年

1999 年 11 月 15 日 我应邀到贵阳参加贵州省档案学术研讨会。晚上无事，便去拜会已退休在家的杨有赓老先生，并就从姜继源家里得来的那批林业契约如何整理、研究、利用等问题向他请教。杨老先生很热情，对我说，锦屏民间林业契约是很宝贵的东西，是人类历史文化遗产，日本学者对它非常感兴趣,今后一定能够成为文化品牌打到国际上去。他饶有兴趣地向我介绍了他应邀到日本同唐立、武内房司一起做锦屏林业契约整理的情况。他说,前几年他带那些契约出去时,省文化主管部门进行了严格的审查。他现在已退休,没有精力对这些东西再做深入的研究了,希望我能够继续将此工作做下去。他前几年带武内房司、唐立两位日本学者到锦屏县的文斗、平鳌两村做田野调查时收集去做研究的一两千份清代林业契约,现已用完,原件还放在他家里。我便向他提出将这些契约带回去,作为特色档案放在县档案馆里。杨先生当时就爽快地说,这些东西本来就是锦屏的,应该退回锦屏去。我又说,由于县里经费困难,想到省里来找些资金用于契约的继续征集和整理。杨有赓说,锦屏本地人做锦屏林业契约研究更有条件,更容易出成果,希望你王宗勋能够认真地去做。如果把锦屏林业契约做成了,对中国乃至世界都是一个莫大的贡献。

于是,杨有赓先生将一大包契约原件(未清点,估计有一两千份,都是文斗姜元均家的),连同他与唐立、武内房司整理的《贵州苗族林业契约文书汇编》手稿复制件(850 份)从书房内搬出,用一口旧密码箱子装交给我带回旅馆(省军区招待所)。

有了意外的大收获,我非常兴奋。当晚浮想联翩,一夜睡不着,盘算着按照杨有赓指点的路径,将这些契约搞出点名堂来。决定第二天就向省档案局领导汇报,请省局支持我们把这些契约搞成锦屏的特色档案。

1999 年 11 月 16 日 中午,我电话请杨有赓老先生来到我们开会的省军区招待所,与我一道将从他家里带来的那箱契约,在州档案局局长兰奕松的陪同下去找参会的省档案局领导,恰好省档案局局长刘强、副局长兼馆长蒋国生、副馆长李萌,省档案馆老馆长韩义义等领导都在。我打开箱子,将契约打开展示,杨有赓老先生则向几位领导简要介绍契约的价值和他与日本学者共同研究等情况。我则汇报想把这些契约搞成锦屏的特色档案,请省局支持些经费把它抢救整理起来的想法。几位领导看过契约后,并未出现我想象中应有的惊喜神情,都认为这些东西破损严重,抢救起来很费力。蒋国生、韩义义建议我从中选择一部分较有价值和完好的保存在县档案馆中作为特色档案。

对省局领导的答复,我感到有点失望。当晚,我又跑到杨有赓老先生家与他谈契约问题。杨老先生说,省局领导今天的态度我们要理解,因他们是第一次接触到这些东西,对契约的价值的认识得有一个过程,我们不能灰心。回去后,你要及时向县领导汇报,努力争取县里各方面的支持。我现在还能走动,我在贵阳也将尽量地支持你,帮你奔走呼吁。我相信,只要我们一起努力去做,今后是会获得上级支持的,锦屏林业契约是肯定能够搞出名堂来的。

1999 年 11 月 18 日　下午,我乘班车来到凯里,又将从贵阳带来装契约的箱子扛到州档案局兰奕松局长办公室,想请州局领导帮助协调省局解决些经费,将这些契约进行整理。当时,某副局长也在。某副局长看过后说,这些东西破损很严重,要整理很困难,干脆选择有点价值和较完好的保存,其余的烧掉算了。我不同意某副局长的看法,认为它们形式虽然破烂,但内容却同样都很重要。兰奕松局长说,王宗勋你不要争,整理这些东西确实需要经费,现在省里经费也很困难,州局根本不可能给你们解决经费。但这些东西也不要烧掉,没有经费整理就先放起来,待今后再说。兰局长答应继续同省局领导协调给锦屏适当解决专门经费,并交代我回县后尽早向领导汇报。当晚,我乘夜班车回锦屏。

1999 年 11 月 19 日　上午,我将装有契约的箱子扛到县档案局,先向局长杨从立汇报,建议县档案局将林业契约的抢救列为锦屏特色档案来重点抓。同时建议向县政府领导专题汇报,请县政府给解决些整理经费。如果县政府未能解决经费,则向省民委、省林业厅和档案局等相关部门争取。根据我的建议,下午,杨从立局长主持召开全局职工会议,决定安排人员由我负责将这些契约进行清理统计。局员工们在清理统计时,不断地埋怨这些破烂东西没有什么用处,是浪费人力。

1999 年 11 月 22 日　我与杨从立一起到县委找县委副书记王敏,向他汇报我从贵阳收得林业契约的情况和争取经费抢救林业契约的想法。王敏书记很支持,要我们尽快写出个专题报告交给县委和县政府来研究。他说,如果需要他去上面跑的话,他也乐意去。

2000 年

2000 年 1 月 4 日 我与杨从立一起到县政府分管副县长程安榕办公室，向她汇报从贵阳带回林业契约的事，请她向县政府主要领导反映，给档案局解决些经费用来整理这些契约。同时建议县政府向省民委、省林业厅、省档案局等部门写报告争取经费来做林业契约的收集抢救。程安榕说，她将向吴县长反映，请县政府适当安排些工作经费，同时也同意尽量向上级有关部门争取经费。

2000 年 1 月 12 日 经县政府分管副县长程安榕批准，我与县档案局杨从立局长一道，带上两件"五星"青酒乘班车上省档案局找领导汇报锦屏林业契约情况，要求给锦屏县在抢救契约方面给予经费支持。恰遇省档案局在召开地、州档案局长会议。在州局兰奕松局长的引见下，我们见到了省局局长刘强和副局长兼馆长蒋国生。刘、蒋二位局长对锦屏县能充分认识到民间林业契约的价值并积极进行抢救予以肯定。蒋国生说，你们带来的酒我们拿来会议上用了。你们经费本来就困难，今后就不要带这些东西来了。你们要求解决契约档案抢救经费，其实省局的经费也很困难，中央拨给全省的档案抢救经费每年也只有十来万，要考虑全省各地、州、县，所以只能撒胡椒面，每个县最多只能给几千块钱，今年不可能给你们专门经费了。明年在分配档案抢救经费的时候，可考虑适当给锦屏予以倾斜。蒋局长还对契约整理提了两点意见：一是由省档案局出钱出人进行整理，到时原件交到省档案馆，锦屏县留复制件；二是省、州、县三级各出三分之一经费抢救，锦屏先出启动经费，省、州下一步再做匹配，这样原件留在锦屏，省、州拿复制件。在回来的火车上，我对杨从立局长说，无论如何，林业契约的原件绝对不能让省、州拿走，一定要保留在锦屏，经费问题我们可以多渠道想办法。

2000 年 1 月 23 日 上午，我与局长杨从立、副局长吴育灿一道到副县长程安榕办公室，向她汇报我们中旬到省档案局争取林业契约抢救经费的事。程安榕要求我们就林业契约抢救经费问题向县委、县人大、县政府分别写专题报告。她还说,她近期要上省民委去办事,要县档案局以县政府名义向省民委写一份要求解决民间林业契约抢救经费的报告交给她带上去,如可能的话,她将去找龙超云副省长帮忙。当天下午,我起草了"要求支持锦屏县抢救民间契约档案经费的请示"交给程安榕带去贵阳。

2000 年 1 月 27 日 下午,我同杨从立局长到县人大常委会向主持工作的副主任王经勇(主任由县委书记文培良兼任)汇报林业契约抢救的事,请县人大予以支持,在财政预算上安排一定的经费。王经勇认为,林业契约非常重要,在解决山林权属纠纷和勘界工作上的作用尤为突出,他在农村工作时有切身体会,应予以抢救。他表示在下个月召开县人代会时,建议县财政安排一定的经费预算。稍后,我们又到县委找到县委书记文培良简要汇报。文书记说,林业契约要抢救,但具体得去找县政府,若县财政不能安排经费,下一步可在向上级争取项目经费时搞些匹配资金给你们。

2000 年 1 月 28 日 上午,根据杨局长的安排,我到县政府找县长吴荣阳,向他汇报抢救林业契约的事,请求县政府给解决相应的经费,并要求将抢救锦屏林业契约写进今年的县政府工作报告中去,同时将此项工作的经费列入 2001 年的财政预算。吴县长说,今年县财政有 1200 万元缺口,财政预算中不可能安排这项经费;政府工作报告要说的事太多,也不可能将这项工作写进去。林业契约要抢救,经费问题可以考虑从林业方面的渠道来解决。

2000 年 2 月 23 日 县政协五届第三次全委会召开。我起草了《要求解决经费抢救林业契约档案的建议》,请县政协副主席舒泽洲等委员签名列为提案,交到县政协提案委员会。

2000 年 5 月 16 日 我带县档案局 3 名工作人员到三江镇瓮寨村指导该村整理档案资料(2000 年,根据上级要求,县档案局开展村级建档工作)。说是指导,其实是我们去求村干们将所保存的文件资料翻出来,我们帮他们整理。村支书龙宜林很不情愿地将他所保存的一堆文件资料全部翻了出来交给我们,我们选择较有价值的整理成 4 卷。这些资料有相当部分是该村与相邻的天柱县高酿镇勒洞村争山界的材料。其中有十多份是清代至民国时期的山林买卖契约,这是我第一次在农村群众家里见到契约。龙支书叮嘱我们,这些契约不能装进档案卷里。我问原因,龙支书说,你们不知道,我们瓮寨村同天柱县勒洞村的山林纠纷搞了几十年,七几年的时候双方还动用了刀枪,有人死伤,惊动到州里,现在纠纷都还没有彻底解决。每次闹纠纷,都要把这些老契约翻出来拿去作为凭据。这些契约都是从群众手中借来解决纠纷的,用完之后要退还给他们。如果装进档案里,就不好退还给群众了。我们这里很多人家都保存有这些老契子,但都管理不大好。

看来,以前认为只有研究价值的民间林业契约,在现实的农村里还有难以替代的特殊作用,老百姓珍藏这些东西是有原因的。

2000 年 5 月 17 日 县档案局领导班子开会,我提议从局里抽出力量对我从姜继源和杨有赓两处收得来的数千份契约进行整理编目,杨局长同意抽出龙锦华等 2 人来协助我做此工作。

2000 年 6 月 8 日 我持几份裱糊好的林业契约原件与局长杨从立一起,到县政府分管林业的副县长顾先球办公室,请他帮忙协调县林业部门解决 10000 元经费用于林业契约整理。顾县长看过契约后,认为这些东西确实有珍贵的价值,应予抢救,但经费问题还得请示吴荣阳县长才行,吴县长现在出差在外,得等他来再定夺。

2000 年 8 月 16 日 我带村级建档工作组 3 人到启蒙镇者蒙村,督促该村建立档案室,并指导和帮助该村干部整理档案资料。该村的档案资料存放在一间低矮破旧的两层木质谷仓中。在整理时,我们发现有清代至民国时期山林契约等旧材料 40 多份,其中有一份还有民国时期因救护红军伤病员而被国民党杀害的杨和钧烈士的名字。村干部说这些旧契约是者蒙村与邻村雄黄村相争"五公山"的老凭据,非常重要。者蒙村同雄黄村者姑寨争"五公山"争了几十年,前段时间双方还发生群体械斗,者姑有人受伤,者蒙村有几个人被县公安局拿去关了。同时,还发现有一本清朝乾隆年间者蒙与邻村山林土地纠纷呈请龙里长官司和黎平府开泰县裁判的诉讼词稿集,但都损坏严重。

2000 年 8 月 24 日 下午,我同杨从立局长到县林业局找局长龙迪信,一是同他协商州表彰档案先进工作者(安排县林业局 1 名)名单,二是请他资助些经费用来抢救林业契约档案。龙迪信说,档案先进工作者就确定副局长龙本吉;林业契约抢救经费的问题,得同吴荣阳县长说说,具体还要开局长办公会来定,同时也要去看一下林业契约。随后,他派局党组书记姜家岳和副局长蒋文运、朱守健等到档案局来看契约物件。把林业局的人送走后,我心里很不是滋味,要找点经费来抢救这些契约为什么就这样难呢? 县里难道真的是拿不出这点钱吗?

2000 年 8 月 29 日 中午,我带村级建档工作组一行 4 人随茅坪镇驻宰大溪村干部潘斌步行六七里山路来到宰大溪村支书潘先涛家。听明来意,潘随即将在家的村干召集到他家(该村没有办公室),尔后去楼上扛来一个如过去农村供销社装饼干用的铁盒子,高和宽都约有 60 厘米。他说,我们村的大多数档案资料都在这里面。我们村与周边村的山林权属纠纷较多(特别是与茅坪下寨村),我当支书后,为不使本来就属于我们的山林落入他村之手,我们决定严管村里的档案资料。村两委发出通知,凡掌握有村里档案资料的村干和群众必须全部交到村里来,如有谁隐藏不交,今后发现就没收他的责任田、拆他的房子。所以我村的档案材料百分之八九十都已交来了。为了防止鼠咬和发生火灾时便于搬运,我特地到县城订制了这个铁盒子。

在该村,我们共整理出档案 27 卷,多数是山林权属纠纷调处方面的,最早一份是清乾隆时期赤溪湳洞长官司关于山场权属纠纷裁决的告示,还有几十份是清代后期至民国时期的山林买卖契约,1952 年土地改革时由天柱县颁发(1961 年以前该村属天柱县,1961 年才从天柱拨归锦屏就近管理)的山林土地证书还保存完整。

2000 年 9 月 6 日 我带建档工作组 4 人到彦洞乡救民村协助整理档案。该村干部大多都撂担子不干了,只有支书张先泽独撑。在整理档案时,发现有 50 来张清代中后期和民国时期的山林契约。张先泽说,这些契约是救民村与剑河县的培荣、方武(原称"番乌")等村毗连地带山场所有权的重要凭据，原来由村民保管。我们村与培荣、方武两村经常与发生山林权属纠纷，1983年,剑河方武组织100多人来破坏我们村盘罗钱林场,抢我们的财物,捆我们的场员,我们的人开枪自卫,打死打伤了那边的人。1992年他们那边的人又过来破坏我们种在那里的烤烟。只要发生山林权属纠纷,就要把以前与山场相关的契约翻出来做证据,拿到上级去解决。所以,这些重要的契约字据都集中到村里来统一保管。我们村里发生多次火灾,很多的契约都被烧掉了,很可惜。

2000年10月20日 下午,根据县政府代理县长王甲鸿的指示,县政府办公室副主任王明相带引来锦屏做田野调查的中山大学人类学系副教授张应强到县档案局找我,说张教授想了解锦屏的历史文化,要我做些介绍。张应强是毗邻剑河县人,苗族,英俊儒雅,低调随和,很有专业素养。我于是向张应强介绍了契约以及清水江林业历史文化情况。我们聊了一个下午,很是投机,大有相见恨晚之感。其间,我还向他展示了从杨有赓那里得来的那些林业契约。张应强对林业契约十分感兴趣,认为那是不可多得的珍贵历史文献。我对张应强说,这些东西我们县的农村还有很多,我很想把农村的这些林业契约都收集上来,进行规范整理,建一个特色档案室,以便对它们进行研究。只可惜缺乏经费,只能是空想。我斗胆向张应强提出,你能否弄得些经费来,我们一起合作搞? 张应强说,这事他不能定,需要回到学校后向陈春声等有关领导汇报,尽量争取过来与锦屏县合作收集研究这些契约。目前应先写些文章,向外界宣传,让学术界更多地了解这些东西,然后再向有关部门申请经费。

晚上,我请张应强到家里吃饭。当晚我们聊到很晚,我们描绘锦屏林业契约收集研究工作的前景:组织一帮人,用三五年的时间把全县民间保存的林业契约全部收集上来,结集影印出版,最后申报成"世界文化遗产"。张应强说,我们一定要把这事当作一项大事业来做,争取做出些实实在在的东西出来。

2000年11月1日 根据同张应强教授的商量,由我先写一篇全面介绍锦屏民间林业契约的文章,由他拿去香港有关学术刊物上发表,借以向国内外学术界做宣传。今天,我开始阅读所收集到的林业契约,对认为重要的、有特点的做摘录。计划用半个月到 1 个月的时间完成这项工作。

2000 年 11 月 14 日 下午,省档案局副局长兼档案馆馆长蒋国生偕省档案局法规处副处长欧阳锋一行从黎平来到锦屏检查档案工作。县档案局召开工作汇报会,县委常委、县政府常务副县长闵启华和县政府办公室副主任王明相,县档案局局长杨从立、副局长吴育灿和我参加。会上,局长杨从立汇报村级建档的工作情况,我则重点汇报锦屏民间林业契约的征集整理情况,吁请省里给予经费支持。蒋国生局长说,锦屏县的村级建档工作开展得很有成效,经验值得全省推广;锦屏是林业县,民间散存有大量林业契约,这些是锦屏的特色档案,非常珍贵,应加强力量予以抢救,对林业契约抢救工作我们省局大力支持。但目前省局的经费也很有限(每年只有 10 万元),这个问题主要还得由县里来想办法。闵启华副县长说,锦屏林业历史文化很有特色,很值得研究。他提议将林业契约作为一个课题,指示要我搞出一个具体方案来,争取列为县政府明年的一项工作来抓,经费问题由他去想办法。与会人员还参观了我们所收集到的林业契约。

2000 年 12 月 5 日 根据预约,我与杨从立局长乘班车到隆里乡,然后在乡党委副书记付厚璋的带领下到王家榜村征集契约。因保管者(村小学校长)不在家,我们回到乡里住宿。第二天上午,我们再去,收得契约 135 份。内容大多为土地林木买卖方面的契约,有少部分是水田买卖方面的。这些契约是该村“文化大革命”中从地主家里没收来的,先是放在大队革委会保管,后来就由村委会来保管。这批契约很多都破损了,其中有几份字书写得特别好,堪称书法作品。村委会吴主任向我们提出要求,交去的契约所有权仍归村里,县档案局只是帮他们代管。我们答应吴主任的要求,当场开具代管收条交给村干,写明契约交到县档案馆后,县档案馆只是代管,王家榜村今后可凭证明到档案局无偿查阅利用。当天下午,我们还转到新化乡映寨村(我有个熟人在当村干),恰遇该村的党员集中开民主生活会。听我们说明来意后,村干们便把收藏在村委会的 10 份契约交给我们。村干交代说,这 10 份契约是该村最重要的山界契约,要求县里要保管好,不要随便给映寨周边的村寨人看。

2000 年 12 月 17 日 我回到老家平秋镇魁胆村，找村支书王必炎和村长王生友谈收集旧契约的事，讲了把契约交到县档案馆统一保管的意义，想请他俩带头示范。他俩都答应把自家保存的契约拿到县里来保存，其他的人家则需要做思想工作。

2000 年 12 月 20 日 根据先前约定，魁胆村支书王必炎带他家保存的旧契约 252 份来到县档案馆交给我。他说，他家以前也有些契约，但因保管不好，损坏了不少，只剩下这么多了。村子里都是木房子，人又经常外出打工，这些东西放在家里很不安全，拿来县里帮保管可能要好些。我开具代管收据给他，并答应返还一套复印件给他。我还要求他到我们村里帮我发动群众，把契约拿到县里来保管。他答应回去试试看。

2000 年 12 月 31 日 我将写成的《锦屏山林契约简介》一文寄给张应强教授，请他修改和投送相关刊物。

中篇 携手同行

2001 年

2001 年 1 月 10 日 新化乡政府乡长杨从清来找我,说该乡映寨村要同黎平县高屯镇中黄村处理山林权属纠纷,需要查看去年 12 月份交到县档案局来的那几份旧契约,我便把映寨的那几份契约复印给了他。

2001 年 2 月 20 日 我到县委办公室向县委副书记王敏汇报中山大学张应强副教授有意过来与锦屏县共同收集研究锦屏民间林业契约的事。王敏说,民间林业契约已经是一种历史文化遗产,不属于档案,没有什么机密性。如果中山大学能出资金来帮助抢救和保护,那是件好事情。如果他们要求署名,那也不成问题。

2001 年 3 月 1 日 我电话向省档案局副局长蒋国生汇报与中山大学合作征集整理研究锦屏民间林业契约的想法。蒋国生说,在省和县暂时没有经费投入的情况下,这也是一个办法。但是有一条,林业契约的原件不能让他们带走,一定要留在贵州(我插言,一定要留在锦屏)。而且,下去征集契约时不能让他们的人单独下去,一定要有我们的人。

同日,我与杨从立局长一道去县政府向分管副县长程安榕汇报与中山大学合作开展锦屏民间林业契约的事。程安榕说,只要他们愿意出经费来搞,这是一件好事。至于他们要求署名,那也不是问题。

2001 年 3 月 15 日 贵州省民族研究所原副研究员杨有赓先生打电话给我,说他与日本东京外国语大学唐立、武内房司将前几年从锦屏收集去的林业契约汇编成《贵州苗族林业契约文书汇编》(第一卷),现已在日本出版。我要求杨有赓得书后送锦屏几本,杨先生答应。

2001 年 3 月 16 日 我被县委办公室抽调到县"三个代表"重要思想学习教育实践活动领导小组办公室工作,时间 1 年。我的工作职责是收集各单位学习和践行"三个代表"重要思想的信息,写工作简报和总结。

2001 年 5 月 15 日 我奉派随同县烟草局全体职工送水泥等物资到其帮扶的河口乡加池村去维修该村的小学校,采访其"先进"事迹。

加池村距县城水路约 35 公里,位于清水江的南岸。物资下船以后,由村里派人赶马来驮运。从江边沿着陡峭弯曲的毛石路上去约有 1.5 公里,沿路古树夹拥。因坡长路陡,上到村里,每个人已汗流浃背。加池村的海拔约 600 米。站在村脚的田埂上,可以清晰地俯见碧绿蜿蜒的清水江。

午饭在位于寨脚的村文书姜绍卿的家里吃。我是第一次到加池,在等午饭时,提出到村里去转转。村支书姜修璧便带我上寨子里去,先看村小学校,然后看村里的一幢古四合院。

村小学校是一幢四面倒水的两层盖瓦木房,二楼三面有走廊,其风格有点像遵义会议的那幢房子。房子的柱子和枋都很大,现在是很难找到这些材料了。但因年久失修,一楼柱脚和地枋都已腐烂;地楼板因严重朽坏而拆掉,师生便在坑洼不平的泥地上上课,两边窗户全无玻璃。二楼楼板也严重松动,只要一人在上面轻轻走动,整栋房子各个角落都知道。姜修璧支书介绍说,学校这幢房子是土改后不久砍四合院的木材来建的。因时间长了,损坏严重,村里没有钱维修,经多次反映,今天县烟草局的领导才送些瓦、水泥之类物资来补漏和整地坪。

四合院位于加池村的左边上,为杉木质瓦屋,由后面的主楼和前面的堂楼及两侧的厢房组成,主楼 3 层,前楼与厢房均 2 层。中间为一铺镶青石板的天井。年已 70 多岁的四合院主人之一姜绍烈老先生带引我们上到二楼。

二楼有一条走廊将主楼、前楼和厢房连通。后面主楼正中一间为堂屋,是家族开重要会议和宴请贵客的地方。堂屋布局讲究,正中摆一张象脚大圆桌,圆桌后面是神龛,神龛上设"天地君亲师位"牌,牌下摆有青花瓷祭器。两边则各摆四根靠椅和一根高脚茶台。客厅两边的中柱上挂有金字抱柱对联。圆桌和靠椅打造工艺精致,圆桌直径约 1.5 米,由两个半月形组成,合起来中间难看到缝隙。圆桌的周边和四只象脚都有精美的浮雕图案。靠椅的靠背上雕有花鸟虫鱼图形,每根的图样都不相同。姜绍烈老人介绍说,这套家具是四合院建好之后随即打造的,一个孙姓的宝庆师傅用了半年的时间才完成。平时不在此桌上吃饭,只有贵客来到时才动用此桌。姜绍烈老人说,这老屋(指四合院)始建于清朝光绪初期,已有 120 多年历史了。这四合院应该是锦屏县境内至今保存得最为完好的晚清纯杉木四合院了。

图 2-1 加池四合院 （王宗勋摄）

　　姜绍烈老人还说，楼上还有一箱的老字约。于是，我要他带我上三楼去参观。在三楼的一个大通间的边上，存放一个长约 1 米、宽和高约 60 厘米的樟木箱，上面积满灰尘，有铜质锁扣，但没有锁。姜老先生打开箱子，只见里面满是旧文书。一扎扎的捆包，估计有上千份。我随意抽面上的一包打开，全是山林土地买卖类的契约文书。姜绍烈介绍说，他们加池寨里旧契子还有很多。这些契子都是他们家过去山场土地的凭证，土地改革后土地交归集体，这些契子都没有什么用了。他们家的契子以前比现在多得多，有好几大箱子，由于几十年来没有人管理，被老鼠咬、虫蛀坏了不少。看到他们一家都保存有这么多的契约，我感到很震惊。除了契约外，这楼上还保存了清代的开山锄、凿石杵（木把铁嘴）、收购木材的"洪顺"斧印、拉木杠、纺纱车、织布机、染桶、烤笼、蒸笼、甑子、鱼花盆、小孩摇床（空心杉木制成）、棕编小儿睡床、铁铳、军棍、梭镖、练功石锁、清代兵勇帽和衣服、刺绣精美的苗女衣裙、雕刻精美的脸盆架和礼品架、青花瓷祭器、皮枕头等生产和生活用具。四合院里的这些契约等旧文书以及生产、生活用具，足可以开办一个小型的博物馆。在楼上看契约时，我便萌生把这些契约收集到县档案馆里保存的想法，但碍于同姜绍烈老人是第一次见面，不便贸然提出来。

2001 年 6 月 8 日 下午,我独自乘船第二次上加池村。船行至加池村脚时,突然看见江心屹立一块巨石,高出水面 3 米多,水面处直径 4 米多。我请教同船的人,他们说这叫"苗婆岩",是从北面的莲花山上滚下来的。上面还有一块叫"苗公岩",它俩原来是一对夫妻,后来因为吵架,"苗婆"负气就跑下来了。

我在村间的小店买了些糖果直接去姜绍烈家,同时带去登载有我点校的《三营记》(清光绪时平鳌姜海闻著,主要记录清咸丰至同治年间以文斗为中心,上起瑶光、下止平略的清水江一带 20 多个村寨组织的 3 个团练营抵抗台江张秀眉、天柱姜映芳等农民军的史实)和登载关于文斗、河口一带历史故事文章的书刊送给他。姜绍烈老人书读得不多,但非常喜欢看书,尤其是地方历史书。对我的到访,尤其接到我给的书刊后,他非常高兴。

在他家的火炉间,我向他了解他家的历史。姜绍烈介绍说,他们家原先有点家务(指家产),但人丁不旺。经过了两代单传,到他的太公姜恩瑞时,30 多岁都还是见女不见男,心里着急,就到文斗上寨脚干香去请客居在那里的湖南宝庆(邵阳)的堪舆先生张炳兴来卦算。张先生很厉害,他将太公的"八字"算后,说,不要急,有办法的。他要太公在现在住的地方"起大屋,接晚秋瓜"。 于是太公花了很大的本钱把这座房子建起来。这房子的木料大都是从 20 多里外的扒洞(今启蒙镇华洞村)买来的,中间两根中柱是紫檀木,也是从 20 多里的冒哨买来的。有一根运到半路被一个妇女无意坐了一下,就报废了,重新再买一根(加池一带习俗,宝梁和中柱绝不能让妇女踩跨和坐,否则不吉利)。屋顶的瓦和二三楼的楼板都是双层的,那是太公担心后人不中用而特意备留的。这房子建成的当年,他公(祖父)姜源林就果然出世了。所以,他们家非常感谢张先生,张先生在他们家生活了十多年,后来被塘东村的一个人接过去又生活了几年,最后死和葬都在塘东。张先生死后,他们家去挂扫了几十年,直到解放初期。他公生有 5 个儿子(盛荣、盛华、盛富、盛贵、盛昌),但只有 4 个当家,已当家四叔盛贵和未当家的小叔盛昌外出当兵不回来。他父亲是盛华。他奶奶过世后,他们几伯叔就分家了。土地改革时,他们几伯叔都被划为中农。否则的话,这房子和契约都不能保存到现在了。他们家现有 6 弟兄(绍烈、绍奎、绍平、绍榜、绍卿、绍勇),这房子现在为他们 6 兄弟所共,有 4 家还住在这里。这房子太老旧了,不好住,大家都想搬出去,但碍于经济跟不上,只有继续窝在这里。

我又要姜绍烈老人带我上楼去看那箱契约。看了之后便斗胆提出,你们家保存的这些契约对你们已经没有什么作用,但对国家来说却有很重要的研究价值。你们家的保管条件很不好,这样下去不用多久就会损坏完的,所以想拿到县档案馆去帮你们保管。他老人家半开玩笑地说,过去老人家常讲,"留得千年货,狗屎变黄金"。这些东西现在没有用,今后会有用的。放在这里都几百年了,又不吃饭,还是留在这里算了。再说这些东西是我们几弟兄共有的,我一个人说不能算数,得问其他几个老弟同意才行。

图 2-2 笔者在对姜绍烈先生做访谈

晚上,我在村文书姜绍卿家吃饭和住宿。姜绍卿是姜绍烈最小的弟(他们6兄弟中,只有绍烈是盛华所生,其余5人均是盛富所生),在四合院家族中排行老八,外号"八大块",嗜酒,会两手武功,在村里任文书。吃晚饭时,村支书姜修璧和村长姜锡干都在。我同姜绍卿商量,提出想把他们家的那些旧契约拿到县里去保管,请他支持。姜绍卿很是开通,说他没问题,关键是要二哥同意。姜修璧介绍说,二哥即是姜绍烈,是姜绍卿共祖父的二哥(绍烈的大伯盛荣生有一子,后夭折,按年纪,绍烈在众兄弟中排行老二),但全加池村的大人小孩都称他"二哥"。他是加池最爱文化的老年人,但思想也最保守,以前他家的契约谁都不让看,包括绍卿他们。他让你看是说明他喜欢你,是你和他有缘。我要姜绍卿去做二哥绍烈的工作,绍卿答应去试一下,姜修璧也答应去做其他几兄弟的工作。

2001 年 7 月 25 日 下午，我第三次到加池村，同样先去拜会姜绍烈老人，又带给他几本书，在他家（四合院）大门口的木头堆上同他聊加池村的历史，并请他晚上一同吃饭。晚饭仍在老八姜绍卿家吃，支书姜修璧、村长姜锡干和姜绍烈、姜绍明等一同参加，喝的是绍卿家的糯米酒。在农村，糯米酒是招待贵客的。村干们对我说，王局长，搭赖你才得喝这样的好酒咧！席间，我按酒规敬姜绍烈酒，他推辞了很久，最终还是喝了一口。姜修璧支书说，二哥一辈子不沾酒，今晚接喝你的酒，这是爱意得很了。开始我称他为"叔"，后来也学他们称他为"二哥"了。老二哥吃了一碗饭后就先离席了，我们继续喝酒。我又同村干们谈四合院契约的事情。村干们说，这事急不得，得慢慢来。我说，下个月准备带中山大学的张应强教授来加池村考察、看契约，姜修璧等均表示欢迎。

酒席散后，姜修璧支书向我提一个问题。他说，他们加池村小学校实在太破旧了，通风漏雨的，孩子在里面读书很造孽，要求我帮助他们联系上级把这所学校改建成砖木结构。到时，整个加池村的契约都可以交给县里去。他这个问题问得大了，我一无权二无钱，位卑言轻，怎么能够解决呢？但他们的问题确实又很实际，我只好委蛇应付："尽量帮你们去反映、呼吁。"

当晚，我在姜绍明家住宿。姜绍明为人较细致，但有点拘谨，喜欢照相，特别喜欢同文化人交往，他的客房布置得相当干净，有几分书香味。我同他一起睡在客房里，侃到深夜。他介绍说，他家也有些旧契约，约几百份，还有一把过去做木材生意收木材用的斧印和一把称银子的小秤。我趁机提出把他家的契约拿到县里去保管。他说，那些契约是他和姜绍锦等整个家族所共有的，他一个人没有决定权，得问大伙的意见。

2001 年 7 月 26 日上午 我在姜绍明家宽敞明亮的堂屋里向其父姜坤荣了解过去用契约管理山林的情况。姜坤荣老人已经 83 岁，面容慈祥，思维尚敏，很健谈，尤其他那银白胡子给人印象深刻。

他介绍说，在解放以前，有山就有契，加池几乎家家都有契约。那时，山林都是用契约来管理的，每家每户的山林都管理得很好。一旦发生纠纷，双方就各自拿出自己的契约作为证据，请地方上较有名望的人出面调解，如果调解不成,就带上禀帖和契约到县里去打官司。但总体上纠纷不多,人们对自己的山和林一般都很放心,不会担心有人来争抢。各家根据自己山上林木的生长情况和家庭经济需要来确定砍伐木材,家里遇有大事(如红白喜事等)需要用钱的年份就砍多些,不大需要用钱的年份就砍少些,保证每年都有木材砍卖。所以过去有句话,叫"杀不完的猪,砍不尽的树"。那时所卖的木材没有什么税费,收入全归自己。"土改"以后,山林收归集体,过去大家视如家宝的契约都成了废纸。后来国家的政策变得太多太快了,"土改"、"合作化"、"四固定"、"三定"等,山林一下子归生产队,一下子归大队,甚至公社,"三定"后才又归到个人。第二个是国家给的木材价格太低,集体的时候一方才几十块钱,这些年材稍高一些。解放前,家里卖一单木材能够办一件大事情,如买田地、建房屋、子女婚嫁等。解放后,卖木材要交这费那费,卖一单木材得不了几块钱,办不了什么事。第三个是山林纠纷多。树木小的时候倒还平静,到了木材快成材可砍伐即将变钱的时候,大家都来争了,政府发的"山林证"不太管用,远不如过去的契约。他们加池村与中仰、格翁、锦来、文斗、岩湾等周边村寨都发生过山林权属纠纷。听了姜坤荣老人家的这一席话,我感觉到他老人家对当今国家的林业政策似乎不太满意,而对过去用契约管理山林的时代很留恋。从他的言谈中,就可以理解民间保存有大量旧契约的深层原因了。

2001 年 8 月 6 日 我写的《珍贵的锦屏古代林业契约档案》一文在《中国档案报》第三版刊登,这是第一次在新闻报刊上较全面地向外界介绍锦屏民间林业契约。

2001 年 8 月 17 日 中山大学人类学系张应强副教授第二次来到锦屏。18 日,根据约定,我请已退休的县人事局局长姜高松作陪,带领张应强乘船上加池村,重点到四合院和姜绍明家里看契约。张应强是第一个到加池村的学者,村里很当回事。到村里后,姜修璧先带我们到四合院看契约。晚上,村里在"八大块"姜绍卿家款待张应强和我,我特意请姜绍烈老二哥来作陪。

饭前,我们向村干们了解加池寨名的来历。姜修璧支书说,加池苗语称为"shēi xí"。传说,以前加池老人到黎平府去报粮,府台老爷问有烟户多少? 老人回答说:"九家半。"老爷问:"怎么说有九家半?"老人回答说:"有一寡妇,所以只算半家。"老爷说:"九家半不好计粮,加到十户来。"于是村名就叫作"加十",后来就写成现在这个名字"加池"。村干们都非常高兴,不断地感谢张教授不辞山高水远来到加池,同时也感谢我把贵客带来。席间,我再次动员姜绍烈兄弟将契约交到县里去代管,几个村干在一边帮腔助力,老二哥于是松口,同意将所存的契约拿到县里去保管,供给国家做研究,但前提是不能丢失和损坏,同时还不能随意让别人看。当晚,除了老二哥外,大家都喝了很多酒,村长和文书都醉倒了。

晚上,我们住在姜绍明家。姜绍明及其妻子都非常热情,又是烧茶又是摆糖果什么的。

2001 年 8 月 19 日 上午,我和张应强先在姜绍明的堂屋里看了他从楼上搬下来的契约等文书。他家的契约文书用一口藤箱装载,约有五六百份,还有几本抄录过去买山林田地和告状词稿的簿子。我们翻看契约时,姜绍明又在边上摆茶和糖果。看了之后,我们在村里及寨边田埂上随意转了一下。

下午,我与张应强在姜老局长的引带下,从加池翻山走文斗。路上,我试着同张应强说,加池村想改建村小学,你们能否联系到愿捐资来搞希望小学的人?到时,整个加池村的契约都可以拿出来。张应强说,这事得同陈春声老师他们说,他们或许有办法。当晚,我们在下寨村村长姜达齐家食宿。村干们对张应强和我也非常热情,说张是继日本武内房司之后来文斗的第二个大学教授。

姜达齐有个兄长叫姜达峰,又名姜穆,国民党时期在锦屏中学读书时,因与同学赌钱被学校处分,深觉无脸见父母,便自己跑去国民党部队当兵,淮海战役时被解放军俘虏,后逃脱跑到台湾去了。现居住在台湾,已是台湾著名作家,写有很多书,获了不少奖项。正在吃晚饭时,只见外面电闪雷鸣,大雨瓢泼。一声令整栋房屋震动的大雷响过后,全村停电了(村边的变压器被雷击坏)。我们一伙人在黑暗中把饭吃完,之后就听村干们侃文斗的历史和姜达齐家的故事。他们说,姜达齐小时曾被土匪"关羊"(即绑架),家里卖了几丘大田凑一碓窝(旧时舂米用的石槽)银子才将他赎回来,后来给他取外号叫"碓窝"。因被绑架后他不停地哭,嘴巴叫绑匪给撕破了。

2001 年 8 月 20 日　我和张应强一样是第一次来到文斗。以前听说过这个寨子古树特别多,有著名的"六禁"碑和一株树洞里可以摆一张桌子吃饭的古银杏树。文斗海拔同加池差不多,在村寨里的很多地方可以看到清水江。雨后的文斗寨里,空气非常新鲜,胸肺大受其益。上午,我和张应强在姜高松等人的引领下在文斗村里参观,走石板街,看成群的古树、古朴的寨门、苔藓斑驳的石碑和仅剩残垣断壁的古豪宅以及考究的祖坟。看了过后对文斗的印象是生态环境非常好,整个村寨 300 来户人家隐藏在古木荫蔚之中,具有深厚的历史感,很有旅游开发价值。印象最深的是下寨的古银杏树、红豆杉群和两座古朴的寨门、雄严的诰封碑群。

下午,我们返回锦屏,村干们放鞭炮送我们,一直送到河边码头。

在河边等船时,我同一个 70 多岁的舒姓老人聊旧契约的事,问他家里是否还保存有旧契约。他说,他们河边人过去大多是穷人,没有山没有田,现在所有的山和田大多是"土改"时从文斗寨上分下来的。他们这里除了姜姓外,大多是从外边搬来这里同文斗寨上的大户人家种田管山的。俗话说"善管田地恶管山",因人手单薄,过去也不敢买山,怕管不了。他的祖父和父亲过去都同别人栽山,从不买山。一年种上两三块山,基本上能吃饱。给山主栽山,包多少钱,按主人的要求砍山、炼山,栽满杉苗,并管上两年,然后向山主领钱,既不要他们的地间杂粮,也不要他们的"栽手"(指佃户同山主按比例分得所栽林木的劳动股份)。得钱后,再去同别的山主栽山。

2001 年 8 月 21 日　我陪张应强在县城和卦治考察,这两处都是过去"当江"(即主持和垄断木材贸易)的地方。张应强主要是看过去"当江"时所留下来的窨子屋、石板街、码头、碑刻等痕迹。在卦治,得到村民的热情指引,我们在江对岸莱园小学侧下面的江边发现了一块被村民们称为"基吓勒"(苗语意为"写字岩")的生根石,此石长约 2 米、高约 1.5 米,不规则方形。上面刻有清嘉庆二年(1797)下游木商同上游木贩划分"势力范围"的《奕世永遵》文:"三帮协同主家公议,此处界牌:以上永为山贩停泊木植,下河买客不得停牌。谨为永遵,不得紊占。"双方以卦治为界,上边的林区山贩(时称"山客")从上游放下的木材只能到这里,而下游的汉族木商(时称"水客")上来采购木材也只能到此止步,不能再往上。三帮,指当时在锦屏地区从事木材贸易的江西临江、安徽徽州、陕西西安三个大木商帮；主家，指的是卦治、王寨、茅坪"三江"负责主持木材贸易的行户。这块文字不多的石刻，对研究锦屏清代木材贸易的发展历史很有价值。规定以卦治为界，以下是"水客"（下游汉族木商）的范围，上游"山客"（指本地木贩）不得雷越。其实，这块石刻就是我们本地少数民族木贩与外来汉族木商所签订的一个划分木材经营范围的协议。

图2-3　卦治《奕世永遵》石刻　（王宗勋摄）

2001年8月22日　我带张应强乘客船下茅坪。在茅坪镇党委副书记杨光才的带领下，在茅坪寨里串了一下，看窨子屋、石板街、古井、宗祠、古碑。在龙清喜老师家老窨子屋楼上的柱子上，还看到过去歇宿的木商用斧印（一个木商有一把斧印，斧印上刻有木商的行号，如"洪发"、"顺财"等）敲打密密麻麻的字迹。还发现有一块刻有"宝府界"的山场边界石桩。龙清喜介绍说，这块界桩是过去湖南宝庆老板在茅坪对面的山上买有一块很大的山场，在山场的边上立有多块刻有"宝府界"的石桩。我们还简短访问了龙庆宣老人，龙庆宣老人已 80 多岁了,旧社会当过放排工人,1953 年水上民主改革后被吸收到茅坪水运局当工人,经常放排下洪江、常德等埠,对木材贸易的历史比较熟悉。可惜他耳朵背了,交谈很困难。

离开茅坪,我俩再乘船下到天柱县的三门塘。在三门塘,我找到族人王承炎(退休教师),请他引导在村里参观。村寨里的石板路保存完整,弯曲有致。有几栋建自清后期的徽派风格窨子屋保存完好,住有人,其内部装饰和陈设颇为讲究,古朴庄重的大门,图案精美的雕花窗等,都令人流连忘返。村里保存有很多的石碑,大大小小三四十块,村脚下码头的路口列有一排,颇有气派。三门塘的碑大多是建渡口和修石板路的,其中有两块较特殊,一块是镌刻全是妇女名字的修井碑,一块是立于学校门前有 3 米多高、1 米多宽的建校碑。王老师说,这块建校碑是特地到你们锦屏的打岩塘订制用木排运下来的,因其高大,他们称为"碑王"。这里有刘、王两家宗祠,其中刘氏宗祠的牌楼有欧式风格,建筑工艺非常精致,是天柱、锦屏等县宗祠建筑工艺的典范,王承炎老师将它说得神乎其神。而王姓宗祠则是我们的族祠,建筑工艺上相对朴素,以雕的白菜较为突出。三门塘这村子很有清水江侗族兼林业文化特点,今后若能开发搞旅游业是很能吸引游客的。

从三门塘返回时,已是下午 4 点多,客船已停班。我们于是顶着依然炎热的太阳,沿清江北岸的小路步行,用了 1 个多小时到达茅坪。

在路上,张应强对我说,中大历史人类学研究中心已下定决心来锦屏搞林业契约,陈春声、刘志伟两位教授过两天就要到锦屏来做实地考察,锦屏民间的林业契约到底有多少?他们担心如果太少了的话就不值得搞。我说,准确数据无法统计,根据我们初步了解,每个村最起码有 500 份,全县有 200 多个村,这样算来全县可能有十来万份。张应强说,如果真是这样,那就可以搞。我们在茅坪镇政府食堂吃晚饭。饭后,镇党委书记龙永贵安排镇里的车子送我们回县城。

2001 年 8 月 24 日　上午,我陪同张应强到县政府见县长王甲鸿。张应强同王甲鸿县长谈了中山大学有意来合作做锦屏林业契约征集研究的想法,并说明天他们中大历史人类学研究中心主任陈春声教授等就要来锦屏商谈合作的事。王甲鸿表示,欢迎中山大学到锦屏来做民间林业契约研究工作,希望借此宣传锦屏,扩大锦屏影响。从王县长办公室出来后,张应强便乘县政府的车上贵阳接陈春声教授去了。

中午,根据我们事先的约定,加池村支书姜修璧带领该村姜绍明、姜绍卿、姜基涟(姜绍奎子)、姜基梁(姜绍烈子)送契约到办公室来找我。我们双方当面对契约认真清点,共计有 1346 份。其中姜绍卿交来的有 1118 份,是四合院绍烈、绍奎、绍平、绍榜、绍卿、绍勇 6 弟兄所共有的。他们的契约包捆得十分规范,大包里面有小包,小包里面还有小包。大的包是用一块四方家机布包捆,包布为四方形,其中一个角捆一根麻线,麻线末端拴一枚铜钱,这样捆包契约很方便。小包则用废弃的纸包,用麻线或糯草芯捆扎,包面上书写山场田块名称和包内契约的大概内容,如某某山契、某某田契等。包里的每份契约的左上角都贴有一张写有山块地名的小红纸片。姜修璧介绍说,他们加池过去的契约都是按照山块来分包的,每小包里面就是同一块山场的,大包就是相邻近向处山场的,这样要用的时候才好找。

姜绍明交来的有 338 份,他说是他们家族姜绍锦等十多家所共有的,其契约包和捆情况与姜绍卿家族的相似。我开具详细收据给他们,并付给他们来回的船费。姜绍明特别叮嘱,他家族的这些契约千万不能让其他人看(尤其是加池村的人),如果要看得经他们同意。

又得到这么多的契约,我心里有说不出的高兴。高兴之余,心里对加池村民们的质朴、诚信感到震撼,同时夹杂有一种欠他们债的内疚感。

办完契约接收手续后,我们在县政府接待科请他们几人吃了餐便饭。他们中除支书姜修璧外,也许都是第一次吃公家请的饭,因而也很高兴,甚至感到荣幸。

2001 年 8 月 25 日 中山大学人文学院院长、历史人类学研究中心主任陈春声教授,历史系主任、历史人类学研究中心副主任刘志伟教授来到锦屏,对锦屏民间林业契约情况进行考察,县政府县长王甲鸿安排我负责全程陪同。26 日,我陪同陈春声、刘志伟、张应强 3 人到隆里古城进行考察。27 日,陪同 3 人考察了王寨、卦治、茅坪 3 个清代木材贸易江埠。

在卦治,重点看了下料到菜园之间江边的石碑,这段路约 1 公里,其间修路、修桥的碑就有 20 多块,他们 3 人逐一拍照。刘志伟教授说,北方的碑多是放在庙里,你们这里的碑却都是露天保存,这里的文化很有特点。我介绍说,我们锦屏境内古碑很多,较有价值的就有 1000 多通。我们这里过去做公益事业,如修路、架桥、建学校等,无论工程大小,工程完成之后都要立碑纪念,有时建一座两三米长的桥,修段两三丈长的路也要立块碑,以至给人一种感觉,不知是为了建桥修路而立碑,还是为了立碑而建桥修路。刘志伟教授对下料到菜园沿江的风景赞不绝口,说如果能在这里买幢木楼居住那是最幸福不过的了。我说,下游今后要修一座水电站,这一带风景将会被淹掉的。刘教授听了之后说,那就太可惜了。

2001 年 8 月 28 日上午 中山大学陈春声、刘志伟、张应强,锦屏县政府副县长程安榕、县政府办公室副主任王明相、县档案局局长杨从立和我,集中在县政府四楼小会议室开会,就中山大学历史人类学研究中心与锦屏县政府合作开展锦屏民间山林契约征集研究问题进行磋商。根据磋商的意见,最后形成《锦屏县人民政府关于与中山大学历史人类学研究中心合作收集研究锦屏民间山林契约文献的会议纪要》(后以锦府专议〔2001〕14 号文发出)。《纪要》明确:

1.整个工作分两个阶段进行。第一阶段用 1 年左右时间,在进一步收集的基础上对已收集到的契约文书进行规范整理,并选择部分契约点校出版。第二阶段用 3～5 年时间将锦屏境内山林契约等地方文献全面收集并系统整理,出版系列专辑,为各界学者研究我国南方林业及社会经济发展提供素材;2.契约征集研究工作所需经费和设备由中山大学负责提供,锦屏方面负责契约的收集整理;3.双方共同成立锦屏契约征集领导小组及办公室;4.收集整理的契约资料原件留在锦屏,给中山大学一套复制件。未经双方同意,任何一方不得单方面向第三方提供任何一份复印件;5. 研究成果为锦屏县和中山大学双方共同所有。

会议由程安榕主持。临结束时,与会人员均在纪要文稿上签字。

2001 年 9 月 2 日 收到县政府办公室下发的锦府办通〔2001〕94 号《关于成立锦屏县民间林业契约及地方文献征集研究领导小组的通知》。《通知》明确,锦屏县民间林业契约及地方文献征集研究领导小组组长由锦屏县政府县长王甲鸿担任,副组长由中山大学历史人类学研究中心主任陈春声教授和锦屏县政府副县长程安榕担任,成员有中山大学历史系主任刘志伟、人类学系副教授张应强,锦屏县政府办公室副主任王明相、县林业局局长龙迪信、县民政局局长姜达俊、县民族局局长王芳玉、县国土局局长刘开燃、县档案局局长杨从立、县档案局副局长兼档案馆馆长王宗勋以及全县 15 个乡镇的乡镇长。领导小组下设办公室,由王宗勋兼主任,张应强兼副主任。

看到这个通知,我心里感到很高兴。这可是盼望了好几年的事情呀!这个小组的组长由我们县政府的县长王甲鸿亲自担任,而副组长陈春声和成员刘志伟两教授则是全国历史学、历史人类学方面的权威,足以见得双方对征集抢救锦屏民间林业契约工作的高度重视。小组的其他成员中除了中山大学的刘志伟和张应强两位教授外,还有我们县相关部门和各乡镇政府的主要负责人。这个领导小组是我们下一步开展这项工作的组织保证。有了这个组织,我想今后的这个合作是肯定有成效的。

2001 年 9 月 14 日 根据锦府专议〔2001〕14 号会议纪要精神,锦屏民间林业契约等地方文献的征集研究工作开展起来后,其所需的工作经费和设备均由中山大学历史人类学研究中心(简称"研究中心")提供。昨天,张应强教授来电说,研究中心那边要求我们在经费的使用上有个制度,所以要我理出个制度或规定之类的东西报送给他们,今后就照该制度执行。是啊,经济问题很敏感,在哪里都一样,是应该有个制度、规定什么的。既然别人把钱打过来,我们就一定要管好用好,要让每一分钱都用出应有的成效。今天,我按照张应强的要求,结合前段时间工作的实际情况,起草了一份《锦屏县民间契约征集研究办公室经费和设备管理暂行规定》,主要有以下几条:

1.县契征办公室的业务经费根据工作实际开展情况向研究中心借出,在锦屏设立专账;2.研究中心拨给县契征办公室的业务经费实行专款专用,即专用于契约征集、整理、聘请人员的工资和日常工作开支;3.经费实行报账制,开支的票据经王宗勋审查签字列账,复印一份存查,原件寄研究中心报销,研究中心给王宗勋开具报销清单;4.经费的具体使用上,每笔在 100 元以下的由王宗勋决定,101 元以上至 500 元的由王宗勋与张应强协商决定,501 元以上的得报经研究中心领导同意;5.契征办工作人员下乡工作每天补助 10 元,出差到凯里每天补助 20 元,到贵阳以及其他省会的比照研究中心人员的出差标准。

《规定》起草以后,我分别传给中大张应强和报给县档案局局长杨从立。

9月15日　经征求研究中心张应强的同意,我聘请社会青年龙久腾作为研究助理到县契约征集办公室工作。龙久腾是平秋镇平翁村人,今年27岁,高中毕业生,较精干,尤其写得一手好字。龙久腾的工作职责是负责办公室日常事务和契约的裱糊、编目等整理工作,同时也下乡征集契约,每月工资400元。

2001年10月15日　锦屏县人民政府向全县发出《关于征集民间林业契约等历史文献的通告》。全文如下:

锦屏县人民政府关于征集民间林业契约及历史文献资料的

通　告

锦屏县是我国传统的人工林区,人工造林已有五百多年的历史。到清代中期,锦屏地区就已形成了一种较为成熟、在我国南方少数民族地区乃至汉族地区都堪称独特、在世界林业发展史上也有一定地位和影响的封建林业生产关系。这时期产生了大量反映封建林业生产关系的山林买卖契约等文献资料,其中有相关部分被保存至今。这些文献资料是我国不可多得的历史文献遗产。为使这些历史文化遗产得到有效保护并永久保存,县人民政府决定在全县范围内对民间林业契约及历史文献资料进行征集。现就征集工作的有关事项通告如下:

一、民间林业契约等历史文献资料只具有历史研究价值,没有现实司法凭证作用。国家有关法律法规明确规定,调解山林田土地、房产等民事纠纷只能以解放后土地改革、农业合作化、"四固定"、山林"三定"等各个历史时期形成的文件档案材料为法定证据,解放前形成的契约等旧文书均不作为证据予以采纳。

二、征集的内容包括:山林田土、房屋等买卖、租佃、典当的契约、家谱、碑刻、文物以及反映锦屏历史发展情况的其他有价值资料。

三、县人民政府将征集到的契约等历史文献资料统一存放在县档案馆,并向自愿捐献者颁发《历史文献资料捐献证书》。县档案馆将收集进馆的文献资料进行消毒、裱糊、修补、编目、复制和光盘储存,并可根据需要向捐献者提供所捐献资料的复印件和目录一套。捐献者或其后人如需查阅所捐献资料原件,县档案馆免费予以提供。

四、征集工作由县民间契约及历史文献征集研究领导小组办公室(设在县档案馆内)负责。对未经县人民政府同意擅自进入农村征集文献资料的单位和个人,广大干部和群众要予以制止,并及时向县人民政府报告。

　　特此通告

锦屏县人民政府

二〇〇一年十月十五日

随后,我交代龙久腾将"通告"拿到各乡镇所在地张贴。这个"通告"的发出,标志着锦屏县民间林业契约及地方文献的征集工作在全县范围内正式铺开。有了这个通告,我们就有了一把"尚方宝剑",下一步去征集契约肯定就便利多了。

2001 年 10 月 16 日　上午,湖南省吉首大学罗康隆教授带他的老师杨庭硕教授以及几名学生来到锦屏,找我了解锦屏等清水江中下游地区林业经济发展的历史情况。我与罗康隆老师十多年前即已认识,他当时是我们黔东南州地方志办公室的工作人员,后来在其老师杨庭硕的鼓励和帮助下,他考取了研究生,再后来又在杨老师的帮助下辗转到湖南省吉首大学工作。凭他的努力,在那里开辟了一片民族学研究的新天地。杨庭硕教授是贵阳人,长期在贵州民族学院任教,在贵州的民族学研究方面也是权威人物,但因性直率等方面原因,前些年他在贵州过得不是太顺,于是罗康隆又把他给请了过去。现在,他们师生配合得非常好,成了吉首大学民族学方面的中坚力量。

我向罗康隆等介绍了民间林业契约以及锦屏县与中山大学合作做契约征集研究的情况。他们对锦屏民间林业契约十分感兴趣,也有意仿效中山大学与锦屏合作。

下午,根据罗康隆等的要求,我带他们到三江镇菜园村开展田野调查。菜园村有一个被县里视为成功典型的集体林场,这个林场是该村的孙培才等老林农在 1960 年代中期创办的,几十年来一直经管得很好,特别是 1985 年县里试搞以分山到户为主要形式的林业改革,县内的大多数集体林场都因而被分掉了,当时孙培才等坚决不同意分,坚持由集体统一管理。1980 年代后期,林场的效益开始显现,除了兑现林农应得的利益外,林场还拿出几十万元来修建村小学校,改善村里的道路和农户的炉灶等。1990 年以来县里进行的几次林业改革都把菜园村选定为重点村。他们安顿好后,我便回城。

2001 年 10 月 17 日 在请示县政府分管领导同意后,下午,我到菜园村与罗康隆、杨庭硕两教授就锦屏民间林业契约研究合作问题进行具体协商。但由于在经费和资源共享等方面意见难以统一,合作谈不拢。随后,我带罗、杨两教授及其学生沿江下到下料看碑。看到这一带江岸竟有这么多的碑,罗、杨两人感到很惊讶。杨教授对我说,你们应该把这些碑拓下来。我说,我们不懂拓碑技术。杨教授说,这个简单,我来教你们。于是,杨教授要求我们第二天来同他们学习拓碑。

2001 年 10 月 18 日 上午 8 点,我带领县契研办公室龙久腾和县档案局吴桦佛等 3 名工作人员到菜园村同杨庭硕教授学习拓碑技术。按照杨教授的要求,我们带去了连夜准备的拓包(用布包头发)、拓板(杉木板,如乒乓球拍)等工具和墨、白芨、鸡蛋等原料。杨教授向我们进行了简单的理论讲解,然后亲自带我们在菜园村的下料一带进行拓碑的实际操作。杨庭硕教授高度近视,白天走路也要有人扶助才行。但他不顾这个困难,带领我们从早上 9 点开始工作,一直到晚上 8 点,中间不休息、不吃饭。杨教授对拓印的每一道工序的要求都非常严格和认真,对每一个字、甚至每一笔画都不放过。这一天,我们总共拓印了碑刻 20 余通,每通两份,我们拿 1 份,他们拿 1 份。由于时间匆忙和设备简陋等原因,我们所拓的碑都只是"蝉翼碑",也即是只打一道,墨很薄、很淡。通过一天的学习,我们都初步掌握了拓碑的基本技术。晚上 10 点多钟,我们才回到县城。这一天的超常工作,使我们真正体会到了什么叫累、什么叫饿。

2001 年 11 月 8 日 我把我哥因担心火烛而交给我保管的我家祖上留下的契约文书 78 份交给龙久腾,并交代他尽快地整理出来,以便作为样板带去我们村里征集契约。

我家的这些契约主要是清道光时期到民国后期山林土地买卖方面的。用鲁迅小说《阿Q正传》里阿Q的话来说,我家先前也曾"阔"过。据父辈讲,清道光至光绪时期,我家的太公王见怀在魁胆村也算有点家资和头脸的人,其弟王见韬还到过黎平府里做过事。他们三代同堂,一大家人口有20多人(有说是30多人),吃饭用敲锣通知。然光绪光绪十一年(乙酉,1885),我家不慎失火,殃及村上60多户。按魁胆地方的传统规矩,"火殃头"必须赔火,也即是赔偿别人的损失(无能力者除外)。于是,几天时间,我家的山林田地基本上被分光卖光。自此以后,我家的经济地位一蹶不振。到民国中期,我家已成为村里的下下户,我的祖母在丙寅年(1926)的大饥荒中饿死在寨脚溪边滤蕨粉的桶边。我的祖父长期疾病缠身,无劳动能力。我的父辈们都没有进过一天学堂,靠给别人当长工维持生计。1952年土地改革时,我家被划定为贫农。我的伯父王光炳却是个受古代惜纸传统影响很深的人,尽管他一字不识,但对凡写有文字的纸张都异常珍惜,将收集到的有字纸捆成一大包,吊在他睡的房间天楼板下,我们小时候是不敢去动的。我参加工作后,他几次要我抽时间回去同他清理那包东西,说那里有我家老祖业的契约,还要带我去实地指认这些契约所记载他和我父亲在1952年以前曾经管业过的田地和山场,以便我们铭记。可惜,直到他去世,我都没有机会去满足他的心愿。1991年12月他去世(80岁)以后,我才从那包字纸中清理出这些有用东西。

2001年11月15日 我安排龙久腾到我们魁胆村去收集契约。我们魁胆是古九寨(即王寨、小江、魁胆、平秋、石引、黄门、瑶白、高坝、皮所)之一,据说元代便有人居住。清代中期,魁胆还是一个类似侗款组织的十六甲的中心寨,管辖今孟寨、凸寨、平翁、高岑、破鼎罐、三德等十多个自然寨,住有龙、王、吴、黄、周等姓。我们村的契约在历次的寨火中损失了很多,尤其是1940年那次毁灭性的寨火(老人传说那次寨火很怪异,先是寨脚田坝边起火。起火不久,即起西风,一团火球突然被风吹到400多米的寨东边的大枫树上,将树顶上的大喜鹊窝烧燃。再后,东风又将燃烧的喜鹊窝吹炸开来,吹向村寨,将多数房屋引燃,全村100多户无一幸免)。这次大火,导致村里的山林田地很多卖出到平翁、晓岸、桥问等邻村,整个村的经济下了一个大台阶。但目前应该还有一些契约文书,至少也还有两三千份。通过那些契约文书中,可以复原和再现我们魁胆这个古老侗寨的历史面貌。

此前,我曾经同支书王必炎等村干和部分群众吹过风,说想上去收集旧契约,他们不很清楚为什么要收集这些东西,收集去后如何整理,更多的是担心那些契约被收上去以后,他们先前的那些"老祖业"就无凭无据了。我交代龙久腾带上我们家已整理好的契约原件及复制件到我们村去,向其他群众开展宣传和征集工作。

2001 年 12 月 3 日 县职业中学退休老教师彭泽元带其家存的契约来县契约征集办公室找我。经清点,共有 96 份。这些契约因长期受潮湿的缘故,纸张变得很脆,有部分已粘成纸砖,根本无法揭开。彭老师今年已 78 岁高龄,个子矮小,但精神矍铄。

彭老师说,他家原来存有些山林土地契约,1957 年"反右"运动中,他被打成右派,怕别人来抄家,就将这些契约用土罐子装后悄悄埋在地下。幸亏埋在地下,否则在"文化大革命"初的"破四旧"中肯定会被毁掉的。1980 年他得到平反后才挖出来,所以有很多都坏掉了。他说,据他了解,他们那一带(指平略乡的林星、八洋、寨早、岑梧等村)还保留有一些旧契约。我请他今后继续协助在他熟悉的村寨寻访收集契约,彭老师爽快地答应了。

2001 年 12 月 15 日 我与契征办龙久腾下茅坪镇下寨村高炭寨征集契约。高炭位于茅坪古镇的清水江对面,有十多户人家。这里背靠青山,面临大河,翠竹、古树、水田、菜园、石板道、庐舍、鸡犬等系列元素构成一幅美丽的乡村图景。当晚,我们在退休教师龙昌生(龙久腾的庚父)家住宿,龙老师和他的老伴都非常热情。我们在他家收得契约 124 份。龙昌生介绍说,他们高炭组有几家过去有些山场,所以保存有些契约。高炭有相当部分山林田地与天柱县坌处镇的清浪、地冲等村寨交杂,多处存在有权属纠纷,多次发生斗殴事件,前两年高炭的人在地冲溪砍树时还被地冲村的人绑架到那边去, 后来是镇里面的领导出面协调才放回来。这些旧契约有的还有实际的用处,一旦发生山林权属纠纷,还得翻出这些老契约来做证据。他的爷爷、父亲都交代过,一定要把这些东西保管好。他说,既然庚崽(指久腾)你们来收,我就相信你们。现在交给你们拿去,请务必要保管好,千万不能有什么闪失,否则我们就没有本把了。

图 2-4 高炭寨景 （王宗勋摄）

在龙昌生交来的诸契约中,有一块两尺见方的土白布,上面用毛笔写有数十首山歌歌词,字体工整。龙昌生说,他父亲年轻时喜爱唱山歌,为便于保管,将平时自编的和收集的山歌抄写在几十块布上,现只剩1块,其余都已佚失掉了。

吃晚饭时,我腹部突然剧烈疼痛起来,脸上汗水直冒。因天黑且下雨,无船过河,我于是在持续的疼痛中熬过了漫长的一夜。

2001 年 12 月 16 日 上午,天下着雨,我忍着腹痛同龙久腾从茅坪步行返回,计划顺路到新建村了解一下情况。恰好在新建村口遇到该村的党支部书记廖忠玉,于是向他了解该村契约的情况。廖忠玉支书说,他们新建村发生多次火灾,契约这些东西所剩不多,大都烧掉了,"文化大革命"时也烧了不少。再者,新建村后坡一带的山林土地与天柱县高酿镇地良村互相掺杂,长期存在权属纠纷,打了多次官司,有的官司打了几十年。一旦纠纷和官司发生,就一定得用那些老契约作为依据,报请上级政府来调处。所以即便还保存有一些老契约,群众也不愿意交上去,担心交上去了,今后发生纠纷了不方便。他认为,这些东西还是群众自己保管为好。

前不久,县民政局退休干部陶政柏曾同我说过,他家里还保存有一些老契约,希望我去拿。同廖忠玉支书分开后,我与龙久腾便冒着雨、沿着泥泞不堪的小路去冲烂寨(新建村的一个组)访陶政柏。可我们到那里时,得知陶老先生已到水城走他儿子去了,我们于是回县城。

下午,我到县医院检查,原来昨晚患的是急性肠炎。

2001 年 12 月 29 日　近段时间,我在想这样一个问题:我们锦屏是个有四五百年历史的人工林区,有独特的林业历史文化。新中国成立以来至今 50 多年,几乎都是国家林业政策的"试验田"。如果能将锦屏独特的林业历史和文化加以整理,建立一个林业博物馆,将锦屏的人工林业历史立体综合地展现,这不光是对锦屏名称的传播、林业地位的进一步提高具有积极意义,对国家林业生态建设也具有积极意义。于是,我起草了《关于建立锦屏林业博物馆的建议》,今天分别向县委书记文培良、县长王甲鸿呈交。王甲鸿县长看后说,宗勋,你这个建议很好,很有意义。但建这个东西需要一大笔资金,这得提交县委常委会讨论才能确定。

2002 年

2002 年 1 月 2 日　我带档案局一名工作人员利用假期下河口乡文斗、加池等村征集契约。上午 8 点乘船上去,10 点在文斗河边村下船,并找到了该村的前任支书姜廷秀。

听我们说明来意后,姜廷秀说,我们文斗河边村解放前大多是靠给文斗上寨的大户人家种山或以打鱼为生的穷苦人,都没有什么山林田土,现在所有的山林田土大多数是土地改革时政府从文斗寨上硬划过来的,所以没有什么契约。文斗寨上过去大户人家较多,那里契约肯定很多。最后,姜廷秀将他家里保存的十多份契约交给我们,说,他们河边村马上被电站水库淹没,这些契约没有什么用了,你们拿去好了。

中午,我们在村干黄透柏家吃饭,村文书李仁山作陪。饭间,李仁山说他家也还保存有一些旧契约。因他家的房屋和几乎所有的山林田土都处在三板溪电站水库淹没区之内,这些契约完全没有用处了,要我们过去看一下。如果有用,就都拿去。

李仁山家位于距文斗河边村两里多路的四里塘北岸。饭后,我们随李仁山过河而去。从渡口上去约四五百米，路上边有几磴屋地基，李仁山说这是过去杨公庙的遗址，我向李仁山询问有关杨公庙的情况。他说，这里地处四里塘脚、文斗滩头。文斗滩原来很凶险，从上面放下来的木排常在这里触礁打散，排工伤亡。文斗寨上有一家的独子从上面驾排过此滩时不慎身亡，他年迈的父亲为不使他人再蹈此辙，挺身充作化首募捐银两物资在滩头修了这座杨公庙。杨公庙主要敬供杨五公，传说杨五是从湖南下边请上来的河神。此外，还敬供观音和关公。杨公庙修了之后，文斗滩就温顺多了。过去，排放到四里塘尾，排工都要停排到庙里烧几炷香和化几摞纸。另外，杨公庙还是文斗人喊冤叫屈的重要场所。如山场争执、邻里纠纷，寨老调解不下，当事双方便提公鸡或牵狗到庙里向杨公菩萨申诉，并当着菩萨的面将鸡、狗砍至半死，让它惨叫至气绝，请神了断。理亏的一方往往出现心理负担，担心神灵会惩罚自己，于是多数会向对方认错。

　　李仁山住的四里塘是文斗河边村的一个小自然寨，有五六户人家，依山面河，古树掩隐，环境幽静，特别是他家屋边的几株山茶花开得火红，令人羡慕无比。稍作休息，李仁山便带我们去小村西边两里的高桥溪沟里看猴子。高桥溪从黄门上边流下来，两边崖壁陡峭，各色古树密密匝匝。李仁山说，这里生活有一群猕猴，有几十只，秋季野果成熟的时候经常见它们在树间跳来跳去。前些时候，曾有湖南的人来这里布网捕捉。今后三板溪电站建成，水酿到这半坡，在这里搞个专门看猴子的旅游景点，肯定很有生意。我们在树草杂生、怪石遍地的干溪沟里钻行了1个多小时，可惜没有看到猴子。

　　李仁山热情好客，结交甚广。晚上，我们在他家歇住。一同在他家歇的还有湖南来的两个人，都40岁左右，其中有一个非常精明健谈。他们是专门到乡下游串收买文物古董的。吃饭时，听李仁山介绍我的身份后，两个湖南人就一个劲地问我们哪里有古迹、大墓和文物。开始，我总将他的话题岔引避开。可他不停地问，我有点生气，于是说，这个我肯定知道一些，但绝不能告诉你们。你们这些湖南人太鬼精了，我们这里的很多文物古迹都是被你们这帮人给破坏和搞走的。他笑着说，王局长，你不说不要紧，我们慢慢会知道的。只要钱到位，就有人跟我们讲。当晚，我心里一直不大舒服。是啊，我们地方民间原本也有不少的好文物，就是他们这些人经常来游串，见到以后就以很低的价格给买走了。除了他们精明外，我们的政府对广布在农村的文物几乎都不设防,而广大群众对文物古迹又缺乏保护意识。再加上群众都很穷,需要钱,经不起人家的小利诱惑,所以文物就大量地流失了。对这些,我们除了心痛以外,还能做什么呢?

2002年1月3日 早晨,两个湖南人起来就走了。我们同李仁山清理并接收了44份旧契约等文书。李仁山还特意嘱托我帮他查一下他叔父李廉贞的情况。他说,李廉贞是抗日战争期间在湖南洪江读书时随李天放闹事反蒋被国民党杀害的,可能与中共地下党有关。

出李仁山家后,我们返经文斗河边上文斗上寨。中午,我们买几斤肉在前任支书姜冠清家吃饭,并请上寨村支书姜启松和村主任姜廷化、老局长姜高松等来陪。席间我们谈收集旧契约的事,请他们支持,但他们的态度都很含糊。下午,我们在姜高松和姜秀波两人的引导下,到村里可能收藏有契约的人家进行走访。

我们在姜廷勇家收集到一本民国时期小学同学录和一张姜德相写的"家训"。据村干们介绍,姜廷勇是清嘉庆、道光时期文斗巨富姜仕朝的第六代嫡孙。清代嘉庆时期,天柱坌处、清、三门塘3寨和锦屏的茅坪、王寨、卦治"三江"争夺木材贸易主持权(俗称"当江"),最激烈时,连续3年江路不通,导致锦屏以上林区木材大量积压。姜仕朝从中看到了潜在的商机,做了一桩颇具风险的木材投机生意,以比平常低很多的价格大量收购和囤积木材。后来,在嘉庆皇帝的亲自干预下,江路复通,外地木商涌入,姜仕朝又以高出平常很多的价格将所积木材悉数卖出,因而暴发,成了"黄白冠千家"的大户,与当时瑶光河口的姚百万齐名。传说有一次卖木材以后,用6只苗船运银子回家。姜仕朝以后的四五代后裔都是文斗的富室,山林田土很多,但都比较低调。姜廷勇的父亲姜周垣是姜仕朝的第五代孙,山林田土契约装有几大箱子。姜周垣有个兄弟叫姜周昶,在国民党部队当团长,快要解放时投诚加入共产党部队,锦屏快解放时回家。他劝兄长姜周垣赶快把山林土地分给穷人,结果遭姜周垣大骂,说,我家的山林土地又不是抢来的,而是祖上传和我花银钱买来的,凭什么要分给别人?土地改革时姜周垣家被划为地主,土改干部在他家里抄得23块银元宝。审讯姜周垣时,干部问他"你家到底有多少田和山?"他说,具体数字记不清了,田大概有三四百担,山大概有300多块。为了炫富,有一年清明扫墓时，他着人挑了24块元宝到祖坟上去祭祖。当时只抄得23块，就说他私下藏匿了一块，要他交出来。在批斗时被打得很惨，最后被殴死在批斗会上。他的弟弟姜周昶也受到牵连，因不堪被批斗，最后上吊自杀。姜周垣他们家里所有的契约以及各类书籍全部被收缴焚烧了。姜廷勇年已八十，身体不是很好，但谈吐不俗，不难看出曾经的大家公子气质。村干们说，他曾是大公子，小时在家里衣来伸手，饭来张口。前半辈子不会做农活和家务事，后半辈子却苦得很。老伴早死了，儿子不久前也死了，孙子又还小，很造孽。

之后，我们又到姜冠锋家收得田租登记簿、山田座簿等残本7本。姜冠锋年近四十，也是姜仕朝的第七代孙，说他们家本来保存有很多的旧契约和老书籍，前年有人上门来收废纸，他的妻子将家里所存的旧契约、书籍等悉数清理得约有四十来斤，以每斤两角钱的价格给卖了。那人挑到河边码头，寨上有人看到有些书较好，以每本10块钱向他买，但那人不卖，很是可惜。

晚上，我们在下寨支书姜兴福家食宿。姜兴福夫妇都年近七十，且都性格开朗，热情好客。客人来了，他们会把家里最好的东西拿出来招待。他老伴年轻时也是村干，而且是个小有名气的歌手。吃饭时，有姜高松和村主任姜良锦、老支书姜良标以及邻居姜树清等来陪。席间，我们先讨论文斗发展旅游和过六月尝新节的时间问题。我说，文斗过尝新节传统时间都是农历的六月的第一个卯日，但第一个卯日与农历和阳历的日期每年都不尽相同，文斗要搞旅游，过尝新节将是一项重要的内容。为方便游客来过此节，建议将此节固定在阳历或农历的某一天，像瑶白的摆古节固定在每年的农历六月初六那样。大家都认为这个意见好。

接着，我又提出征集契约的事。姜兴福支书说，我们下寨发生了几次大火灾，契约大多数都烧掉了，特别是1980年那一次烧得彻底。现在只有皆腊姜树清他们三老家可能还保存得有一些。我家就只剩一本烂家谱，其他都没有了。老支书姜良标说他家的老契子倒还有几十份，但要拿到县里去交，态度却十分犹豫。姜树清则不作声。

这晚，我们在姜兴福家的客房里休息。这房间里有两铺床，姜兴福来和我们聊，我问他家谱的事，他于是拿出一本残破的家谱给我。我随手翻了前面几页，见记的却是龙姓的事。从世序来看，与敦寨亮司龙姓的有些相似。再细看，发现字里行间有"弃龙就姜"的痕迹，但语焉不详。我想询问姜支书是怎么回事,但他都顾左右而言他,所以也就不好过多地问了。

2002 年 1 月 4 日 上午 9 点多钟,我们买了些糖果来到姜树清家,找他了解他们家的情况。

姜树清六十左右,单瘦、精干且有些城府。他介绍说,他们家是下寨"三老家"的后裔。从清乾隆到道光时期,他们家族四五十年不分家,都由两个老子和一个侄子共同管理家务,所以称为"三老家",人口最多的时候有 40 多人,吃饭敲锣。当时有些家务,也有不少契约。到清代后期分成 3 家,契约也就分成了 3 股。他们长房的契约由他的父亲姜元均保管。他父亲在土地改革时任村里的会计兼保管员,当时农民协会把上寨地主家的契约抄出来焚烧,他想办法藏留了一部分。二房的契约现在仍由他的堂叔姜元泽保管。三房的契约原来由他的一个堂伯保管,堂伯有一个儿子参加抗美援朝,怕对儿子不利,1952 年土改时他自己把所保管的契约全部烧掉了。

姜树清说,他家保存的契约,1964 年省里的杨有赓等人来文斗搞社会调查时同他父亲借去了一部分,1995 年杨有赓又带日本人来借去了一部分,他们家现所剩的契约已经不多了。他说,我们文斗人历来对契约很重视,因为这里山多田少,历来靠山吃饭,这些东西是山场所有权的凭证。过去老人家说,有山必有契,有契就有山。老人家交代我们,契约是传家之物,一定要好好保存,不要轻易拿出去。以前杨有赓借去,说是拿去搞研究,用完之后退回来,可是到现在也没有退回。杨有赓这人不讲信用,借条还在我家,今后我们要凭借条去退回来。我告诉姜树清说,杨有赓借去的契约有部分我已退回到县档案馆收藏了。姜树清生气地说,这些契约是我们家的东西,你们拿到县档案馆去也不合,我们今后一定要去把它退回来。

姜树清家堂屋外廊有一扇花窗,外方内圆,雕有精美的花鸟图案,其图样和精美程

图 2-5 文斗花窗 (王宗勋摄)

度在目前锦屏地区可以说是绝无仅有。这扇花窗与他家房屋的整个风格完全不一样，显得格外的突出和抢眼。他说，这扇窗子是"土改"时他父亲从一家被批斗地主那里买来的。

下午，我们离开文斗，翻山到达加池村。到加池村后，先到村支书姜修璧家。姜修璧对我们的工作很支持。他说，我们加池村除了四合院和姜绍明家以外，还有几家人保存有契约。你们有所不知，我们加池村同周边的中仰、格翁、锦来、岩湾、文斗等村寨都存在山林土地权属纠纷，一扯到山林土地纠纷，就得翻这些老契约。前些时候我也分别同他们几户沟通过，他们都担心把契约交到县里面去，今后就没有把据了。但如果不交上去，继续放在村里，又担心一旦发生火灾什么的，就什么都没有，这很矛盾。可不可以这样，这些契约县里拿去帮整理和保管，所有权还是群众的，群众什么时候需要就到县里去查阅。如果你们同意，那我就去同那几家做工作。我说，这样也好，就去同群众说县档案馆只是帮他们代管，契约的所有权还是他们的。

5点钟光景，我到四合院拜访姜绍烈老二哥，请他晚上一同吃晚饭。看天色还早，我就请他出门指点他家过去的山场田地所在的方位。老二哥把我带到他屋左边的田埂上，用旱烟袋指着雾岚朦胧的西南方一带说，我们家以前的山主要在对面的党样那边，还有就是党样过来的乌什溪两边，再过来的党周、培教以及乌漫溪一带，寨脚半坡和河对面尾包、莲花山也都有一些。

他说，听老人家讲，从党样过来到乌什一带，过去都是老虎出没的大箐山，大部分是我们加池的地盘，由于离得较远，不便去栽树和管理，老辈人就送或佃给外地人栽种，那些人在那里住久了，后来就结成村寨，也就是如今的党样寨和乌什寨，他们所种的山场慢慢也就变成他们的祖业了。外地来的佃客过去被称作"来人"，开始时他们一坨打鸟的泥巴都没有，没有什么地位，加池、文斗等老寨是不准进寨来居住的，只能住在所栽种的山场上，更不愿同他们结亲。加池对面的莲花山上过去也住有佃户，解放后就搬下来了。

我还就过去佃山造林的系列问题向他请教。他说，过去外地的佃客来这里佃山，先是打听谁家有空山（即未栽杉树的荒山），就请人带或自己登门去同山主求佃。山场面积小，就单家独户。如果山场面积大，就几家合伙。如果山主同意放给他种，就写佃字。写佃字一般都请人坐中证明。有的佃客只图收到小米、苞谷等杂粮解决生活，不认真栽植和管理杉树，几年都未见杉树长出来,造成山场荒芜。为了避免这些,主家往往要佃客交上一些银钱或物资做抵押,如果不认真栽植和管理杉树,造成山场荒芜,那些抵押东西就不退。如果佃客按照佃字要求,将山场栽满,并认真管理,四五年杉木长大封行、不好再种杂粮后,佃客就邀主家"破合同"("破合同"就是用一张大纸,在左右两边写上内容一致的两份合同,两份合同的正中间写上"合同贰纸各执壹纸"之类的字,然后将这张纸从"合同贰纸各执壹纸"这行字的正中裁破,两份合同各得中间这行字的一半)。合同规定主家和佃客对佃客所栽植杉木所得的股份,一般是主三客二,也有是主客对半。客人分多分少,主要是看所佃山场的情况,如果山场离河近,不很陡,土又好,栽出的杉木长得快,这样客人分得的就要少些,最多五股得两股。如果离河很远,山陡,土少岩石多,种那些山场客人就分得多些,一般是对半。但有的主家也不大讲良心,爱欺负上门求佃的人生地不熟的穷苦客人,分给的股份很少,有的只给三成,甚至两成。合同"破"了之后,客人就可以卖他们的那些股份了,很少有客人能守到砍下河的那天。主家因担心客人将他们分得的那股份乱卖给其他人,造成今后林木股份混杂,带来管理上的困难,一般都要求客人将嫩木转卖给主家。老二哥的这番指点,使我对过去加池、文斗一带佃山造林的常识有了较清晰的了解。

晚饭仍旧在文书姜绍卿家吃,村主任姜锡干以及姜绍烈、姜绍明等都来陪,共有十来人。席间,我们又谈征集契约的事。我说,姜绍烈老二哥和绍明哥带了个好头,为县里的契约征集工作奠定了很好的基础,非常感谢他们。如果群众不同意捐给国家,那也可以实行代管制,即契约的所有权仍是群众的,县里只是帮他们代管,他们随时可以去无偿查阅。大家都赞成代管这个办法。

晚饭以后,姜修璧便带领有点酒意的我们走访了姜有禄、姜齐柏、姜齐刚、姜绍政、姜其相、姜以占6家契约保存户,做宣传发动工作。听说只是代他们保管,所有权还是他们的,姜绍政、姜齐刚、姜以占都表示支持。姜有禄则说,代不代管都无所谓,你们明天来拿去就是了。姜齐柏是前任村支书,对把契约交上去很是犹豫。他说,契约这东西是老人一代一代传下来的,太重要了,我得好好考虑一下。

当天晚上,姜绍政和姜齐相两人就把契约交给我们,我们当面清理,并给他们开收据。第二天天还未亮,姜齐相就来到姜绍明家敲门找我们,埋怨说我们昨晚开给他的收据太简单了,要求把每份契约的内容都要写清楚,否则就把契约退还给他。我们于是按他的要求重新开收据,收据中把每份的内容和落款时间都写上。在给姜齐相开收据时,我认真翻了一下他交来的那几十份契约,发现每份契约的右边角上都编有番号,说明他对这些契约很在意,经常翻动,并且也想"规范"地整理。

图2-6 从加池收集的契约文书 (王宗勋摄)

这天早上,在姜修璧的引领下,我们先后到姜齐柏、姜有禄、姜齐刚、姜以占4家收契约。连昨晚一起,这次共计收集到契约1689份。其中姜有禄家有468份,姜齐柏家有651份,姜齐刚家有448份,姜绍政家有66份,姜齐相家有47份,姜以占家有9份。这几家中,以姜有禄家的契约收藏得最为随便,用一个蛇皮口袋装就丢在堆放柴草等杂物的一间空房中,袋子中还塞有破旧衣物等杂物。我们到他家时,他正准备出远门。我要他同我们一起清点契约,他说,这东西没有用了,你们拿去行了,点不点数都没关系,说完就走了。我们清点后,把收据交给他的妻子。其他家的契约都用老家机布口袋装,挂在房中,以姜齐柏、姜齐刚保管得最好。

在姜齐柏家清点时,姜齐柏一直在认真地协助我们,对每一份契约、甚至是每一张纸都要仔细地过目。看他的样子是很不情愿把契约交出去的,他一再交代我们,一定要保管好,而且千万不能让其他人看(尤其是加池村的人)。

他家的契约,除了档案部门之外,其他人查看都得经过他的同意。我于是反复向他说明县里的政策,即县档案馆只是帮他们代管,契约的所有权还是他们的,并且保证一定按他的要求,不随意让外人查看。尽管这样,他还是将信将疑。送我们出门时,他的表情很不好看,好像要哭,就如宝贝儿子被人抱走了一样。看到姜齐柏的样子,我陡然产生一种莫名的感觉,觉得提在手上的契约袋子沉甸甸的。

这一次可以说是丰收之行,我们心里都十分高兴。这得感谢热心的姜修璧支书,感谢纯朴善良的加池人。

2002 年 1 月 5 日 早晨,我们带所收到的契约乘船返回锦屏。

2002 年 1 月 8 日 经与局长杨从立商量,由我上省档案局去呈交县档案局"关于要求解决民间契约档案抢救经费的请示"。

2002 年 1 月 9 日 上午,我来到省档案局副局长蒋国生办公室,向其呈交要求解决民间契约档案抢救经费(48 万元)的请示,并向他汇报我们与中山大学合作开展民间林业契约征集抢救工作的进展情况。蒋局长对锦屏县所做的民间契约征集抢救工作表示满意。对于要求解决抢救经费问题,他表示将会同刘强局长进行研究,计划会同省财政厅向国家档案局申请专门经费。接着,我向蒋局长汇报了我关于做锦屏林业契约抢救工作的一些想法。我说,锦屏林业契约的内容十分丰富,涉及林业、民族、档案、历史、社会等很多学科,所以不应该拘泥于传统的档案思维,应跳出传统的档案工作思维模式来做。蒋局长对我提出"要跳出传统档案工作思维模式"来做锦屏林业契约抢救工作不赞同。他说,你是档案馆的馆长,你不用档案的工作思维来做,那要用什么样的思维来做呢?我说,传统的档案带有保密性质,不是件件都公开,而且只重保管不重利用。而林业契约属于历史文献,已没有保密性。由于刚发现不久,社会上对它的珍贵价值还不是很清楚,还需要广泛宣传,需要有很多的专家学者来关注和研究利用,不断出成果,这样才能显现出其价值,才能发挥其作用。所以不能封闭,而应该以积极开放的态度来做。尽管我说了很多,但蒋局长还是不认同我的想法。

　　我汇报时,蒋局长叫省档案局馆室处处长汤溪和省档案局编研处处长刘树清来一起听。刘树清处长建议我争取将锦屏林业契约申报"世界记忆工程——中国档案文献遗产工程"。我说,现在申报条件还不太成熟,待我们继续征集到一些之后再来做这项工作。

　　向蒋局长汇报结束后,应我的要求,汤溪处长带领我到省档案馆档案修复室参观。我向修复室的负责人吴桂华请教破损契约修复的技术问题。吴桂华说,他们通常只是修复破损档案,契约的修复从没有做过。在修复室里,我认真看工作人员在修复破损档案。看过后,感觉此前我们在契约的裱糊上存在有材料和工序上的错误。我于是提出派人员来省档案馆学习破损档案修复技术(以修复破损契约)的请求,汤溪和吴桂华都表示同意。

　　下午,我来到杨有赓先生家,向他介绍锦屏与中山大学开展契约征集抢救工作的情况。杨有赓听后非常高兴,说这项工作不久就会有大成果的。但他认为,这项工作要真正搞出名堂,还必须加强对外宣传,最好是同中山大学联合召开一次以锦屏林业契约为内容的国际学术会议。他说,这事他准备去找龙超云副省长专题汇报。她是文化型的领导,又是锦屏人,肯定是会支持的。最后,杨先生还送三本由他和日本唐立、武内房司合编、在日本出版的《贵州苗族林业契约文书汇编》第一卷给我。他交代说,这三本书一本给县档案馆,一本给姜继源,一本送给我。他们编印的这本书质量很高,很有档次,肯定花了不少的钱。

　　2002 年 1 月 10 日　晚,我翻阅杨有赓先生送的《贵州苗族林业契约文书汇编》第一卷。这本书由唐立、杨有赓和武内房司 3 人共同主编,主要收录文斗下寨姜树清家的契约,正面是契约的影印件,背面是汉文标点。唐立和杨有赓分别作有序。杨有赓在序中对锦屏农村的契约给予很高的评价。他说,锦屏林业契约填补了中国少数民族缺乏经济契约和中国经济史上缺乏林业契约的两项空白。

　　我看了之后,觉得有一点不太满意,那就是有的地方点校错了。因为清代至民国时期,锦屏地区的苗、侗族民众很多对汉语汉字不是很掌握,有不少是用汉字记苗音或侗音。在文斗、加池的契约中,有不少是用汉字记苗音的,有的甚至是苗侗音夹杂。杨先生他们不懂苗、侗族语言,甚至对锦屏地区的汉语方言也不很熟悉,完全是按标准的汉语习惯来标点的,所以难免与契约所反映的情况有出入。不过,瑕不掩瑜,能把湮藏于民间的锦屏林业契约结集出版面世就是一件大好事。

2002 年 1 月 11 日 上午 我将上贵阳到省档案局汇报的情况向杨从局长立汇报。杨局长说,最近以来,局里有的职工对你们几个不做档案工作而专门搞林业契约很有意见,说不知你们到底在干什么,是"不务正业",希望你们能较多地兼顾档案工作。我说,林业契约征集的摊子已经铺开了,我们就应该全力去做。局里的职工对林业契约征集工作有意见,是因为他们目前还不认识这项工作的意义。只要我们的工作对锦屏、对国家有利,个别职工有意见也不应太在意,他们今后会明白的。现在关键是我们几个局领导思想要坚定,不应因个别职工提些不同意见就轻易改变和放弃,否则这项已有良好开头的工作就会受到影响,希望杨局长去做这些职工的工作。

2002 年 1 月 14 日 我与局长杨从立和副局长吴育灿商量,决定用契约征集办的经费送档案馆工作人员龙锦华到省档案局学习破损档案的裱糊技术,以便回来修复契约。

2002 年 2 月 20 日 中山大学张应强教授给我来电话,说 3 月 19 日中大陈春声、刘志伟两教授将率一个包括有英国牛津大学、清华大学等国内外名校专家学者十多人的考察团来锦屏进行契约文书和民族村寨的考察,其目的主要是为了提高锦屏民间林业契约在学术界的知名度。届时希望锦屏方面派车到桂林去接一下。

2002 年 2 月 25 日上午 我到县政府向县长王甲鸿汇报与中山大学合作开展契约征集研究的工作进展情况以及中山大学将组织专家考察团来锦屏考察契约文书和民族村寨的事。王甲鸿说,县政府对与中山大学合作征集研究林业契约的工作予以支持,希望你们努力工作,做出点过硬的成绩出来,尽量争取龙超云等省领导的支持。对于中大组织专家来锦屏考察,王甲鸿说,这是好事情。人家来了,我们就好好接待。

2002 年 3 月 10 日 我收到姜穆先生从台湾来的信。姜穆原名姜达峰,是锦屏县文斗人,1928 年生,中学未卒业即加入国民党军队,1949 年随国民党军队退居台湾。到台湾以后,通过不懈的奋斗,已成为享誉海峡两岸的作家,在台湾有"文坛快手"之誉。其著作等身,是锦屏有史以来著作最多的人。据文斗的人说,他很关心家乡的建设和发展。今年 1 月初,我抱着万一的希望给姜穆先生写了封信,向他介绍了锦屏民间林业契约以及与中山大学合作开展征集抢救等情况,请他对这项工作予以指教和支持。同时还寄去了姚炽昌主编的《锦屏碑文选辑》和我写的《争江史略》、《三营记》(点校)两文。想不到他老先生竟亲自给我回信,而且是用宣纸写,字迹遒劲有力,信的末尾还盖有他的印章。得到他的复信,我心里非常高兴,也很感激。我要把这封信当作珍品加以收藏。

姜穆先生在信中,用较多的篇幅谈了锦屏的历史,字里行间无不流露出游子对家乡的思念之情。在谈到锦屏林业契约时,他改变了先前对杨有赓先生的态度。他 2001 年隔海编纂《文斗姜氏族谱》,在谱序中谈到文斗的契约时,他明确地告诫文斗姜氏子孙:"杨有赓教授到文斗做田野调查,收集到我家家谱、山田地契不少……二千年时,锦屏县档案馆王宗勋已取回部分,现存县档案馆……此批资料,不过是学术研究而已,对我家而言,则是无价之宝,姜氏子孙应予以追回。"这次在给我的信中,则称杨有赓"是位真正的导师,知无不言,言无不尽"。他还说,"锦屏民间的契约、宗谱很珍贵,如能影印出版,加以研究,今后可能成为黔学的一门显学"。姜老先生真的厉害,从我给他的只言片语介绍中便预测到了锦屏民间林业契约将有辉煌的未来。我相信,只要我们将之当成事业,不懈地努力,他的预言肯定能够成真。

2002 年 3 月 20 日 由中山大学陈春声教授组织,有英国牛津大学教授科大卫,厦门大学历史系主任、教授郑振满,北京师范大学历史系教授赵世瑜,清华大学社会学系副教授张小军,三联书店编辑、《乡土中国》系列丛书责任编辑杜非博士,中山大学陈春声、刘志伟、张应强参加的民间契约文书及传统村落考察团由桂林抵达锦屏(我租了一辆小客车到桂林迎接)。

这是有史以来到锦屏做文化考察级别最高、人数最多的专家学者团。《贵州日报》记者郭宏静等闻讯后亦从贵阳专程赶来,对考察团的活动进行报道。锦屏县委书记刘益松对考察团的考察活动很重视,安排县委常委、宣传部长杨绘春和我全程陪同,并交代我们要做好相关的服务工作。

2002 年 3 月 21 日 根据行程安排,考察团全天考察隆里古城。上午,我们乘所租的小客车从敦寨走隆里,到铜鼓镇新桥时,方向盘忽然失灵,差点酿成大祸,我们不得不临时换车。

舞龙是隆里古城的一大文化特色,我们特地安排隆里乡政府组织五条龙出城迎接,然后在城内的街巷间作舞龙表演。隆重而别开生面的欢迎仪式,考察团所有成员都十分高兴。看完舞龙表演后,便在城内的街巷间拍照,风格独特的房屋建筑,古朴的城墙,直长的街巷,青石砌就的古井,外饰华丽的宗祠,遍布城内外的碑刻等,都是他们拍照的对象。他们还在一户胡姓村民家里拍到了《隆里所册》。《隆里所册》是一手抄本,有 100 来页,主人收藏甚深,不轻易示人,所以被隆里人传为神秘之物。在城外,还参观了状元桥和真武庙等处。

下午 3 点多钟,考察团一行从隆里经敦寨返回。快到铜鼓时,我向他们简要介绍了铜鼓古城的情况,科大卫教授便执意要求停车看一下铜鼓古城。我便带他看了铜鼓北门残存的城墙和明万历时的修建城墙碑。科大卫看东西非常认真细致,边看边向我提问,他所提的问题有的我能够回答,有的我只有含糊回答,有的则根本回答不上来。这原因一是他的问题提得很专业,二是我没有田野调查方法,以前所做的资料调查都十分粗简,对本地的诸历史资料知一漏万,感到很羞赧。

晚上,考察团一行人来到契约征集办公室参观我们征集到的林业契约以及整理的状况。科大卫教授看过我们刚从农村收来尚未打开整理的一包包契约之后,感到很惊讶,说这些东西不得了,实在是太珍贵了。接着,他询问我一些关于整理的情况,我向他做了简单的介绍,并向他请教整理的方法。他建议我说,对契约等文献整理最根本的原则就是尽量不要破坏它们的原始性(包括原来的归类、顺序等),最好要保持其原来的大致面貌,因为原来分的类别和存放的顺序有其特殊可行的道理。如果打乱了原来的类别和顺序,这样契约文献的价值就要被打折扣。科大卫教授的话很有道理,我很受启发,我们先前的很多做法有些凭感觉,有些甚至是盲目进行的。但如果按科大卫的话来做的话,难度非常大。林业契约该如何整理? 我们下一步得好好考虑才行,千万不能对契约造成损坏,不能给后来人造成麻烦。

图2-7　淹没前的文斗河边码头　（王宗勋摄）

2002年3月22日　上午9点，考察团从县城包乘一艘木质客船溯清水江上文斗。经近2个小时的颠簸，11点考察团抵文斗河边村，然后弃船爬山。文斗寨坐落在半山腰，从河边到文斗寨上，得爬近两千米而且很陡的古石板阶梯路，文斗人形容爬这条陡阶道为"碗米磴阶"，意思是每上一级石阶都要用上吃一碗米的气力。

考察团这行人中大多数都没有爬过这么陡的山路，所以很吃力，有的不得不要前来迎接的文斗村民帮着拿行李。科大卫教授背着一个三十来斤重的大背包，爬坡也显得很吃力，村民要帮他背，可他就是坚决不让。

考察团是文斗这个偏僻苗寨迎接来的第一批专家团，所以全寨上下都非常重视。两村（文斗寨分为上、下两个行政村）组织文斗小学的全体师生和所有村干敲锣打鼓下到半坡来迎接。沿着石板坡路设了三处茶台，每处茶台都摆有供客人洗脸的热水和供客人解渴的节骨茶水，年轻妇女在台前唱苗歌给客人敬茶。

进村后，下寨村"两委"（即村支部委员会和村民委员会）在下寨村脚刚吐嫩芽的古银杏树下举行简朴而隆重的欢迎仪式，身材单瘦的村民委主任姜良锦致欢迎词，周边站满了看热闹的民众，整个村子都洋溢着节日的气氛。

欢迎仪式结束后，考察团一行被引至上寨龙锦宪家吃午饭。饭后，在村干的引领下,考察团在寨里和寨边参观考察古石板路、房屋、碑刻、古墓、古井、古树群。下午4点左右,考察团一行集中到下寨的姜树清和姜元泽两家看契约,这两家分别展示了他们家藏的旧契约等文书。姜树清家展出的东西除了三四百份契约以外,还有数件古玉器和一把残破的万名伞,摆满了整个堂屋。契约摊开在两张拼起来的四方桌上,万名伞则铺在楼板上,场面很震撼人。万名伞是过去地方绅民为颂扬官员的德政,在官员离任时赠送的纪念物。这把残破的万民伞是清咸同年间文斗上寨朱洪章(湘军将领,清同治三年率部首破太平天国都城南京,后在湖南永州和云南鹤丽任总兵)在驻守江西饶州时获赠并留下来的。朱洪章的姐姐是姜树清的太祖母,这把伞是朱洪章委托其

图2-8　科大卫等中外专家在文斗考察契约文书　(杨胜屏摄)

外甥姜登泮(姜树清的伯祖父)从部队里带回来的。姜元泽家展示的契约包成三大包,每个大包里面都有若干扎,堆满了一张四方桌,估计有一两千件。在两家参观的,除了考察团成员外,还有很多文斗两村的村干和群众,所以拥挤不堪。这两家所展示的东西,对在场的所有人来说,都是见所未见。考察团成员拍照不迭。考察团将要离开姜元泽家时,姜元泽老人说,像这些东西,我们文斗还有很多,用箩筐挑都有好几挑。

看了古树、古道、碑刻尤其是这些契约文书、听了姜元泽老人最后说的话

后,我对文斗这个古苗寨的历史厚重感和神秘感便油然而生。

出了姜元泽家,一行人便来到上寨。上寨村委会在村委会前的坪子上又举行一个欢迎仪式,场面也很热闹,陈春声教授代表考察团向文斗小学校捐赠了1000元。

晚饭仍然安排在上寨龙锦宪家,摆了四五桌。科大卫等考察团的成员安排在堂屋,这里摆由3张方桌拼起来的连桌,桌上摆满了各种文斗特色的菜肴。此席人员的搭配是一主陪一客。酒过三巡,四旁的妇女们便开始唱歌敬酒,她们唱一首歌,客人喝一杯酒。劲道十足的米酒,村民们纯朴的热情,把考察团成员们搞得既兴奋又害怕同时又不好拒绝,以至大多成员都喝有了七八分的酒。

在堂屋唱歌劝酒热烈时,另一间屋里老年妇女们则在演唱古苗歌,歌有汉词歌,也有苗词歌。其中有一首长百余句、反映民国丙寅年(1926)大饥荒惨情的《回香歌》(歌的大意是,饥饿难耐的老母亲来走女儿,女儿家无食物招待,只好将最小外甥女回香哄回家杀了煮来吃。吃饭时,不知情的母亲交代女儿要留一碗肉汤给外甥女回香……),催人泪下。晚10点多钟酒席才散,村里还在村头空地上组织篝火晚会,科大卫等迈着醉步也前往参加。

2002年3月23日 上午8点,考察团一行在龙锦宪家吃糊米油茶后,便翻后山走加池村。文斗村民在上寨凉亭举行送别仪式,唱歌、敬酒、放鞭炮,情意甚是缠绵。一行人沿山路走了约1个小时到达加池村,加池村也组织村民和学生到离村1公里多的村后山上迎接。考察团进村后,村委会在村小学校里举行欢迎仪式,陈春声代表考察团也向加池小学捐赠了1000元。之后,在村干的引领下,考察团先在村民姜绍明家里参观其家藏的契约和清代收购木材用的斧印(号"利川")、银秤等器物,而后参观了姜绍烈兄弟的四合院建筑以及内部设施。一行人对四合院的建筑和里面的陈设非常感兴趣,赞不绝口。

午餐在四合院二楼进行,科大卫、陈春声等考察团成员的主席设在四合院堂屋的八仙桌上,姜绍烈老二哥以及加池的主要村干作陪,其余人员席则设在前厅。为了办好这次接待,村里特地提前两天到江边的渔户那里订了鲶鱼、桂鱼等清水江名贵的鱼。席间,亦有妇女唱歌敬酒。因为下午回县城还要开会,加上昨晚大家都喝高了,所以今天的酒场不是很热烈。

饭后,考察团一行在加池村民鞭炮欢送下,迈着欲快不能的步子小心翼翼地沿着毛石陡坡路走下河边来。乘着包船,下午两点回到县城。

按照安排,下午3点在县林业局八楼会议室召开座谈会,贵州省民族研究所原副研究员杨有赓亦赶来参加。县里参加会的有县委书记刘益松,县委副书记杨顺炎,县委常委、县委宣传部长杨绘春以及退休老干部姜继源等。开会之前,大家合影。座谈会由杨绘春主持。先是由我书面介绍锦屏民间林业契约及收集整理的基本情况,然后由县林业局局长龙迪信介绍建设锦屏林业博物馆的设想,再后是杨有赓谈对锦屏林业契约等地方文化的亲身感受,他还提议由在座的专家学者发起成立贵州少数民族历史文化研究会。

图2-9 考察团成员与锦屏有关人员合影 (杨胜屏摄)

座谈会主要听取考察团成员谈这几天考察的感受和收获。科大卫教授首先发言,他说,这几天的考察见闻使我感到很惊讶,没有想到锦屏的民间还保留有这么丰富、珍贵的东西,整个地方的历史都在群众的记忆之中。锦屏的林业契约文书非常珍贵,像这样大量、系统地反映一个地方民族、经济及社会发展状况的契约文书在世界上也不多见,非常具有研究价值,希望加强保护和抢救。农民对文物价值的认识不是很清楚,珍贵的东西往往被便宜地卖出去。建设林业博物馆的建议非常好,把契约等珍贵历史文物收藏到里面去意义非常重大。

陈春声教授说,我们中大与锦屏合作进行的契约征集研究工作进展非常好,前景会很好的。我们的合作会长期坚持下去,而且规模还要扩大,层次还要加深。锦屏的契约等历史文化确实很丰富,很珍贵。我们开展的保护和抢救不只是契约文书,也应当包括族谱、碑刻以及其他文献。如果这些东西都能很好地保护下来,对人类将是非常有益的。林业关系未来,关系到人与自然的协调发展。建设林业博物馆的建议很好,它可以展示锦屏林业发展历史和林业后面的一个族群关系问题,可以增加锦屏的旅游功能。在林业博物馆的建设上,我们中大将会尽力地帮助。

赵世瑜教授说,这几天看到的东西很多,目不暇接。锦屏的契约你张应强一辈子也做不完。我们应把锦屏契约当作重要课题,用五到十年的时间来做,因它涉及林业、文物、档案等部门,要协调各部门分阶段、由点到面来做。建博物馆,要提高到一定的高度,要从多方面把锦屏以林业为主的社会历史全貌反映出来,要建活态的、物化的博物馆,而不应像有的博物馆那样只是展列领导的讲话和题词、照片。如果锦屏建博物馆,我们将会积极支持。锦屏是个很独特的地方,申请世界文物保护很有可能。

郑振满说,来锦屏的这几天使我永生难忘。印象最深的是契约等民间历史档案保存的十分完整,这确实是十分罕见,令人震撼。以前说契约文书,我们都只知道徽州文书。徽州文书十分零散,不成系统,而且分散在国内外多个地方,到处都有卖的,脱离了原来的地区,研究价值不高。锦屏契约量大、集中和完整,几乎家家都有,这以前我从没有见过。锦屏这地方的人对文字很重视,很多不是他们的东西也都保存下来,这也是其他地方不多见的。在这些文献里,我们可以感受到封建王朝在这里起的作用。这里的百姓很善良、很听话,自觉遵循契约规则办事,很讲诚信。这里的研究如果进展得好,对整个社会学的研究将会有很大的突破。在这里做契约研究,一定要尊重原来的秩序,最好不要打破契约原有的秩序和系统。

张小军说,在锦屏建林业博物馆,关键词应放在"生态"上面,要把文化品位加上去,要做长远的规划,要保留其原始性。文斗自然景观很好,文化原始味很浓厚,旅游开发价值很高,但如果把公路修上去、建现代的砖房子,反而不好,将会破坏它的原始性。

刘志伟说,建林业博物馆,首先要考虑对锦屏的经济社会发展有没有推动作用,能不能吸引人来看,来这里花钱。其次要注意与自然环境相协调,要有林区的特点,要有老百姓的东西。

最后,锦屏县委书记刘益松就锦屏林业契约等历史文献的征集抢救谈打算。他说,民间林业契约是锦屏人民祖先留下来的重要财富,如何抢救保护和开发利用这些财富是我们面临的新问题。关于如何做好林业契约的抢救保护工作,各位专家都发表了很好的意见和建议。下一步我们要高度重视,要根据今天各位专家的意见和建议认真抓好这项工作,一定要抓出成效来。

2002 年 3 月 24 日 我奉县政府领导的指示送考察团一行回桂林乘飞机。上午 8 点半,我们乘坐县检察院的车离开锦屏。连驾驶员在内共 8 个人,把车子挤得满满的。因考虑到山区公路弯道多,怕科大卫不习惯,我们请他坐前面副驾驶的位置,可他死活不肯,坚持坐在最后一排,结果他一路晕车。途经湖南省靖州时,有人提议停下来到该地的名胜飞山去看一下,大家都赞成。但驾驶员说,靖州因军事等方面的原因,不允许外国人停留,因科大卫的缘故,大家只好继续前行。

早上出发之前,我将前段时间到加池村接收来的 490 份契约交给龙久腾登记保管。其中姜锡义家有 339 份、座簿 5 本,姜锡干家有 11 份,姜齐有家有 89 份,姜有藩家有 46 份。

2002 年 3 月 27 日 《贵州日报》新闻版刊登该报记者郭宏静、杨静的报道文章《锦屏文斗——三百年前环保的地方》。该文报道了科大卫等专家考察团此次在文斗的活动情况,首次向外披露了文斗苗寨人民在三百年前即利用契约文书有效地管理山林,使得这里的林业得到持续发展,山常青、水常绿。

2002 年 4 月 1 日 上午,收到中山大学张应强教授寄来的厦门大学杨国桢教授《明清土地契约文书研究》一书的复印件。通过这一年多的接触,我觉得锦屏民间林业契约具有很高的学术研究价值,而我对这方面的学术知识一点也不具备。因此,前段时间张应强他们来时,我请求他回去给我弄些有关民间契约文书研究方面的学术书籍来学习一下,以便对锦屏民间林业契约有所认识。杨应强说,厦门大学杨国桢教授是我国著名史学家、民间契约文书研究鼻祖傅衣凌教授的弟子,目前是国内研究民间契约文书方面的权威,他所写的《明清土地契约文书研究》一书是国内研究民间契约文书方面的基础教材,但这本书在广州的书店已买不到,只能把他的那本前面部分复印寄过来,待以后再版时买原本。我将收到的书翻了几页,见里面的内容十分新鲜,确是我所亟需的。看来我得花些时间来细读这本书。

2002 年 4 月 2 日　由于契约的规格普遍较大,以至档案馆所使用的普通档案装具都无法装载。根据契约文书的规格特点,我今天特地同来到档案局联系业务的河北省广宗县新城档案制品厂业务人员李玉显订制了 40 个特大的盒子(长和宽各 80 厘米,厚 8 厘米),用来装契约,每个价格 10 元。李玉显说,我们订的这批档案卷盒属于特大型,他们以前从没有做过,可能是全国最独特的档案卷盒了。

2002 年 4 月 11 日　昨天下午,我听说贵州省人大常委会副主任龚贤永今天来到锦屏来检查民间民俗文化保护抢救的情况。于是,我昨晚准备了一份锦屏林业契约抢救情况的汇报材料,今天上午转交给县人大常委会主任王经勇,请他向龚主任汇报,希望锦屏契约征集抢救工作能引起省领导的关注。王经勇主任说,他将尽量向龚主任作汇报。

2002 年 4 月 24 日　上午,我来到省档案局副局长兼馆长蒋国生办公室,向他汇报林业契约的征集整理工作和 3 月份中山大学组织专家学者到锦屏考察锦屏林业契约的情况,并询问上次申报抢救民间契约经费之事。蒋局长说,锦屏林业契约能引起国内外专家学者前来考察是件大好事情。经费问题,他说,已经和省财政厅协商,今年得到解决的可能性不大,最快也要等到明年。

汇报结束后,蒋局长对我说,现在省档案馆准备办珍贵档案展览,希望你们锦屏县选择比较有价值的林业契约 100 份左右拿来陈列,以丰富展览内容,同时也进一步扩大锦屏林业契约的影响。我说,这事比较难办。蒋局长说,有什么难办的,省档案馆是上级机关,难道上级因工作需要都不行吗?我解释说,我们县档案馆现在所收藏的林业契约原件都是帮农村群众代管,所有权都还是群众的,我们不能转移出锦屏。因为转移到了省里,今后群众要来问、来查阅就不好办。再者,我们县里领导已定下一条原则,契约的原件一律不能离开锦屏。这事我得回去向县领导汇报之后才能定。蒋局长听了之后很不高兴。

2002 年 3 月 25 日 上午,我与杨有赓老先生相约一起到贵州省林业厅去拜见从国家林业局派下来挂职的副厅长曹国江,并带去他和日本唐立等共同编的《贵州苗族林业契约文书汇编》第一卷 3 本。曹国江四十上下,人很干练,待人很热情。我们向曹厅长汇报了锦屏民间林业契约以及最近所开展的征集整理情况,请求省林业部门对这项工作予以经费等方面的支持。曹国江听了汇报之后,对锦屏林业契约很感兴趣,认为锦屏林业契约是十分珍贵的林业历史文献,国内目前还不多见。人家日本人都搞出成果来了,我们没有理由不搞。他表示将向国家林业局周生贤局长汇报,争取周局长和江泽慧院长(中国林业科学研究院)等领导的支持。杨有赓带去的 3 本书,一本送给曹国江,其余两本请曹代转给国家林业局局长周生贤和林科院院长江泽慧。曹国江说,周生贤局长下个月要到贵州来视察,到时将向他汇报锦屏林业契约的事情,并建议他去锦屏实地看一下林业契约。曹厅长还说,他将到国家局帮找些经费来支持锦屏抢救林业契约。

2002 年 4 月 28 日 先前,我听彭泽元老先生说,平略镇岑梧村还保存有些老旧契约。前几天又听县人大常委会原主任姜继源说,岑梧村的老村干陆宪基家里还保存有一份清代康熙年间的老契约。他与陆宪基熟悉,如果要去收集的话,他愿意陪我到岑梧去找陆宪基。今天下午,我带龙久腾,特意邀约姜继源和彭泽元两位老人,在平略镇干部张友模(曾任偶里乡人大主席团副主席等职)的陪同下搭乘班车去岑梧村征集契约,尤其是想看看那份康熙年间的老契约。我们一行从寨早下车后,步行约 3 公里的山路(有 1 公里多是简易公路)来到岑梧村,直接进住陆宪基家。

陆宪基年近七十,从 1950 年代开始就担任村干(大队长、村主任),一直任到 1980 年代中期,与姜继源老主任是老熟悉了。陆宪基见到久违的老领导来访,显得特别高兴,甚至有点激动,特意杀只鸡来招待。饭间,我们向他说明来征收旧契约的事,他满口答应愿把他们家的契约交给我们。饭后,他上楼去把一个装契约的旧家机布袋子拿下来交给我。我们当面清点,共有 87 份。稍后,陆宪基又通知他的侄儿陆秀光送来一包,有 316 份。在所收到的这些契约中,没有见到那几份康熙时期的契约。陆宪基老人说,那几份康熙契约可能保存在村文书陆秀植的家里。

图 2-10 岑梧村民居 （王宗勋摄）

这是我第一次到岑梧。晚上，我向陆宪基了解岑梧村的历史。陆宪基介绍说，岑梧村有 160 多户，700 多人，陆姓人占总人口的 80%。除陆姓外，还有龙、潘、吴、黄 4 姓。

陆宪基说，他们陆姓祖先是清朝初期从湖南逃难过来的。最早来到这里的是陆双元。他来到这里时，连一块打麻雀的泥土都没有。先是在扒洞（即今启蒙镇华洞村，与岑梧村为邻）给姜姓人当佃户种山一段时间。那家人丁较单，于是就逼他改从姜姓，并答应分一部分山场给他。双元父子不愿意弃陆从姜，就将所有的积蓄悄悄向苗馁（今河口乡韶霭村，距岑梧约 13 公里）人买了现在岑梧村南面（靠近扒洞）的平展坡和九白冲一带的山场，以作为栖身之地。在他之后，儿子贵还、贵明兄弟又陆续买了几块。听老辈人说，买这几块山，历经艰难。苗馁人看我祖先是外来人，孤单老实，就在契约上搞手脚，用父卖子翻、兄卖弟悔等手段,一块山卖了好几次,我们祖先吃了不少的亏。我们先人同苗馑人买山时,是悄悄进行的,不让扒洞姜姓人知道,直到将这里的山地买好,即将搬过来居住时才去同姜姓人辞别。姜姓人问搬到哪里去?陆现宇说,不远,离这里(指扒洞)才一摆(锦屏方言,指成年人伸开双手的长度)。

他说,我们陆姓到这里居住后,拼命地在山间刨土寻食。历经几代,慢慢地同寨早、扒洞、平鳌等周边的村寨买山场田土。我们的祖先苦得很。现在我们岑梧村所有的山林田土,可以说每一寸都是用血汗钱买来的。所以,历代的老人对山林田地都非常珍惜,从不让它荒闲,否则就会有愧疚感,对不起祖宗。现在我们村里就没有一块荒山荒土。我们的祖先很重视契约,每块地都写有契约凭据,所以村里契约很多,也保存得很好。解放以前,我们岑梧同平鳌打了一场官司,由于我们的契约硬,我们赢了官司。从那时以来,平鳌人也就不大敢再欺负我们了。因为山林田土界线清楚,契约保管得好,解放以后,我们村同周边村寨的山林田土权属纠纷不是很多。现在我们岑梧的山林,村内部是按土改时分配的管理,与外村交邻的则仍旧按老契约进行管理。过去,我们这里每户或多或少都有契约,都是各管各的。在家里,父亲在就由父亲保管,父亲不在了就由长子保管。八几年时搞山林"三定"、分山到户时,我当大队长,我们组织队干和各家族代表对全村的山林土地进行了一次全面的清理,把每姓、每房所有的旧契约全部集中起来进行统一登记,大队建有总簿,登记各房的重要契约。登记之后,契约退回原户保存,登记总簿由大队统一保管。如果发生山林土地权属纠纷,就先翻登记簿,然后找出该块山场的契约,拿出去调处。秀植家所保存的那几份康熙老契约,就是我们陆姓先祖来岑梧开基时同苗馑人购买安身之地的契据,非常重要,可以说是我们岑梧村的根本。

陆宪基还向我们介绍岑梧村的其他情况。他说,他们岑梧陆家是"三僦",自称"僦家",五几年国家才把他们划定为苗族。我们会说锦屏地区的苗、侗、汉三种语言。锦屏县的中仰、九佑、高表、流洞、美蒙、九桃、瑶里和黎平县的乌山、乌勒、俾嗟、岑堆等村寨都是"僦家"。在1970年代以前,这些"僦家"村寨之间关系十分密切,人们的婚嫁也只在这些家村寨的"僦家"之间进行,不与外村寨通婚。他们岑梧与启蒙的高表关系特别密切,其次是九佑。过去他们的亲戚绝大部分都在高表和九佑。每年正月间,寨上的小伙子都要结伴成群到高表去做客,时间十天半月不等,其实就是去那里找姑娘结对象,那边也组织姑娘来接待玩耍(主要是唱歌)。改革开放以后才慢慢地同外面不是"偢家"的村寨人结婚,现在已不论是不是"偢家"了。"偢家"的婚礼与其他村寨有所不同,有许多特殊的礼数,最主要的是唱"偢歌",很隆重。

陆宪基还说,他们岑梧还有个特产就是叶烟。岑梧人历来喜欢栽种叶烟,栽出的叶烟颜色金黄,味道幽香长远,在锦屏、黎平、榕江以及广西的三江等地都很有名气,旧社会没有纸烟时,岑梧的烟很畅销,很多人家以栽种烟为主要副业,平略、启蒙赶场时,岑梧的烟占去半条场。现在纸烟多了,叶烟种的就少了。

2002 年 4 月 29 日 岑梧村整体坐落在一条狭长山冲里,民户分散在冲两边的几个小岔冲间,清一色是杉木房,层层叠叠,村寨的周边都是楠竹林,楠竹林外面则是杉树林。上午 8 点多,我们出陆宪基家去找村文书陆秀植以及其他的村干部,想看那几份康熙年间契约,同时也想请他们帮助联系其他有契约的农户。可我们在村里串了 1 个多小时,都找不到我们要找的村干。而且,几乎所有村民对我们都十分冷淡,我们意识到村干很可能有意回避了。我们到一家,那里正在吃早饭,但那些人只是喝他们的酒,说他们的话,对我们爱理不理的。后来,张友模通过侧面了解才知道,原来是因村上的一些问题,村里的群众对先前的老村干很有意见,所以对凡是到过老村干家的干部都采取冷淡的态度。既然是这样,我们就只有先回去,待下次再来了。

在陆宪基家吃午饭后,我们返回到平略。姜继源老主任提议去拜会他的老朋友、退休在家的姜于休先生。姜于休是平鳌村人,曾任原平略区的副区长,已经七十多了,身体状况不是很好。到姜于休家,一阵寒暄后,我向姜于休老区长介绍了县里开展林业契约征集的事,请他予以支持。他说,他们平鳌是个老寨子,过去管的山场很宽,有不少的契约。他们家族也有几千份,只可惜在前些年全部被省民族研究所的杨有赓带日本人来借走了。他埋怨杨有赓不讲信用。他说,都借去好几年了,他准备找时间亲自上贵阳去找杨有赓退回来。我和姜继源老主任向他解释说,杨有赓他们借去的平鳌村那批旧契约已经退回到我们县档案馆来了。老区长听了以后很不高兴,脸有愠色地说:"那些东西是我们家的,你们怎么没经过我们的同意就拿去转交给档案馆呢?应该退给我们才合呀!"我向他解释说,这主要是从防火安全等角度考虑,放在档案馆也是帮他们保管,所有权还是他们的,答应今后复印一套返还给平鳌的原主人。

经过一番解释和说明,姜于休老区长脸上的愠色才慢慢消去。我以前听说珍贵史料《三营记》手稿在他的手里。见他态度有所缓和,我便试问他《三营记》手稿的事,想借来复印。他说,《三营记》是他们家太公姜海闻写的,他以前得见过,现在哪里已经忘记了。最后,我还请他利用他的影响带我们去平鳌发动群众,将所保存的旧契约拿到县里来安全保管。他以年事已高、身体不好为由婉言拒绝了我的请求。

2002 年 5 月 2 日 利用"五一"7 天长假,我带龙久腾乘船去加池和文斗征集契约。当日下午先到加池村,与姜修璧等村干协商向中山大学请求援建该村小学校的事。

2002 年 5 月 3 日 上午,在支书姜修璧的带领下在村里收集契约,我们走了姜坤基等 4 家,共计收得契约 178 份。其中,在姜坤基家收到 132 份,姜绍利家收得 24 份,姜锡林家收得 17 份,姜绍朝家收得 4 份。

姜坤基喜欢喂斗牛,是村里斗牛协会的会长。在他家,他一边同我们清理契约,一边不停地同我们讲有关选斗牛的知识和斗牛的故事,还向我们介绍他的斗牛,并展示他参加斗牛比赛所获得的奖状,要我们帮他宣传。

收得契约之后,我们在村长姜绍怀家吃早饭,计划饭后走文斗。姜绍怀三十出头,是全县最年轻的村长之一,为人忠厚,热情好客。但家里经济条件不大好,可以说很困难。因请求中山大学援建小学校的事情基本商妥,村干们都很高兴,执意劝我们喝酒,并"阴谋"整我们一下。我们本来计划尽快吃完饭后赶去文斗,可这时突然下起大雨来,真是"人留客来天也留",我们只有"稍安勿躁"了。为防我们逃跑,村干们派人把房门从外面给锁上了。我因酒量不济而且曾经领略过加池米酒的厉害,加上有工作在身,一开始便高挂"免战牌",自告奋勇当裁判。他们从 11 点多钟一直战斗(划拳)到下午 3 点多。这时,雨停了,所有村干都醉倒了。龙久腾一是有点酒量,二是拳技稍高,战斗到终点还清醒无事。于是,我们便悄悄溜出来爬山走文斗。

我们到文斗,依然投宿于热情好客的下寨村支书姜兴福家。

2002 年 5 月 4 日 早上起来,我们直接去姜树清家,恰遇姜树清准备出门。我将唐立、杨有赓、武内房司编辑在日本出版的《贵州苗族林业契约文书汇编》第一卷和姚炽昌主编的《锦屏碑文选辑》送给他。《贵州苗族林业契约文书汇编》第一卷里所收的契约全是他们家的,所以他特别高兴,把我们引到耳房里坐侃了一趟。在同他交谈中,我再次同他商量他家保存的契约征集问题,姜树清仍是不同意,态度很坚决。

中午,我们在姜兴福支书家吃饭,参加的有上寨村支书姜启松、村长姜廷化,下寨村长姜良锦,退休干部姜高松以及姜树清等。席间,我们先是讨论文斗的旅游开发问题,村干部对搞旅游开发积极性都很高,认为当务之急是把今年的六月尝新节办好,以吸引游客来。我认为,文斗搞旅游开发不能急,想通过办几个节日就能吸引游客是不可能的。尝新节是今后文斗搞旅游开发的一个内容,应该规划设计好,让它富有文斗的特色。目前,文斗的尝新节是过农历六月的头个卯日,每年的时间都不一样,这样不利于吸引旅客。我建议把尝新节的时间明确并固定下来,最好定在每年的农历六月六日,这样有利于对外宣传,也便于游客前来。还有,就是把尝新节的内容再充实一些,除了传统的斗牛外,还应增加唱传统苗歌、比武、厢上拉木等特色活动内容,在饮食上也应搞些文斗特色的东西,如油茶、野菜、野果等。村干们对我的意见都表示赞同。

谈罢旅游开发后,我就提出契约征集的问题,希望两村领导能够支持我们在文斗村开展契约征集工作。然而,对这个问题,村干们多数都持反对态度。姜树清说,那些旧契约是文斗的"寨宝",如果把这些东西都拿去交了,将来村里同平鳌、中仰等周边村寨发生山林权属纠纷时就没有凭据了,江山就会保不住。姜廷化说,以前父辈们交代,家里的契约除了拿去打官司之外,是绝不准带出村外去的。再者,今后文斗搞旅游开发,把这些东西拿去了,今后外面的专家学者进来也就没有什么可以看的东西,文斗就留不住客人了。我听了之后觉得很失望,但转念一想,村干们所说的也有道理。如果换成我是他们,也可能是这么想的。

这天晚上,我特意到姜树清家住宿。姜树清是文斗下寨"三老家"后裔中较有文化修养的人,对家族历史懂得也比较多,在家族中很有威信。

我与他同睡在那间新配的耳房里。在文斗,多数人家都设有耳房,这个房间一般是接待贵客的上等房。这晚,我们都没有睡意,聊得很投机,基本上是我提问他回答,我记录。他向我详细讲述了他们"三老家"的历史。他说,他们"三老家"发得比上寨"三大房"(即姜仕朝的 3 个儿子及其后代)要早,但规模没有他们的大。由于文斗下寨行政上属于镇远府天柱县,不方便联系和管理,而周边的村寨都属于黎平府,下寨人有一种孤单无助的感觉,所以"三老家"以及整个下寨的人行事都很低调,他们家太祖父姜富字写"富"字从不写上头那一点。由于难以得到官府的支持,"三老家"在同上寨"三大房"长期的竞争中,都是处于下风。

他还讲了很多有关契约的故事。其中一个是造假契约混争山权的。他说,过去我们文斗常有人造假契约,用来混争山林。我们"三老家"有一块山地名叫塘假令,又名党戛令。清朝末年,上寨"三大房"有人造了一份假契约来混争,地名写成"党戛令",双方持契约到开泰县请县官仲裁。县官拿双方的契约来看后未加细审就说,这是不同的两张山契,有什么争的,下寨管你们的塘假令,上寨管他们的党戛令。后来导致上下两寨人的群体械斗,我们下寨死了一个人。再后来,下寨跑到天柱县去求助,天柱县派员到开泰县协调才得以平息。为那件事,我们家花费了不少的银钱,卖了好几块山。

最后,他还用很自豪的口吻较多地谈到了他的伯祖父姜登泮。姜登泮主要活动在清光绪时期,是文斗近代的著名人物,在这里家喻户晓,妇孺皆知。辛亥革命发生后,黎平府行政瘫痪,府属各地治安混乱,盗匪横行,锦屏等黎平府北路一带绅民以三营为后盾要求脱离黎平府实行自治。民国 2 年(1913)各地代表集中鳌鱼嘴(今黎平县鳌市)开会,成立互卫总局,姜登泮被推举为总董,实行自治。当年秋,阳奉阴违的黎平府知府傅良弼等将姜登泮诱捕,最后将他屈杀。姜树清说:"我伯公是农历九月份被杀的。他说他是冤枉的。他没有儿子,大地将为他戴孝。他被杀后的第二天早上,突然下了一场雪,大地一派白色。我家现在还保留有他写回家催筹银钱的信和几篇亲友写给他的祭文。"

在聊的过程中,我非常尊重他,一直在倾听。他感到自己被尊重,便渐渐地接受了我。深夜 12 点多钟,他到伙房里去热了两个菜和我宵夜。他说,其实我对你们的工作也是理解的。对你们冷淡,主要是对村委会的一些人有意见。于是,他又向我倾诉了一大堆委曲。我说,过去的事情就算了,不要再去想他,应向前看。其实你们的这些东西放在家里也很不安全,还是拿到县里去保存为好。他说,我也知道放在家里不安全,一出门就提心吊胆的,但是一旦拿出去,又有点舍不得,毕竟是祖先一代一代传下来的。这样吧,等农忙过了之后,我到你们档案馆看一下你们整理和保管的情况。如认为可以,就回来把这些契约都拿下去。姜树清思想的开通,我心里产生了一种攻下一座坚垒的胜利感。

2002 年 5 月 5 日 上午,我们在老干部姜高松的协助下,在文斗下寨收到契约 124 份,其中姜良标家 53 份,姜高寿家 71 份。下到文斗河边村时,又到村原支书姜廷秀家收到契约 11 份。姜良标、姜高寿二人都一再强调,他们的契约只是送去整理复印,原件一定要退还给他们,我答应了他们。

午饭后,姜老局长还带我从下寨沿凤尾坡走游了 1 个多小时。他边走边介绍说,文斗所处的山岭为凤形,凤头在中仰背后的银广坡上,凤翅在加池、中仰一带,文斗处在凤翅后的右侧,凤尾就是这条岭,一直延至清水江边。老局长还指着江对面的一大片杉林说,那是文斗两寨办的白浩林场。过去那里是外地佃户居住形成的小村寨,解放后那些住户都搬到文斗河边来了。文斗寨过去管的地盘很宽,远的地方山场大都佃给外地人栽种,寨后面十多里的九怀、党加两处都住有佃户。解放后,党加划归九佑村,九怀则没有人住了。

此次在文斗,我还抄录了两寨的部分碑文,同时也了解到文斗村内尚有契约近万份,但多数人家都不同意出示于人,其原因:一是有部分受农村中不轻易暴露家底传统思想的影响;二是有部分人家所保存的契约不是他们家祖传的,而是土地改革和"文化大革命"时地主成分的亲戚转移来帮保管未退还的;三是有部分则系从地主、富农等高成分人家里抄出未作销毁而悄悄保存下来的。

2002 年 5 月 11 日 我带龙久腾并约县政协办公室副主任林顺先去平略镇平略村找姚培贵,想借其家谱复印。姚培贵是清代嘉庆、道光年间河口巨富姚百万的后裔,他保存的《姚氏家谱》很珍贵,对了解和研究因从事木材贸易而发迹暴富的清水江第一代富商姚百万(姚继周父子)的历史很有价值。今天他正在山上打田,我们问路走了约 2 公里来到田边找他,他答应农忙之后借给我们。

2002 年 5 月 12 日 上午,我与文斗下寨村主任姜良锦电话联系时得到一个不幸的消息:5 月 8 日深夜,文斗下寨契约保存大户家姜树清在乌斗溪电站值班时,因山洪暴发,电站堤坝崩垮,不幸遇难。听到这个消息,我先是吃惊,后是十分难过。记得5月5日早上8点多钟,我在文斗下寨寨后凉亭边抄碑时,见姜树清背个包下乌斗溪去,我还同他聊了一小阵。他说,过几天我下锦屏来看你。想不到那次分手竟成了永别。

2002年5月13日　上午,我和林顺先、龙久腾去三江镇龙啦村找林顺先的远房堂兄林顺修。此前林顺修曾答应龙久腾,说他家里保存有100多份老契约,同意交到县里来保管,要龙久腾去拿。然而当我们到他家时,林顺修好像又改变了主意,说那些老契约由其弟林顺海保管,而林顺海到广东打工去了,得等他回来才行。后来,我们在他建在鱼塘边的家里喝了他精心酿制的陈年糯米酒,带醉而回。

2002年5月16日　今天,我交代龙久腾回平翁老家,去同他的叔伯们商量,把他们几家的契约拿下来。今年正月初二,我去平翁村岭隆寨岳父(龙宜权)家拜年时,与几个表兄闲谈中,得知他们几弟兄还保存有部分旧契约。当时我就说,既然你们这里还保存有,那我过一段时间就来拿,他们的态度不置可否。他们几家是清代从小江边的三江镇新寨村迁到岭隆去住的。迁上去的主要原因是他们的山场都在那上面,为了管山方便。

2002年5月17日　下午,龙久腾回来向我报告说,到他们几家共收得331份,其中他大伯龙向宗家有244份,三叔龙向坤家有87份。但三叔龙向坤的只同意拿来复印,要求原件退回去。他自己家本来也有一两百份,"文化大革命"开始时,学校号召"破四旧",他父亲龙向钊把那些契约连同一些老书籍全部烧掉了,现在感觉很后悔。

2002年5月20日　听说我们搞民间契约和古文献收集整理工作,县公安局退休干部姜贤枝今天下午特意来办公室找我,并带来一幅他家先辈姜玉顺的画像。他说,姜玉顺是他们平鳌村至今最大的官,在清咸丰、同治年间随胡林翼在湖北等地镇压太平天国,官至提督(从二品,相当于今省级干部)。姜玉顺原有两个儿子,均被敌人报复杀害,只留下一个女儿,嫁云南候补知县陈宗荣。他在武汉鹦鹉洲置有一座公馆,他死后,公馆由陈宗荣夫妇捐给贵州的同乡会办学校。这幅画像是姜玉顺留下来的唯一物件,由于保管不好,损坏了一些,想要我们给帮助修理一下。我说,我们只是做契约的裱糊,对画像的修理还没有做过。你这东西很珍贵,我们不敢轻易搞,万一把它弄坏了就无法向你交代了。我将那画像拍了照,转退给他,答应他向省州有关部门咨询,如有地方能修复,就带上去请他们帮做。

我还向姜贤枝介绍了我们搞民间契约征集的政策和整理等情况。他也向我介绍了他们平鳌村的一些历史情况。他说,平鳌和文斗一样,是清水江一带的古老寨子。过去平鳌出了不少的官,老人流传有几句话:"八里的窨子,瑶光的坎子,文斗的银子,平鳌的顶子。"平鳌过去管的山场很宽,有不少的契约,乱讲都有两三万份,因火灾方面等原因损失了很多。现在也还保留有一些,全寨合起来可能有好几千份,如果能拿来给你们规范整理并统一保管,这是最理想不过的了。但群众都很保守,不愿意拿出来。我说,农村保留得有契约的人大都是思想比较保守的,否则的话这些契约也不会被保存下来,早在"文革"时期就被毁掉了。对这些群众不能急,得慢慢地去做思想工作,而且还要讲点方法,有的群众需要做很多次工作才是通。我提出委托他到平鳌去帮助做群众的思想工作,他愉快地答应,说过几天回家时试试看。

2002 年 5 月 22 日 近段时间,我一直在琢磨契约整理立卷的规则。杨有赓和日本唐立、武内房司他们编的《贵州苗族林业契约文书汇编》是按照契约的内容来分类的,即分成田土买卖、山林买卖、佃山造林、山林土地股份析分、收益分配、山林权属纠纷处理等类别。这样划分较有利于刚接触锦屏林业契约、急切想了解锦屏林业契约情况的外地学者,但我认为这样划分不太适合锦屏林业契约的特殊情况。锦屏民间林业契约的最大特点是以户或家族为单位留存。而且,绝大多数都是按山场来分包的,这一包就像今天的一卷,即包括该块山场的所有契约,所以一家的契约通常都分为若干大小不一的包或扎。在一户或一个家族的契约中,几乎都包括有田土买卖、山林买卖、佃山造林、山林土地股份析分、林业收益分配、山林权属纠纷处理等类别。而且,同一块山场的契约中,往往也包括有买卖、租佃、山场股份分配和收益分配以及权属纠纷处理等类,这些不同类别之间的契约之间是有密切联系的,如一块山场向谁买来、租佃给谁栽种、主佃双方的股份分成合同、卖木收益分配单、山林权属纠纷调处文件等,这就是锦屏林业契约的价值所在。如果按照内容来分类别,势必会将该山场各阶段紧密联系的契约生硬地分割开来,进而破坏了山林土地契约的系统性和完整性,人们就无从全面了解该户或家族经营管理山场和林业生产的整个过程,这样契约的价值就会被打折扣。所以只有以户或家族为单位来分卷较为适合。

过去,大多数人家的契约是按照山场地块为单位来分包分扎,如果以地块为单位再来分小卷,这样就能更加完整地保存契约的原貌,容易理出该户山场土地权属转移变化和经营管理情况。但是,有的人家的契约经过多人多次翻动(主要是为了处理山林权属纠纷),后来的契约保管者因不熟悉过去的山林土地与契约之间的关系,已无法恢复到原先的状态(即按山场来分别包放)。所以,也不好完全以山场地名来分小卷。想来想去,只有以户或家族为单位立卷,卷内按时间先后来排列顺序。这也是没有办法的办法了。

鉴于林业契约从不同的乡镇、村寨和农户中收集而来,数量多少不一,少者几份,多者上千份。按照以上的原则和标准,我决定以户为单位立卷,每卷100份左右,契约多的户分为多卷(如加池村姜绍烈兄弟家族的契约就分成11卷),契约少的就几户合为一卷。立卷编号,以乡镇为单位编母号,行政村为子号,农户为孙号,如:1-2-3,"1"即代表乡镇,"2"代表村(一个乡镇有两村以上),"3"即代表农户(一个村有3户以上)。

2002年6月15日　今天上午,我收到锦屏文斗籍台湾著名作家姜穆先生的第二封复信。我在5月20日给他去了第二封信,在信中进一步介绍了锦屏林业契约等地方文献,并请他方便时将锦屏林业契约推介给台湾的张炎宪和陈如秋等研究台湾民间契约文献的专家。还随寄去了我为应付科大卫等专家考察团来考察而写的粗文——《文斗兴衰史略》。他在信中对《文斗兴衰史略》给予很高的评介,说此文"使文斗有了自己的历史",同时还说了很多表扬和鼓励我的话,说我是"天生的历史家",但还应多学些史学方法,建议我去读台湾历史学家许冠三先生的著作,以增加史学理论知识修养。在谈到锦屏契约文献时,他说,如今政府能重视这项工作,不出几年必有相应成绩,希望我能全身心地投入这项工作中。他准备尽力帮找张炎宪和陈如秋两位学者推介锦屏林业契约。

在信中,姜老先生还就文斗的旅游开发谈了很多意见。他说,人家来旅游毕竟不是来受苦受罪,是来增长知识、享受生活的。他建议除要投入资金加强交通、旅馆、电信等基础设施建设外,还要注意软件建设,如地方民歌、舞蹈的挖掘整理,导游人才的培养以及地方花草、树木、动物的培养繁殖,特色饮食的配套等。搞旅游开发不是一蹴而就的,需要经过较长一段时间(几年、十几年)的努力才会有所起色。姜老先生的建议很有见地,如果按他的建议认真地去做的话,文斗的旅游肯定能够火起来。

2002 年 7 月 8 日 《贵州日报》记者白荧、郭宏静来锦屏来采访锦屏民间契约的保存等情况。县领导安排我与县委宣传部杨秀廷陪他们同到文斗和加池两村进行实地采访。上午,我们乘船到文斗。在姜廷化等村干的带领下,对村里的石板道、古树、房屋等进行了拍摄,重点拍摄了下寨姜元泽家的契约,还就契约管理山林等问题对姜元泽老先生进行采访。姜元泽老先生没有文化,对记者们提出的问题回答得不是很到位。下午,我们带记者翻山走加池。晚上住宿在姜绍明家。

2002 年 7 月 9 日 上午,白荧两位记者就 1951 年以前用契约管理山林等情况,采访了四合院的主人之一姜绍烈老先生。姜老先生向介绍了他年轻时所经历过的山林土地买卖情况和契约的订立过程,也介绍了他们家过去用契约管理山林的一些情况。他说,过去山林基本上是按契约来管理,比现在要活套得多。按照契约,各管各的,互相牵扯不大。现在山林管理有点乱,国家发的证不大管用。你栽的树子长大到快砍得的时候,就会有人来横争,谁的势大谁就赢,所以很怕栽树。

应记者们的要求,姜绍烈老先生还介绍了斧印的用处。他说,斧印是过去收购木材时用的,上面刻有收购人的姓氏或名号。你在溪河边向别人买了一单木材,就在每根木材上面敲上斧印,这样别人就知道这单木材是谁的了,不敢来乱动。如果木材被洪水冲下去,就顺河下去找。如发现有你斧印的木材,就可以直接捞取。如果有人帮你捞取,就付些报酬给帮捞的人后拿来。他们家过去有一把斧印,名号叫"洪顺"。但也有的人较狡猾,捞到木材后,就把斧印给削掉了。

采访罢姜绍烈老先生，我们又到姜绍明家对他所收藏的山林座簿、禀帖稿集和收购木材的"利川"斧印进行拍摄。下午，我们一行下到平略，本打算到岑梧去采访一下，因车子在半路抛锚，只得返回县城。

这两天中，两位记者就锦屏民间林业契约以及征集抢救情况、对过去林业契约作用的看法等问题，对我进行了断断续续的采访。

2002 年 7 月 12 日　下午，根据事先的联系和安排，来锦屏做田野实习的中山大学人类学系民族班师生一行抵达锦屏（我和档案局副局长吴育灿租车到怀化接来），共有本科学生 22 名，博士生 1 名。另外，还有该系的陈运飘和何国强、周玉莹 3 位老师。

2002 年 7 月 13 日　上午，县政府副县长程安榕在县政府四楼大会议室主持仪式，欢迎来锦屏做田野调查活动的大学师生。参加此会的除张应强等带来的中大师生外，还有团县委联系来的上海外国语大学团委副书记带来的十多名学生。

2002 年 7 月 14 日　上午，张应强带师生一行上实习地河口乡，我与吴育灿随送他们师生一行乘船上河口。到河口乡政府驻地姚家坪，乡里为他们举行欢迎仪式。在仪式上，也许是第一次遇到这么多的名牌大学师生而紧张，加上天气热的缘故，主持的乡领导满头大汗。仪式后，乡里设便宴为他们接风。下午，我带师生们上到河口中学，利用两间教室（男女各一间）安排住宿。

2002 年 7 月 15 日　今天是农历六月初六，文斗和加池两村都过传统节日"尝新"节，两个村都要我邀请中大师生前去过节。上午，我和张应强带师生一行先去加池。加池村的村干和群众对他们的前往非常欢迎，派人到河边放鞭炮迎接。到村里先招待吃苗家油茶，然后由村干带他们参观姜绍烈兄弟的四合院和姜绍明家保存的契约。中午饭后，村里还特地为他们举行了一场小型的斗牛活动。这些广东等籍学生第一次实地看到斗牛场面，都非常兴奋。

下午 2 点多钟，我们带师生一行翻山走文斗。火热的天气，崎岖的山路，给这帮第一次走山路的学生造成很大的困难，有两名女生甚至要人扶着走。二十几个人，稀稀拉拉，就像刚从战场上溃败下来的疲兵。不到 5 公里的路，走了 2 个多小时。当晚，文斗两村在小学校设宴款待师生一行，在村民和小学生们的礼劝下，兴奋的师生们大多都喝了米酒，有的还呈醉态，但幸好都没有出现大洋相。

2002 年 7 月 16 日　上午，张应强师生一行在村干的带引下，参观了村里的古道、古树、寨门等景点，最后集中到下寨姜元泽家和上寨姜廷庆家看他们所保存的契约。在加池和文斗的所见所闻，除张应强以外，所有的师生都觉得极为新鲜，甚至是震撼。

2002 年 7 月 20 日　应张应强教授的请求，我到河口协助他带学生下村去搞调查。21 日，我带 8 名学生和陈运飘、何国强两位教师上韶霭村。韶霭是一个古苗寨，历史与文斗、瑶光等寨差不多，很有些文化底蕴。在韶霭，我带师生们重点采访了村里的文化人龙家亮先生。他原来在启蒙区文化站工作，1987 年弃职回家。其爱好较广，学过苗文，精于苗医、苗歌和花灯戏演唱。龙家亮向师生一行介绍了韶霭村的历史和风习。他说，韶霭与瑶光、文斗、平鳌、培亮等都是清水江一带古老的寨子。韶霭旧称"苗馁"，苗语称"shēi niě"，意为住在半坡出产鲤鱼的寨子，古时与瑶光、塘东、加池、宰格、岑梧、云照 6 个苗寨关系密切，是款约组织的关系。他还讲了韶霭历史名人李荣魁智斗巨富姚百万等典故。

图 2-11　韶霭村景　（王宗勋摄）

　　龙家亮说的李荣魁,大致生活在清嘉庆、道光年间,是韶霭的第一个秀才,传说他足智多谋,巧舌如簧,能说善辩,是著名的讼师,也即俗称的"讼棍"。清道光时期,河口姚家从事木材生意发了很大的财,富盖锦屏、黎平、剑河几个县。但姚家为富不仁,为所欲为,将韶霭村所有的山林田地全部强行买断,韶霭所有人全沦为他们的佃户。后来,在格翁范家的出头下,塘东、韶霭等村联合同姚家进行了一场长达七八年的讼斗,最后将姚家斗败。在讼斗中,李荣魁起了重要作用,他主要负责与姚家人在官府争辩。为了斗败姚家,李荣魁还从韶霭龙家挑选一个名叫金桂、能说善唱的姑娘送到姚家给大老爷做丫鬟。金桂到姚家后百般乖巧,最终取得大老爷的信任,调作贴身内侍。有一年的六月六中午,姚家大老爷在院坝里晒契约,金桂想法子哄姚老爷进屋午睡,然后将晒在坪子上的几大箱子山林田地契约全部焚毁。姚老爷知道后,持刀要杀死金桂。金桂自知活不成,便跑出大门,纵身跳下乌江河塘中自尽,后此塘被称为"金桂塘"。姚家没有了契约,那些山林就失去了凭据,加上李荣魁他们不断到省里告状,最后姚家就败下来了。斗败姚家后,李荣魁又参与锦屏、天柱、黎平等地民众代表反对湖南等下游奸巧商人用掺铅的低潮银到锦屏一带购买木材坑害林农的诉讼,最后,黎平府支持他们,出示严禁低潮银流通。

　　我向龙家亮了解他们村里旧契约的情况。他说,韶霭过去发生多次全寨性火灾,契约这些东西基本都被烧完了,即便还留有少部分,这些人都藏得很深,是不轻易拿出来的。他还带我们在寨间转了一圈,在寨脚古树下抄录了几通碑文。的确,村里路上的青石板和屋基坎石都被烧得没有几块完好。

　　晚上,村支书吴道康还特地组织演员为师生们表演了一场花灯戏。花灯戏是清代后期,韶霭派人到县城王寨请湖南艺人来教的,民国时期村里还成立有花灯会,每年正月都演唱,在河口乡一带很受欢迎。至今传人不断,龙家亮即是一个传承人。

2002 年 7 月 22 日　下午,我与张应强带 9 名学生去格翁村。格翁村在清水江的北岸,座落在一个大山垴上。山垴顶上还保存一幢古砖墙窨子屋,在这个全是杉木房在村里很显眼。在格翁,我们重点访问了村里的退休老教师范培权先生。范老师对格翁和他们范家的历史很了解,于是详细向我们介绍了他们家的历史。他首先解释格翁村名的来历。他说，他们村的苗名叫"该瓮"。有人说是因为村前江边有一深水塘，苗话称为"该瓮"（意为寨脚水塘），"格翁"一名因而得来。其实格翁名字另有来源。传说以前，有个大官来清水江一带巡边，沿江各寨人都跑上山去躲，他们范家的老祖不但不躲，还组织群众到河边迎接，在家里盛情款待。那大官很高兴，对老祖说，你是一个格外懂礼数的老翁，你们村名就叫"格翁"算了，"格翁"村名就这样得来的。到清朝道光年间，他们的祖上范文通很有家务，在寨后一带拥有很多山场，但人丁不旺，只生养了个独子范金。范金是个贡生，文笔很厉害，能一气写成上万字的文章。河口巨富姚百万自恃银钱多，势力大，周边村寨的山林田地大多被他们强占，韶霭连水井都被姚家强买了，人们敢怒不敢言。姚家想强买占文通公在格翁的屋地，准备在这里建庄园，文通公不肯卖。姚家便耍阴谋手段，造反书诬陷文通公私通反匪赵金龙，官府将文通公抓到黎平府坐牢后，他们就组织人强砍我们家在寨后的大片山林。接"反书"、通反匪是灭族的大罪。那时，一条清水江动摇摇，我们家更是惊恐万状。我范金公是文通的独子，是一介文弱书生，势力孤单，于是以一半家产作为代价，请能打能说的堂兄范正魁、侄子范之齐（二人都是武举）作为保护，联络也受姚家欺侮的塘东亲戚姜朝魁和韶霭名嘴李荣魁一起告姚家，他则负责出钱和写禀帖。用了七八年时间，从黎平府告到古州道台，再告到省里，最后告到云贵总督那里，最终将姚家告倒。告倒姚家后，我们家也被扯穷了。范金公写的禀帖现在还保存。他于是向我们展示了范金留下来的告状禀帖。我问他家里是否还保存有契约，他说格翁多次发生火灾，他家的契约都烧完了，其他人家恐怕有也不多了。范老师还带师生一行到寨后山上看范文通、范金等人的坟墓。

2002 年 7 月 30 日　中大师生的田野考察活动结束，张应强通知我上去参加他们的告辞活动。下午，他们在乡里举行文娱活动。当晚，他们在学校里举行晚宴，答谢河口乡和瑶光村的领导。瑶光中寨村的所有村干和部分村民前来参加，可乡里却没有一个人上来，尽管多次前往礼请。当晚大家都很高兴，喝了很多的酒。

图2-12　中大实习师生与瑶光村干合影

2002年8月1日　上午,中大师生离开河口,瑶光村的村干热情相送。因乡里无人来送行,他们就特意放了很多的鞭炮,从学校一直放到他们上船离开为止。

2002年8月4日　北京三联书店摄影师、《乡土中国》丛书图片编辑李玉祥抵达锦屏。李玉祥来锦屏是应中山大学陈春声、张应强之约,为张应强编写、准备在三联书店编辑出版的《乡土中国·锦屏》一书拍摄图片。该书拟以清代木材贸易为主要线索,以图文并茂的形式反映以锦屏为中心的清水江中下游地区的人文历史。县政府县长王甲鸿对编写出版此书很支持,希望张应强多宣传锦屏。他交代我全程陪同张应强和李玉祥二人。

2002年8月5日　上午,我带张、李二人在县城拍摄"当江"时代留下来的"过街楼"、石板巷道和窨子屋、旧码头等遗迹。县城旧称王寨(因王姓人较多的缘故),是旧时锦屏茅坪、王寨、卦治"三江"中的首"江",是清水江中下游地区的经济重镇。"过街楼"是旧王寨最有特色的建筑景观之一。因为王寨自古以来都是靠江而食,房屋多滨江而建,所以江边形成了1公里多的狭长居住带。居住带的中段有一条三四米宽、三四百米长供人们赶场贸易的街道,首尾贯穿,街道大部分上面都盖有楼,行走和贸易其间无日晒雨淋之虞。因地势平陡不一,这条街道也就因势而建,平处铺青石板,陡坎处就从下面起上来的房屋的二楼或三楼上穿过,街道从中层通过的房屋上下层都住人。现在,"过街楼"只剩下十来米了。这些行将消失的古旧破败景物,使人不由回忆起一两百年前的时候王寨作为"三江"之首"当江"的繁荣历史情景。

图 2-13　茅坪江边拴排孔　(王宗勋摄)

　　下午,我们去茅坪拍摄。茅坪也是古"三江"之一,地位仅次于王寨。1950年代起,贵州省最大的木材经营单位——黔东南木材水运局设在这里,使这里成为了贵州省最大的木材集散地。在这里主要也是拍摄"当江"年代遗留下来的景物,这里"当江"时代留下的痕迹远比王寨多,这里的石板街道还很完整,窨子屋还保存有 30 多幢,旧木坞、拴排桩等依然完好保存。拍摄这些景物时,使人产生一种沧桑巨变的感觉。

　　2002 年 8 月 6 日　我们在县山林纠纷调处办公室主任石齐干的陪同下,乘他单位的破旧吉普车,去隆里古城拍摄。李玉祥对隆里古城的景物很感兴趣,从田园风光到街巷、徽派特色建筑,再到人们的生产和生活,无所不收,啪啪地拍个不停。在隆里吃午饭后，我们转过新化所、亮司、铜鼓几个点，进行了走马观花式的拍摄。

2002 年 8 月 7 日　上午，我陪张应强、李玉祥二人乘船上文斗。李玉祥是东北人，身体高大偏胖，加上所带拍摄器具较重（估计 40 多斤），走山路显得很是吃力。当天下午，我们在文斗寨拍摄，对象是古树、旧房子、古井、青石板道、寨门、古碑、契约以及村人的生产生活等等。李玉祥对这里的景物很满意，说这里的图片印上书去肯定很漂亮，外边的人看了之后肯定会喜欢这里的。

2002 年 8 月 8 日　上午，我们 3 人从文斗翻山走加池。在加池，重点拍摄四合院的景物和主人姜绍烈老人，也拍了姜绍明家所保存的契约及称银的戥子等。中午，我们离开加池乘船上瑶光。溯江而上，清澈见底的江水、两岸青山以及倒映在江面上的山影，景色美极了，李玉祥又是一路狂摄。

图 2-14　江边渔船 （张应强摄）

到了河口乡政府驻地姚家坪后，他对姚家坪的建筑和姚百万所遗的旧房屋进行了很详细的拍摄。姚家坪是清道光年间巨富姚百万所建，用规格统一的料石从乌下江汇入清水江当口的岸边沙滩上砌成一块约有五六千平方米的场坪,然后在坪子上建了9幢木质豪宅(因其有9个儿子)。姚家坪及坪子上的豪宅群,可以说是清水江流域地区独一无二的私人建筑。这些豪宅,至今还保留一幢,仍居其后人。但这姚家坪的建筑群景物即将要被三板溪电站水库所淹没,现在所拍的可以说是"遗照",今后的河口姚家坪的景貌只能到这些图片里去领略了。

图2-15　姚家坪俯瞰　(王宗勋摄)

后排砖瓦房往右双层檐木房为姚百万建筑群仅剩的一幢

　　下午4点钟,我们上到瑶光寨拍摄,蜿蜒的青石板阶梯道、高陡整齐的石坎、高大的古枫树、层叠而上的吊脚楼、屋边道旁的花草以及村人等都是李玉祥拍摄的对象。李玉祥不愧是摄影高手,他所拍的景点、所选择的角度都无可挑剔。跟他这几天,对我来说就是一次摄影知识培训,但遗憾的是我没有个照相机。

　　当晚,在村主任姜宗清家食宿。大概是下午从姚家坪上来时,热渴难耐的李玉祥在半坡中学边的小店里买喝了一瓶劣质饮料,当晚他闹了一晚的肚子。他被安排睡在三楼,而厕所又在一楼,频繁的上下楼梯响声,使整栋房子的人都跟他一样睡不好。

　　2002年8月9日　上午,我与张应强、李玉祥从瑶光乘船下到平略。在平略吃午饭后,在该镇干部张友模的陪同下去岑梧村,目的是拍摄和收集那几份康熙年间的契约。这次我们直接走村民委副主任兼文书陆秀植家。听我说明来意后，陆秀植对我们的到来很欢迎，并对我上次到岑梧时他们没有接待而道歉。他为人谦虚、温和，说话不紧不慢。他说："我们岑梧的那几份老契约在我这里。那次冷淡你们并不是不喜欢你们，而是有其他的原因，请你原谅。"

我们在屋边的坪子上聊了一会，秀植便把契约拿出来交给我，一共有 16 份，其中康熙年间 8 份，雍正年间 4 份，乾隆年间 4 份。陆秀植说，这是我们岑梧村最早的契约，是我们岑梧先人到这里开村辟土、居住安生的最早凭据，是我们的"寨宝"。老人家传说，我们岑梧陆姓先祖原居住在湖南，因正月间烧田坎时不小心失火，烧死了人，犯了命案。为躲避官司就举家逃到我们的隔壁寨扒洞，给姜姓人佃山栽杉。那家姜姓人家人丁欠旺，要我们祖先弃陆姓而改从姜姓，然后送给几块山场。我们先人不肯，便悄悄向苗馁人（今河口乡韶霭村）买了平展坡和九迫冲等几处荒坡作为立身之地。苗馁人欺我们祖先是外来客，人老实，又无人帮衬，就以父卖子翻、兄卖弟悔和更改姓名等手段耍弄我们，同一块山卖了好几次，每次都立有契约。搞得那些被请来做中证和写契约的人都过意不去，最后一次在契上写明"山坡风水，一卖一了，父卖子休，如花落地，永不归枝。高坡滚石，永不回头"，也就是要求他们苗馁的人不要再翻悔了。

图 2-16　岑梧陆秀植保管的契约文书　（张应强摄）

此前我们所收到的契约,年代最早是清雍正年间的,这几份康熙契约把锦屏林业契约产生的时间往前推到了康熙五十四年(1715)。这几份契约的产生过程很有意思,完全可以写一篇很好的文章。李玉祥拍了几个镜头,之后我开具收据给陆秀植,他反复交代我一定要保管好这十几份契约。我还请他代在村里帮助宣传,动员群众把旧契约交到县里统一收藏,他答应试试看。

从岑梧返回的途中,我接到办公室龙久腾打来的电话,说贵州工业大学罗教授到契约征集办公室了解锦屏林业契约的情况。当听龙久腾介绍我点校有《锦屏民间契约选辑》稿之后,提出要借去复印,龙久腾于是打电话问我能借与否。因这稿子尚未与原件核对,错误还较多,我交代龙久腾暂时不要借出,以免误人。

2002 年 8 月 11 日　上午,我和杨从立局长约罗教授到局办公室商谈他提出的问题。罗教授说,他来锦屏做的是"依法治省"课题调研,这个课题得到省长基金的资助,而锦屏民间林业契约对此课题非常有用,希望得到这方面的帮助,能对契约原件进行拍照或复印。杨从立说,我们收集得来的契约原件现正在裱糊整理之中,尚未编目,还不能对外提供。至于《锦屏民间契约选辑》稿,我说,那还是用文稿纸写的草稿,尚未与原件核对,里面的错误很多,也不便提供复印,待校对好后才能借出。罗教授很生气,说:"你们这是行政不作为,我要去告你们。"杨从立听了,也很生气地说:"这是我们的实际,你要告就去告吧。"然后,罗就气冲冲地走了。

下午,我和县政府办公室副主任王明相陪同张应强、李玉祥二人乘县山林权属纠纷调处办公室的吉普车上九寨去拍摄自然风光和北侗风情照片。这天恰逢彦洞乡瑶白村举行"摆古"活动。

瑶白村原有滚、杨、王、龙、范、龚等十来个姓氏,以滚姓势力最大,其他小姓为寻求保护,就纷纷隐掉自己的本姓,改从姓滚。改滚姓后,那些人心里仍是念念不忘自己原来的姓氏,有的做墓碑和神龛是双层的,外一层写滚姓,里面一层则写原来的姓氏,逢年过节也要同子女讲自己的姓氏及来源,要求子女不要忘记自己的本姓。1980 年代后,这种讲述家族姓氏来源的活动由家庭私下进行逐渐转为以原姓氏家族名义公开进行。2001 年,在陆景川等文化人的推动下,村里便将每年农历六月初六"尝新"节定为摆古节,组织各姓氏代表集中在村里的中心场坪上摆长桌宴,各自讲述自己的姓氏来源历史,并邀约外村的亲友参加,村里还组织文艺节目和球赛等活动,很热闹。现在摆古节已成为瑶白的最重要节日。

图 2-17　瑶白摆古场景　（王宗勋摄）

瑶白是县工商银行的联系村。为了笼络客户,今天,他们出资请瑶白村重新举行本来是在六月六"尝新"节才举行的摆古活动,组织了正在建设三板溪水电站工地上的各建设单位和本县的各大单位领导到瑶白村去领略民族风情。我们一行到达瑶白村,活动已经开始了一会儿。李玉祥非常兴奋,忙个不停,满头大汗。因怕给村里添麻烦,拍照完后我们便提前返回。不料,我们刚出到村头,突然下起大雨,简易公路上顿时泥泞不堪。在爬一处急弯的陡坡时,无前加力的吉普车多次冲刺都上不到坡顶,最后一次后退时还滑出路面,左后轮几乎悬在十几米高的田坎边缘上,惊险万分。幸是块大体重的李玉祥坐在前面副驾驶位上,不然,车子就要掉下田去当拖拉机。驾驶员折腾了一大阵子,车子终于脱离险境,却横亘在公路中间。我们只得到村里去搬救兵,在十多个村民和一帮科局长的抬推下,花了半个多小时,才将车子弄到坡顶,每个人都满身泥水。我们回到县城时,已是深夜 12 点钟了。

2002 年 8 月 12 日　因张应强编的《锦屏》一书内容涉及下游的湖南黔阳、洪江等地,故李玉祥决定到那里去拍相关图片。上午 8 点,我和张应强陪同李玉祥走湖南洪江。因县里安排不出车子,只有乘坐班车。我们在靖州转车,到洪江市黔城时已是晚上9点钟,怀化市党史办公室的刘芝凤老师(民俗作家)已安排人在黔城等待。

2002年8月13日 黔城是从贵州锦屏流下来的清水江和镇远流下来的潕阳河的会合处(以下简称沅江)。上午9点,刘芝凤从怀化赶来。之后,我们在刘芝凤和洪江市旅游局工作人员杨顺辉等的陪同下,在黔阳古城拍摄江景、古街道、古民居,尤其是传说为纪念唐代著名流寓诗人王昌龄而建的芙蓉楼(因王昌龄名诗《芙蓉楼送辛渐》而得名)。史书记载唐代所建置龙标县的县城就在这里,而我们锦屏县的隆里所也自称是古龙标县治地,我从来就不大相信古龙标县城能设在大山深处的隆里。

我是第一次到黔城。这里坦阳的地势,宽阔的江面,古朴的石板道,古色古香的民居以及街道两旁的各种构筑、招牌、饰物,都隐藏和溢露着古楚文化的气息,使我眼界大开。尤其是芙蓉楼,其所处环境幽静,建筑精巧,楚文化的信息量相当丰富。特别是一楼大厅里有一座大根雕,是用一株巨树的根部雕刻而成,雕的是西游记的故事,刀工细腻,人物景物千姿百态,形象甚是逼真,但下半节有大半圈白菜,显得与整个格调不大统一。管理人员解释说,这座根雕是1970年代请邵阳一个老师傅雕的,当时每天的工价是1块多钱,包伙食,开始时伙食开得较好,每餐都有酒有肉,师傅雕得很认真。可能是经费紧张,半个月后,伙食标准降了,师傅吃的菜大都是白菜和豆腐。几天后,师傅有意见,于是景物都雕成白菜了。管理人员发现后,心里明白,赶紧改善伙食,第二天,白菜就没有了。我们还在芙蓉楼附近看到了一块反映清代道光时期黔阳县知事保护从贵州上游下来木材等物资不受抢劫的告示碑。

以前,我听我们房族的长辈们说,我们的族谱是从黔城续接过去的,1982年我兄长他们还来这里续修过族谱。于是我向杨顺辉等人打听黔城王氏家族的情况,他们费了一番周折后,把我引到位于黔城老街区的族人王述邦的家,他是我们这支王姓的总族长,已经70多岁了,还担任龙标书画院的院长。听说我是贵州来的族人,他很高兴,向我讲了一些有关总族的事情,还带我去看建于明代万历年间的宗祠,宗祠墙上有些砖镌有"万历"字样(烧之前阴镌的),可见此祠的历史已有400年了。

参观了黔城之后,我更加坚信唐诗人王昌龄所贬到的龙标县就在地处大江之滨的黔城,而不在我们那只有细小山溪经过的隆里所。

下午,在刘芝凤等的陪同下,我们到洪江拍摄。洪江是一座古商城,是清代至民国时期沟通下游湘楚地区与贵州东南部苗侗族地区的重要商品中转地,过去锦屏等上游所出产的木材、桐油等商品都要运到这里之后才转往下游地区,而锦屏乃至上游都匀、贵阳等贵州中部所需的百货商品也基本上是从洪江上运。我小时就经常听到父辈侃他们走几天路到洪江挑盐等货物的经历,而这些年在茅坪等江边村寨做调查时,也常听老排工们讲驾排闯滩下洪江的故事。我对这个古商城神往已久,今天终于得亲临其境了。

杨顺辉是一名优秀的旅游工作者,对境内的旅游景区情况非常熟悉。他带我们走了这座古城的所有景点,并对每个景点都做了详细的介绍。古城里,完整地保留有多条幽深的青石板巷道,多处规模宏大、外墙斑驳脱落的老商号,上百幢鳞次栉比、徽派味道十足的古民居,两处格局依旧的妓院(一处是建筑较高档、接待有钱人的"堂班";一处是较简陋、接待以贵州上游放排工人为主的无钱人的"草班")。杨顺辉他们说,其实,洪江的钱大都是赚你们贵州的,这些古旧建筑都是用你们贵州的苗钱建起来的,这些长大的青条石都是通过木排从贵州锦屏运下来的。这些东西,如今都成了当地政府重点保护、赖以发展旅游业的文物了。这些仿佛仍散发着铜钱味的文物,犹如时间隧道,把人们带回到了这座古商城繁华的年代。

随着公路、铁路等陆上交通的发达,洪江这座依赖江河水道生存和繁荣的古商城逐渐失宠,辉煌光环不断褪去。前不久湖南省官方决定撤销原洪江市,建新洪江市,新建洪江市的市府由洪江搬到黔城。据他们说,在撤老洪江市的过程中,曾一度出现群体事件,洪江老商城的人不能接受将洪江市搬到黔城的事实,于是组织上街闹事,经强力部门采取非常措施后才得以平息。后来,上级采取平衡办法,即洪江市搬到黔城后,将老洪江市改设洪江区,直属于怀化市。从这件事上也可以看出洪江商业文化对人们的心理影响很大。

2002 年 8 月 14 日 上午,刘芝凤他们带我们到洪江市的托口镇拍摄。托口往上不远就是贵州省的天柱县境了。托口也是一座古商镇,锦屏下放到洪江的物资和从洪江上运锦屏的物资都要在这里中停憩息。这镇上也保留有古街道、徽派民居、大商号和规模很大的桐油加工厂。

托口还是清水江河神杨五的故乡。传说杨五是古代的一位除暴安良的英雄，有一次在同敌人战斗中，下巴被砍脱，他就用一只手托住下巴继续战斗，最后牺牲，这地方就名为"托口"。他死后，人们就在他的家乡青木寨建杨公庙纪念他。再后来，人们将杨五尊为江神，清水江沿江一带的险滩边上都建有杨公庙，建杨公庙的目的，是想借杨五的神威保佑放排行船下江的人们的安全。锦屏县境内就有十多座杨公庙，大多数建在江边，其中规模最大的就是茅坪的杨公庙，这座庙是清嘉庆年间由福建、江西等地的木商集资建成的，现在还剩下残垣断壁。我们锦屏往往把杨公庙和纪念杨再思的飞山庙混淆，认为杨公就是杨再思，这也许是因为杨再思名气比杨五大的缘故吧。这两人大抵都生活在唐至宋代，具体情况还得考证。其实，杨公庙是清水江流域木材贸易发展的产物，是福建浙江沿海一带妈祖文化在这里的延伸和发展。

在托口拍摄结束后，我们就分开了，李玉祥同刘芝凤走怀化，我和张应强返回锦屏。

2002 年 8 月 15 日 上午，县调处办公室主任石齐干打电话给我，说贵州省政府办公厅法制办公室发一份传真给我们县政府，要求锦屏县政府支持贵州工业大学罗教授的调研工作，县政府王县长要你过来对接。于是，我到县政府找王甲鸿县长，汇报前几天与罗接触的情况。王甲鸿说，这个罗教授是在给我们县政府施加压力，你同石齐干把这事处理好。随后，我找到石齐干，向他说明了情况。石齐干说，这样，你们干脆回避一下，下乡出差都行。也只有这样了，惹不起就躲开算了。

2002 年 8 月 16 日 此前张应强同我说，他要到文斗去搞一段时间的社会调查，要我陪同他去，于是我就约张应强提前上文斗去做调查。这几天都在下雨，清水江和小江一直在涨水。早上 8 点，我们乘船上文斗。在码头上船时，水位较平常高出较多，但还算稳定。然而船上行十多分钟后，江水又开始涨起来。10 点钟，船上行到平略，江水已上涨了五六米，江面变得宽阔了许多，满江浊波汹涌，江面上源源漂来木材和猪牛圈以及垃圾之类东西。船主见状，不敢再往上行，于是停泊在平略寨脚。我和张应强决定返回县城，但因公路塌方，车不通，于是就在江边等船。

雨不停地下，水不断地涨，我俩不断地往上退。最后退到别人楼脚厕所和猪牛圈的缝隙间（因为屋后就是街道，平略寨临江民户的厕所和猪牛圈都建在临江的楼脚）。在等船期间，我上街欲找姚培贵借《姚氏家谱》，然姚家正忙搬移放在楼下的木料，以避洪水，无暇接待。下午5点钟，我们终于等到了一艘急着要下县城的小机船。船在浑浊的江流中靠右岸边小心下驶，速度很快。我们坐在船里很紧张，心一直是悬吊着的。船行驶到卦治下边不远的鲤鱼桥滩时，只见左边一堆黄浪猛扑过来，船身往右边剧烈倾斜，浑水从右边没有玻璃的窗口翻了进来，坐在船左边的那几个朝右边跌过来，我的第一感觉是"可能要出事"，四五个女人同时尖叫，只听张应强大声吼："不要慌！"幸好驾驶员沉稳，十多秒钟后将船身复正。我转脸看身边的张应强，只见他的脸是铁青的。下到县城时，只见码头已被水淹了两米多，船只好停系在民户的楼下。弃船上岸后，悬吊着的心方才放下了来。

2002年8月17日　上午，江水稍退。下午2点，我与张应强又乘船上文斗。到文斗后，我们宿于下寨姜高松老局长家。我们向老局长说明来文斗目的主要是了解文斗的历史故事和各房族间的关系，其方式是走进农户去做访问。老局长便约上下两村的姜兴福、姜良锦、姜廷化等村干来他家吃晚饭，村干们对我们的工作都表示支持。晚饭后，我们先对下寨村支书姜兴福进行访问，向他了解他们家族的历史情况。他们家族的历史，他自己也说得不太清楚。当晚，我们还与老局长商量制订了在文斗上下两寨进行调查的计划。

图2-18　文斗下寨寨门　（王宗勋摄）

图 2-19 文斗下寨民居 （王宗勋摄）

2002 年 8 月 18 日 上午,我们走访下寨村民委成员姜周发,陪同的还有姜高松、姜良锦和姜周发的胞兄姜周朋。姜周发是他们这支的房长,对他们家族的情况了解比较多,他介绍时他哥不时补充。他说,他们家以前有两弟兄,一个外号叫"草上飞",一个外号叫"水上漂",都很有本事。"草上飞"能飞檐走壁、在树尖上飞行,"水上漂"则能在水面上行走如飞。那时候,韶霭李荣魁、格翁范正魁他们联合告河口姚百万,一直告到云南的昆明,他们在昆明等了几个月都见不到总督老爷,银子快花完了,心里着急。后来,他们打听到要总督老爷的大公子非常喜欢斗画眉,就回家来高价买好画眉。当时文斗下寨三老家的老爷喂有一只白画眉。白画眉是非常稀有的宝货,在山上只要它开口叫,其他鸟都哑嘴。但任凭李荣魁他们出多少价,三老家的人就是不卖。后来,他们来找"草上飞"帮忙,"草上飞"就把那鸟给偷出来了。李荣魁他们将那鸟送给了那总督的大公子,很快,总督就接他们的状子。过后不久,姚百万就被打败了。打败姚家后,格翁范家还补一笔钱给三老家。后来,这两人都被寨上其他房族的人给暗算了,"草上飞"死在家门口的树下,"水上漂"则死在清水江里。

中午在姜良锦家吃饭。饭后接着在姜良锦家做访问,主要是了解文斗的风俗问题。听到我们到下寨后,上寨村的支书姜启松到姜良锦家来看望我们,并邀请我们到上寨去访问和食宿。晚饭在支书姜兴福家吃,姜启松作陪。饭后,我随姜启松支书到他家去住宿,而张应强则留在姜兴福家休息。

2002年8月19日 上午9点,我们走访下寨姜元泽老先生,向他了解他们三老家的历史情况。他说,他很小就失去父亲,没读过书,对他们家的历史情况不清楚。他父亲姜登鳌,民国时期在天柱县当区长,后来给本寨人诬陷害死了。他还告诉我们,前几天贵阳的一个罗教授在县法院干部的带领下,到他家把契约拍摄去了四五百份。

下午,姜高松老局长带张应强我俩冒着大太阳,爬到寨后两公里一丘叫嘎甲背带田的大田田坎下抄录一块碑。背带田是过去文斗等苗家(九寨侗家也有)陪嫁给女儿的田。女儿到夫家后对该田往往只有耕种权,没有所有权。待女儿生下外甥女后,又要随外甥女还娘头陪嫁到舅家去的。那块碑扑在深草丛中,缺了右下角,字迹清晰。这碑文很有意思,故全文录于后:

> 吾家自始祖以来,居登九世,人口百余。候至光绪十二年丙戌突然分居各爨,各寻各用。延至辛卯岁始将田塘、园、基、油山四项拈阄,余一切概未分派。然我等祖父载渭公,为曾祖父仕朝之长子。彼时当凭亲属分业,众未除有长子田业,只余有载渭公之主政田一百八十担,业统三派矣……迄今我等后裔,自念祖宗辛苦,愧无点志请封,惟余加甲背带大田以作我三小房春秋聚会之遗念,醉各祖父之寸悃,庶不淹没继大兴之佳名,亦不失为曾祖父仕朝公长子之后裔也。此田既除之后,我等后人永远不准擅自私行股卖,外人亦不得擅自私行侵买。日后倘有子孙擅行股卖祖宗田业,众等齐心将私行买卖均禀官律究……今我等先为后世立一誓曰:日后有人不顾祖宗欲私自卖此田亩,断根绝种。又曰:日后有人起心不行,欲买此亩田,绝种断根。同誓之后,内外见之,各为日谅,爰永禁于千秋。

姜老局长介绍说,这块田原先是文斗上寨巨富姜仕朝的后裔、势族三大房的。到清后期,三大房衰败下来,兄弟叔侄间互相争抢祖产,只剩下这丘大田,有人都提出要分卖,房长很气愤,坚决不准出卖,要留作祭祖公田,并立碑发下毒誓。从碑文中不难看出,当时文斗势族三大房夕阳辉尽,大厦将倾,"主政"者无力回天,唯有用发毒誓的古老方式来强求后人铭记先辈辉煌的历史。

2002年8月20至21日 我和张应强都在文斗做调查访谈。张应强是教人类学的,所以调查都严格遵循人类学的方法套路进行,先准备好调查提纲。在调查时,尽量让被调查者在心理上解除防备,接受访问者,然后再根据你的提问作答。同时,访问者随时注意与被访问者进行互动,让被访问者有参与感。先后访问了姜高松、姜兴福、姜启松、姜良锦、姜周发、姜周鹏、姜良标、姜兰奎、姜胜凡、姜朝泮、姜周繁、易佑清、易遵华等30多人。这些被访问的人,几乎都成了我们的朋友。每次调查结束,他们都要请我们吃饭。每次吃饭,都要喝香醇柔绵的文斗米酒。张应强酒量颇行,每餐喝了都浑然无事。我则不行,半碗下肚,头脑便进入混沌状态,而且胃肠就开始抗议。

在调查中我们得知,文斗上下两寨清朝前期因家族矛盾,互相斗气,于是分投两府,上寨归黎平府龙里长官司,下寨则属镇远府天柱县,这种一寨两属的状况直维持到民国初年。在这种状况下,形成了文斗人热情好客、互相攀比甚至争斗的心理。民国初年两寨虽然都归属了锦屏县,但这种争竞的心理却依然存在,甚至到如今依然。下寨有相当部分人原本姓龙,后来因人丁欠旺,在清代中期时就改从姜姓。这些人家有的天地牌和墓碑设有两层,外层写姜姓,而里层则写龙姓。有的在写堂屋的天地牌时,要先虚划"龙"字,再写"姜"字。前些时候,我翻阅清道光时亮司龙绍讷编的《龙氏迪光录》,其中有记载说,龙绍讷去文斗清理宗谱时,发现文斗的这支龙姓已改成姜姓了。这次调查所了解到的情况,与龙绍讷所记的完全对应了。对于改更姓氏,文斗人认为很平常。

在调查中,我们不时听到上寨人嘲笑下寨人历史上的穷弱小气,也常听到下寨人埋怨上寨人蛮横自大,总之对对方都是贬多褒少。所以,张应强和我较注意平衡两寨关系,即在下寨住一晚后又到上寨住一晚,要么一人住在上寨,一人住在下寨。

图2-20 笔者与张应强(左一)在文斗

这次到文斗,我将上次未抄完的碑文抄完,又从下寨姜良标家收得契约文书 39 份。在文斗的这几天对我来说很有意义,不但结交了文斗的很多朋友,还向张应强学到了一些人类学的田野调查方法。

2002 年 8 月 22 日 根据计划,我们结束在文斗的调查走加池。上午,我俩在上寨易佑清、易遵华叔侄的带领下,来到文斗寨后面的衣拉生产区看文斗前人修的梯田榜。这片梯田从乌斗溪边延伸到坡顶,约两公里长,田都是呈带状,一丘摞一丘。大多数田的外坎都用规格料石砌就,有些田块坎的立面面积比水平面积还要大得多,有的排水暗道有一人多高。这中间不知凝结了多少人的血汗,可以想象文斗的先人造这片梯田是何等的艰辛!看到这片工程浩大的梯田,不禁使我想起那著名的万里长城。

中午,我们在易佑清的田边的棚里弄饭吃,从田里抓鱼来做煮汤和烧烤,非常惬意。午饭后,在易遵华的带领下,我们沿着荆棘丛生的羊肠小道从衣拉翻山路走加池村。根据姜周发先前的指点,张应强我俩在山顶一条叫穷皆社的小冲里,抄录了姜周发他们这房始祖的墓碑,墓碑是 1980 年代中期刊立的,碑上罗列了从明洪武以来到 1980 年代历代人的名字。从目前了解到的资料来看,文斗等清水江中下游一带信史最早在明代中期,而这块碑却记到了明代洪武年间,其真实性令人怀疑。

在文斗将近一个星期,天气炎热,而各民户都没有洗浴设施,所以未得认真洗一次澡,身上又粘又痒,散发出一股酸臭的汗味。我俩走到文斗和加池两村交界处的一口废弃水库(加池人称"水利塘")时,便轮流(一人放哨)在浅浑的小泥塘中洗了个舒服的"野澡"。

到加池后,时间还早,我们在村长姜绍怀和村民姜绍明的带领下,在村边抄录了几通碑文。

晚上在姜绍明家吃饭。今天是农历七月十四。饭前,接到妻子打来的电话,说今天是我的生日,我倒是把这事给忘了。在我们农村,只有小孩和老人才过生日,中青年人是不过生日的。加池村人今天过七月半(也即中元节。在锦屏农村,大多数人都是今天过)。姜绍明杀了个鸡,姜绍烈、姜绍卿、姜锡干等来陪,我们都喝了不少的酒。饭后,我因不胜酒力早早上床睡了,张应强则陪姜绍明到屋外烧冥包祭祖。在锦屏农村过中元节,每家每户都要备些许冥纸封成包,写上先人的名字到户外焚烧给先人,以祈求他们保佑平安幸福。县城人近些年越发重视过这个节,冥包越烧越多,有的烧几十斤。十四、十五两个晚上,河边沙坝上烧包的火堆如天上繁星,整个河谷烟雾缭绕,明月失光。

2002 年 8 月 23 日 上午,在姜绍明家里,我们又访问了姜绍明的父亲姜坤荣老人,他虽已 84 岁,但眼不花耳不背,精神很好。我们向他了解加池村过去各房族之间的关系以及 1951 年以前用契约管理山林、木材买卖等情况,他有问必答,每个问题都回答得很到位。

2002 年 8 月 24 日 张应强准备返校。今天中午,他回请县政府副县长程安榕和县档案局局长杨从立进中餐,我作陪。餐前,张应强向程安榕简要通报了此次锦屏之行的情况,感谢锦屏县政府和县档案局的大力支持。杨从立也将贵州工业大学罗教授来锦屏调查契约的情况向程县长汇报。席间,我出来接电话,无意遇见也在同一饭店另一房间吃饭的罗教授,我请他进去见张应强教授和程安榕副县长,并就契约的事聊一下。但他进去后,只同张应强寒暄了几句便出来了。

下午,我同杨从立与张应强就契约的征集整理工作进行了讨论,达成两点共识:一是加强契约整理的力量,从县档案馆抽一名工作人员协助龙久腾对征集得来的契约进行整理;二是中大资助 1 万元给县档案局加盖局办公楼屋顶,以隔热和防漏雨。跟张应强他们要钱,我心里不太舒服,但局里经费实在是太困难了,这也是没有办法的办法。

2002 年 8 月 28 日 上午,我就旧契约在调处山林土地权属纠纷过程中所起的作用问题,到县政府山林土地权属纠纷调处办公室找主任石齐干了解有关情况。石齐干说,从理论上讲,1952 年土地改革后,过去所形成的私人山林土地契约就作废,没有法律效力了。1992 年,黔东南州政府下发了个关于调处山林土地权属纠纷的政策性文件,规定,山林土地权属纠纷的调处以 1952 年的土地改革、1956 年的农业合作化、1962 年的"四固定"和 1981 年的山林"三定"这 4 个时期所形成的档案资料作为依据,1951 年以前所形成的私人契约不能作为凭据。但我们县里农村的档案资料多数都保管不善,不是遗失就是被火烧。有的则是因当时工作潦草,根本就没有形成档案资料。所以在实际的调处过程中,如果纠纷双方都没有档案资料,也就只有从实际出发,看双方历史上对该土地的实际管理情况,这时就要参考1951年以前的契约了。所以,农村群众对契约是很重视的。往往是一扯到山林土地权属纠纷,人们就要把那些老旧契约翻出来。

石齐干还说,在调处纠纷中,我们看到许多很有意思的契约。固本乡培亮村范修谭家保存有一张契约两米多长,写有100多块山场田地的情况,如向谁买的、四抵、产量等。听范修谭说,在清朝光绪年间,他们家发生火灾,所有契约随房屋一起全部被烧毁。契约烧毁了,所有的山林土地就没有了凭据。他们家着急了,就立即花钱办酒席,请寨老和亲友以及山林土地的上手主人、四邻主人集中来作证,将他们家所的有山林田土、宅地的来源和四抵等情况进行回忆,重新造册,然后赴黎平府报官验认,府官派人前往查证属实后给加盖了大印,承认新造的山林土地登记册与原契约有同等效用。我以前在文斗做调查时,听到文斗人转述先辈的一句话:"烧屋莫烧契,烧屋易起,烧契难立。"看来这句话不是随便说的,是若干惨痛教训的总结。

2002年9月3日 上午,平略镇岑梧村支书陆秀崇打电话给我,说该村党支部和村民委已经开会讨论,决定将村里所保存的山林土地契约全部交到县里去代管,请我上去接收。

下午,我便和龙久腾赶到了岑梧村。这天,陆秀崇正好开水晒田(以便打谷),收得十多斤田鱼。晚上,我们便吃了顿美美的鱼泡汤,村民委副主任兼文书陆秀植来培。吃饭间,陆秀崇支书说,我们岑梧村里可能有三四千份契约,决定全部都送给县里去,支持国家,但也希望上级能给我们一点政策,让我们砍些木材卖些钱。他说,他们村周边的林木都是二三十年前栽的杉木,不是天然林。自从2000年国家实行天然林保护政策以后,杉木一根也不许砍。我们岑梧山多田少,历来都是靠山吃饭。禁止砍树后,我们村里的经济就变得非常困难了,有的群众油盐都买不起,学校漏雨了也没钱盖。天然林保护是国家实行的"一刀切"政策,锦屏全县都是这个样子,只是各地方轻重不同罢了。对于陆支书的要求,我是无能为力的,只有用"回去向县领导报告"敷衍了。

2002年9月4日 上午,我们先将陆秀崇支书家存的契约117份接收,然后又到陆秀植家接收。在陆秀植家接收的契约共有500份,其中属村集体的有295份,陆秀植自家的有205份。另外还收到了3本契约登记册。这3本契约登记册是1980年代初期搞山林"三定"时,大队组织将全村各户所保存的契约集中来登记、抄录形成的。陆秀植说,这3本登记册对他们村里很重要,不同意将原件交出去,只同意暂借给我们复印,之后退还给村里。我们于是将这3本册子写借条借了出来。

下午,我们回到办公室。杨从立局长对我说,昨天下午州档案局某副局长来锦屏检查工作,想了解林业契约征集的情况,由于你不在家,他很不高兴。我说,待以后找时间向他解释,相信他会理解的。

2002年9月15日 根据省档案局的通知,由我带县档案馆馆藏的红军传单原件《出路在哪里?》、亮司龙氏族谱《龙氏迪光录》原版以及部分契约裱糊件上省档案馆供拍照。16日上午,我将所带去的资料交给省局的工作人员拍照之后,就去找蒋国生副局长汇报工作。蒋局长等省局领导对我县未送契约原件上去给省档案馆做陈列展览较不满,认为我们不支持省里的工作。尽管我做了很多解释,但终究未能得到他们的认同。

2002年9月17日 下午,我回到凯里,特意到州档案局拜见局长潘文仁和某副局长。某副局长对他上旬到锦屏检查契约抢救工作时未见到我和我们不同意送契约原件上省档案馆去陈展两件事很恼火。他批评我说,你是什么态度?难道下乡就这么重要?我解释说,我们发动群众征集契约很不容易。那次是群众事先同我们定好了时间,要求我亲自下去。这种事情决不能失信于群众,若失信了今后就不好做工作了。至于不同意送契约原件上省档案馆陈展,因为我们征集来的契约,都是向契约的主人承诺只是代管,契约的所有权还是群众的。如果把契约原件送上去了,今后群众来查看就没有了,我们就不好向群众交代了。所以,我认为群众很重要,望上级领导予以理解。接着,我向他们汇报了契约裱糊的情况。某副局长说,我看你们收集来的林业契约,内容都是大同小异,很多都没有价值,你们可以选择部分有价值的契约裱糊就行了。你们现在把所有的契约都全部裱糊,没有必要,这太浪费人力和财力了。我向他解释全部裱糊的原因,锦屏契约之所以受到各界广泛关注,原因之一就是数量多。每份契约都有其特定的价值,很难区分哪份有价值哪份没价值。再说,全部裱糊了,才好整理和保管,同时也好复印返还给群众。

某副局长他们没有认真看过锦屏的林业契约,对契约的情况不是很了解。锦屏林业契约之所以有研究价值,最关键就在于它数量多,形成规模,成千上万,几份、几十份契约,哪里都可以找到。其实,在成千上万的契约中,每份都有不同的内容,就如同每个人的指纹都不相同一样。而且,每份契约的背后都隐藏有一个动人的故事,对当时的当事人而言,绝对是大事,只是或悲或喜不同罢了。中国是传统的农业国度,在视山林田土为命的封建时代,出卖山林田土只有两种可能,一是有利益可赚,二是遇到了自己实在无法迈过的坎。

这次出差,在省和州都挨了批评,心里感到很窝囊和委曲。

2002 年 9 月 18 日 下午,我回到办公室,将到省、州档案局见领导的情况向杨从立局长汇报。对于省局领导因我们不提供契约原件给他们做展陈而不高兴的事情,我们商量决定妥协,选择几份原件送上去。19 日上午,我把这个意见向县委副书记杨顺炎和副县长程安榕汇报,他俩经过一番考虑之后都表示同意。之后,我给省档案馆副馆长李萌打电话,说县里同意送几份契约原件到省馆来做陈展,李馆长听后表示欢迎。稍后,李萌给我打来电话,说刘强局长和蒋国生副局长听了之后都很高兴。要我们尽快送上去,路费由省局负责。

2002 年 9 月 20 日 经与杨从立局长商量,我从平鳌村和加池姜绍烈兄弟家的契约群中选择了 4 份契约原件,分别写上说明文字,派谭洪沛送上省档案局。

2002 年 9 月 27 日 上午,根据事先协商,清嘉庆、道光时期河口巨富姚百万(姚继周、姚玉魁、姚玉坤等父子)的嫡系后裔——今河口乡河口村的姚国林、姚国周堂兄弟二人来到我办公室,带我们去黎平县城同他们的房族复印《姚氏族谱》第一卷,所发生的费用由我们负责。姚百万自从道光中期被格翁、塘东、韶霭三寨人联合告倒后,其家族成员便散开了,少部分仍居住在河口姚家坪,大部分则返回到黎平府城定居(姚继周之父姚克元清乾隆年间从黎平府城来到文斗河边给人摆渡,嘉庆时间姚继周上到瑶光河口起屋居住)。

下午,我们乘班车到黎平,同去的还有县档案局局长杨从立等及工作人员欧祝愿。有姚家兄弟出面,《姚氏族谱》很快就借出来复印(印两份,我们和姚家兄弟各拿一份)。居住在黎平的那些姚氏后裔,似乎都比在河口的这几家强。在交谈中,他们不时批评经济实力比他们差的姚家兄弟不争气,他俩则低头不语

2002 年 10 月 3 日 根据锦屏县委宣传部所报的外宣选题,贵州电视台《发现贵州》栏目准备拍一部锦屏林业契约内容的专题片,现在派记者李春、庄立祥来锦屏做前期工作,收集一些锦屏林业契约的素材。县委常委、县委宣传部部长杨绘春要我和宣传部的杨秀廷负责向两位记者提供相关资料,并陪同他们下到加池、文斗等村作试探性的拍摄。

上午,我与杨秀廷并县文物管理所的郑发林陪李春等两位记者去加池,对四合院房子进行了详细的拍摄(包括村寨外景、四合院的外观到内部结构、里面存有的生产生活用具以及住户的生活情况等)。村里的姜锡交支书和姜锡干村长等对我们的工作予积极的支持。

2002 年 10 月 8 日 县长王甲鸿派我陪同粟周熊先生赴剑河县参加贵州省侗学会年会。粟老先生是天柱县高酿镇人,但 1958 年并县(天柱县并入锦屏县)时改成锦屏户口,至今仍是"锦屏人"。他在北京图书馆工作,是研究馆员,曾到过哈萨克斯坦任过外交官,现在退休了。

上午,我与粟先生乘船上剑河。到河口作短暂停留,陪粟先生参观即将被拆迁的姚百万旧居。河口小镇坐落在乌下江与清水江的交汇口,跨乌下江两岸,一座单拱水泥桥将两岸连接。这里地势狭窄,举目所见非水即山。交汇口的东南岸原是一片沙坝,两江上游放下来的木材常在这里存放待卖或扎排。清乾隆后期,商人姚继周开始在这里做小本生意,嘉庆年间暴发成富冠一方的姚百万后,就斥巨资在河滩上建起一个呈弯月形、面积有几千平方米的大坪子,这个坪子后来称为姚家坪,现在居有四五十户人家。姚家坪是清水江中下游少见的大型私人建筑,高三四丈的外坎全是用规格料石砌成,规范整齐。从坪子下到河滩的两条各有 50 多级、宽约 3 米、呈"V"字形阶梯,全用青石板铺就,两阶梯在河滩上的交汇处还修有。坪子上全用青石板铺就,坪子和阶梯外缘原都竖有石护栏,现坪子上还残留一小段。坪子上所建的九幢豪宅现在还保存有一幢,属徽派建筑,很大气,都两百年了,板壁仍密不见缝。姚家

坪无论从建筑规划设计到建筑材料再到建筑工艺都很有价值,故被列为县级文物保护单位。可惜,这里即将要被下游的三板溪电站水库所淹没,今后只能回忆了。

图 2-21　被淹没前河口村全景　(杨胜屏摄)

图 2-22　姚家坪下河的"V"字阶梯道　(姜绍明摄)

我们在河口看了 1 个多小时,然后带着遗憾的心情上剑河县属南加镇。南加是剑河东部的经济重镇,与锦屏县河口乡仅 4 公里距离,坐落在清水江的南岸,呈带状,长有两三里,穿集镇而过的公路兼作街道,房屋排列在两边。在雍正之前,从南加往上即是令汉人望而却步的"生苗"地区了,做木材买卖的商人最多也只到这里,不敢再往上,所以这里后来就形成了清水江最上游的一个木材贸易埠口。现在则是剑河、锦屏两县交邻地区的重要集镇,锦屏河口乡群众的钱基本上都拿到这里来花。这里的房屋多为传统木房,而且较为破旧,也间杂有少许砖木结构新房。街道两侧店铺很多,卖米粉的、卖饭的,卖衣服百货的、理发的、收购土特产品的,不下百家。今天这里不赶场,赶场天很热闹,河口一带人曾开玩笑说,南加街上除了原子弹之外,什么都有卖的。这里也属于三板溪电站水库淹没的范围,不久也要消失。

我们在南加镇政府食堂里吃中午饭后,便乘剑河县派来的车上剑河。

2002 年 10 月 9 日　我陪同粟老先生乘越野车从剑河县城出发,沿着破烂不堪的简易公路取道满天星经过敏洞乡去南明经过凯寨时,还在红军纪念亭(1934 年秋,红军在这里与阻击的湘军进行了一场激战)里照了张合影。然后去南明参观清咸同时期姜应芳起义的战斗遗址,再绕经三穗返回剑河县城。这条路我是第一次走,对沿途的景物感觉很新鲜。

2002 年 10 月 10 日　我参加侗学会年会。在讨论时,我着重介绍了锦屏林业契约的情况,并向会议提交了《锦屏山林契约及产生的时代背景》一文。这是我首次向省内的专家学者宣传锦屏林业契约,很多人听了之后都感到惊讶:锦屏还有这些东西? 都表示找时间过去看看。

2002 年 11 月 5 日　下午,新华社贵州分社副社长周晓农及记者侯少华、杨立新在黔东南州政府副秘书长张黔伟的陪同下,到锦屏了解实行天然林保护工程后林业的发展情况和民间林业契约抢救的情况。我应县政府的通知,到县林业局向他们介绍锦屏民间林业契约及征集研究的基本情况,要求上级予以重视,并解决些经费来抢救和保护。听完我的汇报,周晓农他们对林业契约十分感兴趣。

2002 年 11 月 6 日　上午,周晓农一行四人来到县契约征集办公室参观我们收集到的契约。看过之后,他们要我与县林业局局长龙迪信一起陪同他们去加池村了解实地了解旧社会用契约管理林业的情况以及群众对旧契约的态度。在加池,他们采访了村支书姜锡交和姜坤荣、姜绍烈两位老人。姜坤荣和姜绍烈分别谈了旧社会山林和木材买卖以及造林等情况,从他们的言谈中,可以感觉到他们对凭契约管理山林的时代很留恋。姜坤荣老人依然说他以前说过多次的话。他说,过去木材木材价格较高,国家又不收税费,家里卖一单木材,能办一两件大事,如建房、娶媳嫁女等。解放后就不行了,木材价格低,国家收的税费又高,卖一单木材下来得不了几块钱,所得的钱还补不了栽树管理和砍伐所花的活路。

2002 年 11 月 7 日 上午,我和县林业局工作人员王锦河陪同周晓农等人上岑梧村,去了解国家实行"天保"政策以后,林区经济和群众生活受影响的情况以及群众对国家的要求等。岑梧村 68 岁的支书陆秀崇反映说,现在国家搞天然林保护,搞"一刀切",村里群众所所造的杉木林又不是天然林,也不准砍伐,群众很有意见。村里山多田少,历来都是靠山吃饭,不准砍树卖,村里的经济受到很大影响,群众的生活变得困难了很多,村里学校坏了也无力维修,有的群众子女读不起中学。所以迫切要求上级给政策,让群众砍卖些木材。

此外,周晓农他们还向陆秀崇等了解了过去用契约管理山林的一些情况。周晓农对我说,他们将用内参形式把锦屏农村群众对国家林业政策的要求和民间林业契约的情况向省和中央有关部门领导反映,争取对岑梧这样的林业村予政策扶持。

2002 年 12 月 3 日 我要龙久腾与档案局财务人员将契约征集办的账务理了一下。自 2001 年 9 月至今,中山大学历史人类学研究中心先后 8 次汇来经费计 48175.6 元,其中 25400 元用于购买电脑、复印机等设备,22775.6 元用于办公和下乡征集契约、工资等开支。

2002 年 12 月 4 日 根据县政府办公室秘书龙芳桥(原驻者蒙村干部)的联系,启蒙镇者蒙村的村干同意将村里所保存的山林契约交到县里来保管,希望我上去接收。上午,我乘班车走者蒙村。然到该村后,村里的杨支书等又改变了主意,不同意将契约交出来,而且面都不来见。我在镇里见到启蒙镇党委书记胡志伟,向他说了在者蒙收契约未果的事,希望他时能同者蒙村的村干打招呼,请他们支持。胡书记说,林业契约在启蒙镇的很多村都有,现在收不到是宣传不到位,下一步我们可以动员村干。

我准备乘班车返回时,在启蒙街上遇见高中同学杨通能,同他聊收集山林契约的事。他说,他们八里村属三板溪电站水库淹没区,大多数人家要搬迁。村里有好几户人家保存有契约,可以去那里收集。他是村干,到时可以配合。我于是同他约定了时间,届时我带人去做工作。

2002 年 12 月 28 日 下午,我与张应强通了电话,商量两件事:一是借河口乡政府明年正月中旬准备在加池村举行消防工作现场会的机会,在加池开个契约征集工作现场会,以进一步推动契约的征集工作,届时请中大派人过来捧场;二是契约征集办聘请的工作人员龙久腾认为每月 400 元工资偏低,要求每个月增加 100 元。张应强说,这两件事得请示陈春声老师后才能答复。

2003 年

2003 年 1 月 6 日 上午,新华社贵州分社副社长周晓农给我来电话说,锦屏林业契约的事情他们已经通过内参的形式上报给上级(中央)了,结果如何还不知道,得等待一段时间。

2003 年 1 月 9 日 上午,岑梧村支书陆秀崇、村民委主任陆秀朝、副主任陆秀植等 6 名村干来到办公室找我,说该村尚有旧契约一两千份,前段时间你到村里征集时,村民大多外出打工,很多契约都拿不到。现在打工的人陆续回家来过年了,村"两委"决定在正月上旬村民外出打工之前开个村民大会,动员群众将契约交上来,到时请我前去做动员工作。这是非常好的事情,于是,我们约定开会的时间为正月初十。

陆秀崇等人再次要求我帮他们向上级反映,请解决该村因实行"天保"政策所造成的经济困难。他们说,该村是林业村,山多田少,历来都靠山讨食。1999 年以前,每年多多少少都有些木材出卖,村民生活还勉强过得去。但2000年国家实施天然林禁伐政策后,所有木材一律不准砍伐。岑梧村除宅基地、水田和群众的自留地外,所有土地几乎全都栽上了杉树,近半已是成熟林,有的已是过熟林,没有地方可再造林。不准砍树,群众栽叶烟的地都没有(岑梧叶烟非常有名,是该村的一大传统特产,而栽种叶烟需要新垦之地)了。现在从山上来的经济渠道断绝,群众生活返贫严重,读不起书的儿童较多,村学校破了村上无力维修,希望上级能让群众砍些木材。我答应他们尽能力向有关上级反映。

对他们的这个问题,我只有继续虚以应付。他们的困难是国家大政策所致,我一个小人物,能帮他们解决吗?不行的。不但我不行,就是县委、县政府恐怕也不行。1998年长江中下游地区发生大洪灾,专家认为祸根主要是中上游地区森林植被破坏太甚,以致水土流失。1999年国家决定在贵州等长江中上游地区实行天然林保护政策。这种政策实行后,不管是天然林还是人工林,一律不准砍伐。我们锦屏这个传统人工林业县的经济就受到了很大的影响,可以说是一蹶不振。县里这些年都在向上级反映,但都无结果。国家这种政策的确是"一刀切",太机械了点,只是考虑下游地区的问题,对实行这种政策在上游林区出现的问题全然不管。听省、州林业部门的干部们私下议论埋怨说,这些政策都是国家林业局的那些混账专家们坐在办公室里想出来的,事先根本没有调查研究。

我还就前段时间从该村陆秀植那里收集来的康熙年间的那十几份契约向陆秀崇等进行了解,重点了解岑梧与华洞村和韶霭村的关系,那十几份契约所涉及的山场在现岑梧村的具体位置等。他们对那十几份契约所涉及山场的位置讲得很清楚,但对岑梧与韶霭村的关系却都不很明白。

他们临走时,我将前段时间从岑梧得来的契约的复印件交给他们带回去。

下午,我高中同学、河口乡瑶光中寨村支书姜述林送来该村的契约44份到我办公室。我开具收据给他后,还交代他帮助我们在该村做有契约人家的思想工作,条件成熟后,我们上来接收。他说,瑶光寨上发生很多次火灾,契约这些东西恐怕很少了。

2003年1月11日　加池村姜绍明运送我订制的契约文书专用柜子到办公室。因契约文书的规格与普通档案不一样,传统的档案柜不能装载,需特别打制。2002 年 8 月,张应强我们委托加池村民姜绍明用杉材按特定的规格打制了专用柜 6 个。今天姜绍明运下来组装。

2003 年 1 月 20 日 晚,张应强打来电话,说正月加池搞活动他们没有时间过来,同意给龙久腾每月增加 100 元工资。另外,要求我寄文斗和加池两所小学的材料给他们,他们拟联系援建的组织或人士。

2003 年 2 月 8 日 上午,应老家平秋镇魁胆村民委的邀请,我赴魁胆村参加村里召开的契约征集座谈会。参加会的村干和各村民组长及寨老共 30 多人,镇党委书记龙林召也应邀到会。座谈会由村长王必玖主持。会上,我就山林土地契约的征集目的意义和今后保管、契约原持有人利用等问题作了较详细的讲解,并将本村王必炎家和我自己家的契约交到县里的情况向与会者详细介绍,希望魁胆村的山林契约能够拿到县里去安全保管。但会上,除了支书王生友和主任王必玖外,其他参会者对这个问题的态度并不是很积极,没有几个人响应发言。

图 2-23 魁胆村景 (王宗勋摄)

中午吃饭时,村支书王生友对我说,要把村里的老契约全部拿到县里去保管恐怕不容易,因有的契约还有用,我们同平翁、桥问等邻村都存在山林土地权属纠纷,一旦有纠纷,就需要这些东西的。他说,现在农村里的阴阳宅地都是按"土改"前的老契约来管理,如自家没有适合的地、向别人家讨时,得付相应的价钱,然后求人写一张"讨字"。村里有几户人就凭那些旧契约,曾多次收取别人的老地钱(阴地每棺收三四百元,阳宅每幢收两三千不等),有的还盘算按照那些老契约去清理他们的过去的田和山等"老祖业"。再说,你是本寨人,你来发动和收集,人家更怕交给你。看来,对我们村的契约还得另想办法才行。

2003 年 2 月 10 日　下午,应平略镇岑梧村支书陆秀崇和村民委主任陆秀朝等的邀请,我与龙久腾再次赴岑梧村开展契约征集工作。当晚,在村民委副主任兼文书陆秀植家里召开有支书、村长等村组干十余人参加的契约征集工作预备会议。会前,村长陆秀朝带来的一个满是尘灰的木匣子,说匣子里是他祖父留下的契约,约有三四百份,但都给老鼠咬烂了。果然,打开来看,里边的契约纸全成纸屑,无一张完好,非常可惜。稍后,我们将 2002 年到村里征集得去的契约复制件以及县政府颁发的证书发给陆秀崇等契约提供者。村干们见我们工作认真和讲信誉,都十分称赞,认为只要这样,群众的工作就好做了。

图 2-24　岑梧村一隅　(王宗勋摄)

2003 年 2 月 11 日　上午 10 点,岑梧村"两委"在村民委办公室空敞的楼下开群众大会。因天气寒冷,在泥地上烧起一大堆柴火,来参会的有 40 多人。因没有板凳,大家于是环火堆而站。在凛冽寒风和随风袭来的柴烟引诱发出的咳嗽声中,我就为什么要进行契约征集、征集的具体做法和保管及今后群众如何利用等问题做详细讲解,与会人员大都表示支持。

在会上得知,村民陆秀锦、秀彬、秀根三兄弟还保存有他们这小房族的一些契约,但老三秀根因与以前的村干有矛盾而心存怨气,不同意将契约交出来。会后,我要秀植等村干带我们去思想已经开通的老二陆秀彬家。经一番发动,秀彬同意将他保存的契约拿给我们,并愿意去做老三秀根的工作,并执意要留我们吃早饭,同时还去请其大哥秀锦来一同吃。陆秀锦已八十高龄,民国时期受到些教育,是村里的"老学究"。饭前,我将县里征集契约的有关政策和做法再次向陆秀锦老人介绍,他老人家很理解并表示支持。吃饭时,按照农村的酒礼,作为晚辈,我端一碗米酒(有半斤多酒)离座走到对面去敬陆秀锦老人,请他随意喝一点。可他说:"我活到八十了,从来没有领导敬我酒。今天局长你敬我酒,说明你看得起我,这碗酒我一定喝。"说完便用颤抖的双手将那碗酒一气喝干,我被他这举动给弄懵了,他毕竟是八十高龄的老人了,万一喝出问题咋办?但老人喝酒之后,神态自然。随后,他也回敬我一碗同样多的酒,我于是二话不说,硬着头皮将那碗酒一气喝干。老人坐下后对我说:"请局长放心,我家的那些契子包在我身上,老三不同意我就拍死他。"当下他对二弟秀彬说:"老二,等一下你把家里的契子全部交给王局长他们带走。"稍后,我又敬陆秀彬,我们也各喝了一碗。秀彬对我说:"王局长,你放心,我家的契子等一下就交给你们。老三的那些我们去做他的工作,要他交给你们。"陆秀锦老人对大家说,我们岑梧的每一寸土地都来之不易,这些契子一定要永远保存下去,放在家里不安全,万一损失了,我们的山场田地就没有凭据了。所以,各家的契子统一拿到县里保管是好事。饭后,秀彬将他家保管的契约箱子拿出来,计有契约 250 份。

因接到单位来的电话,有事要我赶回城。我交代龙久腾继续在村里收集,然后带着浓重的酒意,踏着薄雪,深一脚浅一脚地走下坡来,到大公路上等从启蒙下来的班车。这次,在陆秀锦兄弟的榜样作用下,我们在岑梧共收得契约 814 份,收获亦丰。

2003 年 2 月 11 日 县委宣传部杨秀廷带贵州日报摄影记者张兴涛来到契约征集办公室,就锦屏民间林业契约及征集整理的情况要求对我做采访。于是,我简单向他介绍了锦屏民间林业契约和这几年我们与中山大学合作开展的征集抢救及整理的情况。张兴涛拍了些契约原件和我的工作照。他这人很敬业,穿着朴素,为人低调随和,不像有的记者那样张扬和摆臭架子,提这样那样不合情理的要求。

图 2-25　笔者整理文书　(张兴涛摄)

2003 年 2 月 12 日　经与河口乡党委、政府协商,并请示县委副书记曹庆五、政府副县长程安榕同意,县契约征集办公室利用河口乡政府在加池村召开寨改及消防工作现场会的机会,在加池村召开民间林业契约征集工作现场会,参加会议的有河口乡所属 19 个行政村的支书和村长以及相邻平略、启蒙、固本等乡镇的部分村干部,共有 50 来人。贵州日报记者张兴涛闻讯也前往采访。

契约征集工作现场会议由河口乡党委副书记彭恩勇主持。在会上,我作了关于林业契约征集工作的书面讲话,讲解关于契约征集的意义、政策和具体做法,号召到会村干下去发动群众将家藏的旧契约交到县里。在会上,我们还表彰了加池村姜绍明、姜绍卿等契约征集工作的先进个人,并将从加池征集去的契约的复制件和县政府颁发的证书发给原持有人。这次去加池参会的还有县档案局杨从立局长和县职中退休教师彭泽元老人等。尤其是彭泽元老师，他已经八十高龄了，还同我们一起爬差不多有两千米长的加池坡。真是佩服他！

会议的效果很好。散会后，河口乡裕和、锦宗、塘东村和平略镇平鳌村的村干都邀约我到他们村去开展契约征集工作。

2003 年 2 月 16 日　我早就想细读去年从岑梧村陆秀植那里收得来的那组"镇寨"契约，但一直找不到合适的时间而未能实现。今天是周六，没有其他事，我便到办公室把那十几份契约翻出来阅读。

我仔细阅读了一个上午，才勉强明白了个大概。

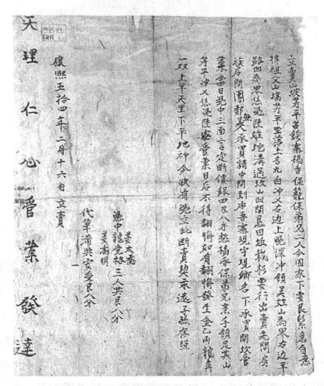

图 2-26　岑梧"镇寨"契约之一　（王宗勋摄）

这是一组完整而且联系紧密的契约，共有 16 份，其中康熙年间的 8 份，雍正年间的 4 份，乾隆年间的 4 份。最早一份是康熙五十四年（1715），最晚的一份是乾隆二十三年（1758），前后跨时 43 年，基本上是两代人。其共同点都是苗馁杨香保兄弟父子,将今岑梧村内的长冲、九白冲、董所、平展等处荒山、荒坪、屋基、阴地出卖给岑梧村的陆现宇兄弟父子。

前几次到岑梧村征集契约时,向群众了解该村的历史,群众介绍说,岑梧陆姓先人为了避免在扒洞被姜姓人强迫改为姜姓,委曲向苗馁人买下了平展坡、长冲、九白冲、董所坡等处山场作为立身之地。在买这几处山坡的过程中,苗馁人自恃人地熟悉,对刚从湖南逃过来、尚无根基的陆姓人百般要猾,采取更改姓名、父卖子翻、兄卖弟悔等手段重卖山场荒坪,翻来悔去,到最后,连中人和写契的人都看不过去,指责苗馁人太不讲仁义,他们才住手。陆姓人自知势弱,只有忍气吞声,苦不堪言。这16份契约,奠定了岑梧寨陆姓人的居住基础。今天认真读了这组契约后,见契中所记内容与岑梧陆姓族谱和岑梧村人的口碑传说的内容基本相符。

这组契约文书自成一体,互相之间联系非常紧密,研究价值相当大。

第1份是康熙五十四年(1715)二月十六日订立的九白冲荒坪卖契。卖主是苗馁寨的杨香保、笼保兄弟,买主是庙吾寨的陆现宇、现卿兄弟,价银是四两八钱,中人是姜太乔、龙党格、姜高明,三人共受中银八分,代笔蒲兴安,受代笔费银八分。交代双方不得翻悔,否则罚生金一两、龙角一双。契后写有"天理仁心,管业发达"。

第2份是康熙五十八年(1719)正月十六日订立的童所冲头山场和阴地断卖契。卖主是苗馁人杨香保、杨弄保兄弟二人,买主是扒洞寨陆贵还,价银贰两捌钱,中人是龙金保、龙唐革、张显明、张高明、杨兴还,张显明收中人禾三十斤,张高明收银一钱,杨兴还收银二分半,代笔张实隐收代笔费银一钱。交代双方不得翻悔,否则"罚生金十两、龙角一双入众共用"。

第3份也是康熙五十八年(1719)正月十六日订立的陈吴冲头、童所二处山场田土和阴地断卖契。卖主是苗馁人张(石)香保、张(石)弄保兄弟二人,买主是扒洞寨陆贵还父子,价银贰两捌钱。中人龙金保、张(龙)唐格、张显明、张高明,杨兴还,先是龙金保、张(龙)唐格、张显明、杨兴还四人收买主中人禾三十斤,后又翻悔,再收买主银一钱,张高明只收中银二分半;代笔张实隐,收代笔费银一钱。原来卖主为张姓,后在"张"字边上增加"石"字;中人张唐格后在"张"字侧面又加上"龙"字。契中交代双方不得翻悔,否则罚生金一两、白水牛一双付官公用。

第4份是康熙五十八年(1719)二月初九日卖苗吾长冲的山坡和荒田断

卖契。卖主是苗馊人石香保、石笼保兄弟,买主是陆贵还,价银五两,中人龙金保、姜高明、姜显明、龙党格,四人共收中人银三钱,代笔人姜世美收钱一钱。声明"万古江山一墨断,从前覆水也难收"。

第5份是康熙五十八年(1719)二月初九日订立卖琴无长冲的山坡和荒田卖契。卖主是苗馊人杨香保、杨笼保兄弟,买主是扒洞陆贵还,价银五两(包括酒席在内),中人龙金保、姜高明、姜显明、龙党格,四人共收中人银三钱,代笔人姜世美收银一钱。交代不得翻悔,否则"上凭天理,下凭鬼神。若有争论,天雷劈之。"

第6份是康熙五十八年(1719)二月初九日订立卖琴无荒坡一冲一岭(地名不具体)和长冲山坡契断卖契。卖主是苗馊寨杨香保、笼保,买主是陆贵还。价银足色纹银五两(酒席、画字在内)。中人是龙金保、姜高明、姜显明、龙党格,4人共收中银三钱,代笔姜之美收代笔一钱。交代不得翻悔,否则执约赴官。

第7份是康熙五十八年(1719)二月二十六日订立的断卖契。卖主是苗馊龙梳连,买主是岑梧的陆贵还。原因是龙梳连对石香保、石笼保先前卖给陆贵还陈吾九白、长冲、笼金仔三处山坡契约提出异议,请中要求重卖("请乡导向陆贵还理讲。陆处面善,无奈乡导苦劝,只得依从"),价银七两五钱(连酒席画字在内)。中人龙玉所、吴桥保、谢梁桥、王两晚、陆富宇五人共收中银一两,代笔王贵楚收银一钱。

第8份是康熙五十八年 (1719)□月二十六日石香保、石笼保带儿子关唐、剪保4人断卖苗无董所、九白、长冲腰三处山坡契。买主是陆贵还,价银足色纹银二十五两。特意说明扫土复断在内。不得翻悔,否则陆处执字赴官,自甘领罪。中人王两晚、龙玉所、吴桥保、谢梁桥4人共受捆银一两,王贵楚收代笔费二钱半。

第9份是雍正十一年(1733)正月二十七日订立的苗无补两咎荒山断卖契。卖主是石香保、石笼保带儿子关唐、剪保4人,买主是苗无陆贵还、陆和宇,价银足色纹银七两,硬担中人蒋秀国,收中银二钱(陆贵还、石香保各承担一钱),代笔王满万收银二钱。"子孙纵有余钱,不得翻悔,否则陆处执约赴官,龙家父子自干领死罪。"

第10份是雍正十一年(1733)正月二十七日断卖岑吾山坡、屋基、坟山契。卖主是苗馊杨香保、杨笼保,买主是苗无陆贵还、陆和宇,价银足色纹银一十八两,硬担中人蒋秀国,收中银一钱七分,代笔王满万收银二钱。"不得翻悔,否则执约赴官,自己领罪。一卖百了,父断子休,水流东海,永不回头。"

第11份是雍正十一年(1733)正月二十七日断卖苗屋补两咎荒山。卖主是龙香保、龙笼保带儿子关唐、剪保4人,买主是苗无陆贵还、陆和宇,价银足色纹银三两。硬担中人蒋秀国,收中银二钱(陆贵还、龙香保各承担一钱),代笔王满万收银二钱。"龙处一卖一了,二断二休,子孙纵有余钱,不得翻悔归赎。否则陆处执约赴官,龙家父子自领死罪。"

图2-27　岑梧乌首寨文书　(王宗勋摄)

第12份是雍正十三年(1735)十月五日断卖琴吾污龙坡山。卖主是苗馊石香保、石笼保,买主是琴吴陆胜宇,价银六钱。中人蒋秀国、蒋秀德兄弟各收中银五分,杨春元收代笔银三分。"如有石处翻悔,陆处子孙执字赴官,石香保、笼保自干领罪。其坡一断一了,如高坡滚石,永不归宗。水流就下,再不回头。上平天理,下平鬼神。"

第13份是乾隆三年(1738)八月初三日断卖岑吾下手大断田边山坡。卖主石香保,买主陆何宇、胜宇二家,价银三两,价银从前过价三两,乾隆三年又加价七钱。中人蒋秀国,代笔蒋占春。

第14份是乾隆八年(1743)五月初四日订立庙无荒山一冲一岭断卖契。卖主石香保、龙保兄弟,买主庙无陆圣与、陆现卿兄弟,价银一两八钱。中人刘中元上山走过,在该山场边界埋了石头,并收中银一钱。同时代书人杨春元收银五分。发誓"一断一了,如高坡滚石,永不归宗。水流就下,再不回头"。

第15份是乾隆十三年(1748)十二月十八日断卖平斩污龙界荒山契。卖主苗馁杨龙保,买主陆宪与、宪卿。价银九钱正。中人刘元中收银五分,代笔蒋廷秀收银三分。"一断一了,如高坡滚石,永不归宗。水流就下,再不回头。上平(凭)天理,下平(凭)鬼神。"

第16份是乾隆二十三年(1758)十二月十八日扫土复断卖岑梧平展坡山场,卖主是苗馁杨剪包、杨玉所、杨乔所3人。因先年父亲杨龙保出卖给陆现宇,剪包兄弟翻悔重卖。买主是陆起文、陆宗显、陆爱之。价银纹银十五两。中人龙孝凡、潘富美、杨得卿、杨选卿,龙里司人杨天造收代笔费三钱三分。界内扫土尽卖,永世不得异言翻悔。"否则,执字赴官,自甘重罪。一卖一了,父卖子休,如高坡滚石,永不回头。决根扫断,寸土不留。"契后写有"天理仁心,永远大利"。此契一式两纸,契边有"合同存验"四字之"半书"(即将两张契约分别折,将折处合拢,在合处正中书写"合同存验",然后分开,每份合同各得"合同存验"四字的一半)。

这组契约文书,使关于岑梧先人到岑梧地方"开村拓土"的传说得到了证实。相对于目前收集到的数万份锦屏契约文书,这组契约文书有3个明显特点。

第一,在这16份契约文书中,有2份(第1和第5份)属活卖契,而在数以万计的锦屏山林土地买卖契约中,绝大多数在"卖"字之前加有"断"字,都属于所谓的"断卖契"。不加"断"字的活卖契约文书十分少见。我阅读的锦屏契约文书数以千份,发现不加"断"字的契约不上十份。而且,有的不加"断"字不难看出是书写者的疏漏。在契约文书的发源地中原地区,加有"断"字的"断卖契"和不加"断"字的卖契有着很大的不同。"断卖契"也称"绝卖契",是卖者将所卖的山林田地一次性卖完,不再留有任何遗尾。清代乾隆年间,官府还立有规定,"断卖契"只书有1份,交由买主收执,卖者永远不能收赎。不加"断"字的卖契又称为"活契",也即卖主对所卖的山场土地的所有权不完全出卖,还保留有一定的余地,到一定时候又向买主提出补加价格。卖主可以一次甚至多次向买主加要价格,这种现象称为"找贴"或"找价",活卖契在明清时期福建、台湾等地区民间的土地交易中普遍出现。

第二,在第1至第6份契约中,中人都为龙金保、张显明、张高明、龙党格四人,第7份以后就换了中人,原因是苗馁人对前面几份契约提出异议。在第9、第

10、第 11 这 3 份契约中,出现"硬担中人"字样。在锦屏地区,书立契约时都要礼请中人。作为中人者,一般是为人正直,在村寨间较有威望,深得立契双方的信赖。中人的作用,一是从中撮合买卖双方将买卖谈成,二是保证买卖公正和公平,三是事后买卖双方就买卖的土地发生纠纷的话进行调解。契约写完后,收取一定的中人费(约为买卖总值的 5%左右)。这几份契约文书中出现"硬担中人"字样,说明买卖不是很正常,出现了中人不愿、怕居中作证的现象,但经不住买或卖方的一再哀请或强求,才不得不硬着头皮来当"中人"。从岑梧人的口碑传说和这 16 份契约文书的内容来看,可以看出出现"硬担中人"的原因是苗馁人不讲契约规则、屡次强行推翻先前订立的契约的缘故。

第三,这 16 份山场土地买卖契约中,所买卖的山场土地都没有注明边界和四抵,面积和林木、谷物产量更是不提。这在锦屏土地买卖契约文书中是极为罕见的。我曾随岑梧村的村干部到这组契约文书所指定的这些山场去踏走,其面积约有两三千亩。

这充分说明,在清代康熙年间,锦屏等清水江两岸初归"王化",封建领主经济意识尚较为浓厚,江淮地区契约文化随着清水江木材贸易等封建商品经济的发展而刚开始传播进来,民众的契约意识和精神尚未形成。

我虽然读了好几遍,但对这组契约中的内容还是有很多不解之处:

第一,韶霭距岑梧最近的小路也有 20 多里,中间隔九佑、中仰、文斗等村寨,为什么有山场土地在岑梧?是古韶霭寨管辖到今岑梧的地域?还是卖主原先居住在岑梧后来搬到韶霭去,回来将其遗业处理? 就此问题,我曾到韶霭村同龙家亮等做进一步的调查了解,他们同样也不能回答。倒是从韶霭那里得到一个令我颇感兴趣的历史信息,那就是岑梧和韶霭在古代都是属于一个类似款的组织成员之一。原来,在古时,岑梧、韶霭、塘东、瑶光、宰格、云照、加池这 7 个苗寨在称谓上都有一个"shēi",岑梧称"shēi zè"、韶霭称"shēi nǐ"、塘东称"shēi rǒng"、瑶光称"shēi sā"、宰格称"shēi xī"、云照称"shēi sào"、加池称"shēi xí"。"shēi",古代苗语有"鬼"或"穷"的意思。而且,这 7 个苗寨海拔高度大抵差不多(500~700 米)。那么,它们之间真的是款约组织关系吗?其内部组织情况又是怎样的呢? 其他 6 个寨子都是苗族,而岑梧则是"三俅",是清前期才从湖南迁移过来的。那么,与其他 6 个苗寨结成款组织关系的是他们"俅家"人,还是在他们来之前这里另居住有一群苗族人? 那群苗族人后来又到哪里去了呢?

第二,从这组契约中来看,杨香保、杨弄保与张香保、张笼保,石香保、石笼保,龙香保、龙笼保其实都是同一对兄弟。在古契约中,由于写契约人掌握汉文化水平的问题,契约中往往出现错别字,同时也由于苗语和汉语对苗族村寨地名的称谓不同,契约中同一地名也往往写成不同的字,这组契约中的"岑梧"就写成"琴吾""琴无""琴屋""庙无""庙吾""岑屋"等。一般而言,人的姓氏有时也会写错字,但绝不会随意更改的。可是苗馁人在姓氏上,一时写"杨",一时写"石",一时写"龙",这绝不是笔误或苗、汉语读音不同所致,而是当时有计划地特意所为。那么,为什么要如此反复地更换姓名?双方在买卖山场、谈判立契时应该是在中人的参与下一起当面进行的,互相认识是肯定的。到底是当时陆姓人没有文化看不懂契约被苗馁人联合中证和代笔者(附近的人)玩弄?还是陆姓人明知人家设套但迫于自己是势力孤单的"来人"就不敢和他们反抗而是忍气吞声?这是最大的不解之处。就此问题,我曾向岑梧的寨老陆宪基、陆秀崇和这组契约文书的管理者陆秀植等多次了解,但他们也讲不出具体原因,只说那是苗馁人所用的狡诈手段而已。

第三,这组契约文书中,有3份(第7、8、16份)提到"重卖""扫土复断""翻悔重卖"。在契约盛行的年代里,契约签订以后就具有权威性,就要得到人们的普遍遵守。但从这组契约文书来看,苗馁人就不怎么把契约当回事。虽然差不多每次立契时,都用很重的语气强调要遵守承诺,不得翻悔,可是到后来又把这些承诺抛到九霄云外去了。难道这是韶霭等苗族地区当时刚接触到汉族文化,对刚传播过来的汉族契约文化还没有完全接受的原因所致吗?

要弄清楚这些问题,不是件容易的事,看来得花一定的时间和精力。

从这组契约文书中可以窥视到一个历史现象,那就是当时的移民问题。清代康熙时期,锦屏等清水江中下游地区社会稳定,在湖南等地封建经济的影响下,这里的封建商品林业经济开始得到发展,湖南、江西等地的贫穷汉族人大量移居这里。这些人移居这里后,被世居这里的苗侗族称为"来人",所谓"来人",就是一无所有的外来人。他们地位低下,大多数以给世居居民佃种山场维生。很多村寨都不允许他们进村居住,而只能窝居在他们所佃种的边远的山场上,生产、生活条件都非常艰苦。为改变这种状况,他们有的往往选择依附于这里的势族大姓,以寻求保护,有的甚至不惜隐埋原有姓氏而改从势姓(关于改依势族大姓,在那时候、在锦屏地区是习以为常的事)。但有的也不愿意牺牲自己的尊严去依附势族大姓，而想独立自主地生活。这样的话，他们所面临的困难就更多更大。岑梧的先人就是最典型的例子。当他们不接受扒洞姜姓人更改姓氏的要求后，也就失去了庇护，陷入孤零寡助之中，遭遇到苗馊人的欺压也就不难理解了。在当时那个时代，后来者要想在这里立住脚是相当困难的，可以说都要历经磨难。外来新移民被世居人欺弄的现象在当时应该是较普遍的，岑梧人只是其中代表而已。

岑梧陆姓人经历了这样的艰难之后，慢慢立住了脚跟，人口得到很大发展，现在已经是岑梧寨的大姓，其他先他们在这里居住的吴、龙、潘等姓反而都成了小姓。岑梧陆姓人虽然是寨中的大姓，但对其他小姓从不玩大，与他们平起平坐，兄弟相处，这也许是他们先人受以自身被人欺凌之苦教育后代不要欺凌他人的缘故吧。

2003 年 2 月 17 日　上午，县林业局办公室主任龙永平打电话给我说，省林业厅已拨 12 万元给锦屏作为抢救林业契约的专门经费，要我赶紧搞一个林业契约抢救工作方案交给县林业局转报省林业厅。下午，我将工作方案送到县林业局龙永平处，龙永平说，拨款 12 万元是省林业厅计财处刘浪处长打电话给县林业局副局长龙本吉说的，但县林业局还没有收到文件。稍后，我又跑到县财政局询问分管预算的副局长杨志，他说好像有这个文件，但他找了一下，也找不到此文。这到底是怎么回事呢？是真的有还是摆乌龙？

2003 年 2 月 19 日　前天我到县林业局时，听龙永平说，省林业厅要我们锦屏报一个锦屏林业契约抢救专题的报告给他们，资金要求在 200 万～300 万元之间，请你们以县林业局和县契约征集办的名义起草报告交给我们转呈省林业厅。我于是以县林业局和县契约征集领导小组办公室名义起草了一个 263 万元的报告，先征求县委副书记曹庆五的意见，然后交给了县林业局。

2003 年 2 月 28 日　下午，县林业局党组书记姜家岳持我前些时候交给县林业局向省林业厅写的锦屏林业契约抢救经费的请示来到契约征集办找我，商量经费的具体数额。经一番商量，最后确定将报告经费数额写成 218 万元，包括有林业契约的征集、申报"世界记忆工程"、建设林业契约博物馆、林业契约研究、日常办公经费 5 项。3 月 3 日，县林业局以专文呈报省林业厅。

2003 年 3 月 25 日 我同县档案局局长杨从立等一起上省档案局，目的是向省局科教处申报锦屏林业契约档案研究和信息技术档案的应用两个项目。

2003 年 3 月 26 日 上午，我们将材料交给省档案局科技处副处长陈大发审查，他只同意我们报林业契约档案研究这一项。下午，我们又将"重点档案抢救经费申请报告"交给省局馆室处张廷锋审查，该报告有清代档案、林业契约文书、龙大道烈士档案、三板溪电站库区淹没文物档案、民国档案 5 个小项，张廷锋只同意我们报清代档案、林业契约档案和民国档案 3 个小项。

在省档案局办完事后，我跑到省文化厅文物局，找到综合处处长张勇，向他介绍锦屏林业契约情况，并说明契约中有相当部分年代较为久远，属于文物范畴，请求省文物局考虑从文物的角度对锦屏林业契约抢救工作予以经费支持。张勇处长说，他将向文物局领导汇报，争取对你们予以支持。

在上贵阳的途中，我接到县档案局办公室主任谭洪沛打来的电话，说当天下午 3 点，贵州省林业厅副厅长曹国江在锦屏县委副书记伍治平、县林业局党组书记姜家岳等的陪同下，来到县契约征集办公室参观锦屏林业契约。他和龙久腾将从农村收集上来、尚未开包整理的契约和已经作整理的契约分别向他展示。看了之后，曹国江认为林业契约确实非常珍贵，抢救工作意义很大，他表示将会在经费上对这项工作予以大力支持。但由于省林业厅的经费都是支持林业发展等自然科学方面的，林业契约抢救属社会科学类，给的钱不会有很多。听了这个消息，我心里还是十分的高兴。

2003 年 4 月 9 日 下午，平秋镇孟寨村村民王乾良（我的远房堂兄）带了61 份契约来到县契约征集办公室找我。他说，因担心家里不安全（火灾），听老寨（老寨即魁胆村，孟寨是清代前期从魁胆寨分出去的子寨，至今仍称魁胆为"老寨"）的人说我在收集老契约，他就特地把这些东西拿来交给我帮他保管。我交代龙锦华将契约接收，并开收据给他，答应尽快给他整理、返还复制件给他。

王乾良交来的这些契约有一个特点，就是每块山场都分别用两片弧形的楠竹板捆扎，竹板上写明山名。他说，用竹片捆扎主要是为了防老鼠咬。我要他到村里去宣传,要其他人也将所持有的契约拿到县里来保存。他说,他只拿他自家的来,其他人家的他不想去管。

2003 年 4 月 13 日 上午,加池村支书姜修璧率姜锡干、姜绍卿等村干来到县契约征集办公室找我,说加池村与相邻的中仰村在党周一带的山场发生权属纠纷,需要查阅前些时候交过来的姜绍卿、姜齐相、姜有禄 3 家的相关契约。我们在收契约时均已向他们保证,若要查阅其契约得有他们本人(或后人)的同意。此次除姜绍卿本人来外,姜修璧等还带来村民委的证明和姜齐相、姜有禄两家契约主人亲笔写的"同意书"。他们从上午翻到下午,共计复印去了 71 份。

加池村民为解决山林权属纠纷来翻阅交来的林业契约这事,充分说明了契约原件保留在本县是对的,这样既解决了安全保管的问题,又方便了群众。如果这些契约原件离开了锦屏,群众需要查阅的话就比较麻烦了。

2003 年 4 月 18 日 应河口乡裕和村的邀请,我与龙久腾赶赴裕和村参加一年一度的青山界四十八寨苗歌会并顺便征集契约。

我们清早出发,先是乘船 3 个多小时到河口,再由河口步行 12 公里到达裕和。青山界四十八苗寨歌会在锦屏、黎平、剑河三县交邻地区很有名气,三县交界地区的苗侗族村寨的男女青壮年纷纷云集,多时上万人。

青山界歌会以往都是在青山界山顶的草场上进行,也许是下雨等原因,这次的地点则改在裕和民办中学操场里。我们到裕和时已是下午 4 点多钟,歌会已曲终人散,只能观看晚上的苗歌比赛。这个一年一度的盛会,对地处偏僻、文化贫缺的裕和等山寨的人们来说,是一场精神盛宴,所以都要尽情享受。歌赛也在学校的操场里进行,操场里、学校的教室里以及学校周边的民房里都挤满了人。歌赛也很精彩,一对对歌手都唱出了他们的快乐和水平,观众不时发出热烈的掌声和欢呼声。当晚,我们宿在村主任石富昌家。

2003 年 4 月 19 日 早晨,在石富昌的引领下,我们在该村宋维钦家发现和收到清嘉庆时期裕和人在今黎平县罗里乡平信寨九告塘坡买一块山林的契约 7 份。该山场距裕和村约 30 公里,面积有八九百亩,至今裕和人仍凭这些契约对该山场行使所有权,平信人也一直承认该山场是裕和宋姓人的"飞地",前几年裕和宋姓人将此山承包给当地的人栽杉木。宋维钦家还保存有清代咸丰、同治年间办地方民团留下的旗帜、刀、矛等物器。对于我们要拿走他的契约，宋维钦很不情愿，奈于我的反复解释说明，加上石富昌不断劝说，他才勉强同意让我们带走。

石富昌还介绍说，他们村里的龙家藏有一枚阴契印章。老人去世以后，孝子都要造些山林田土契约或誊抄老契约，盖上这个印章之后烧化给老人，这样老人到阴间就有"山林田土"了。我提出要去看那印章，石主任说，那龙嘎老有点保守，得等他先去做通思想工作后，你们下次再去。

在石富昌家吃中午饭时，与裕和村寨往组村民宋正权同席。他得知我们在征集旧契约后，对此很感兴趣。我便提出委托他在裕和一带代为征集，我们将按每份5元标准付给报酬，并报销所有的路费。他愉快同意了，我们便开委托书给他。

吃完午饭后，我和龙久腾在裕和买了4斤肉，随同来裕和赶歌会的美蒙村支书龙立华走美蒙村去收集契约。

美蒙村坐落在裕和村对面的高山上，中间隔着深深的苗吼溪。两村直线距离不过一两千米，裕和小学放广播操曲子，那边的美蒙小学的学生可以跟着做操，但从裕和寨下到苗吼溪底再爬上到美蒙却得花一个半小时。从裕和下去的石板路在裕和寨脚的梯田间曲折蜿蜒，多数路段被从田里溢出的水冲得残破不堪。从溪底上美蒙的路都是泥土路，呈若干"Z"字往上延伸，如同竖放的锯条。

图 2-28 美蒙村远眺 （王宗勋摄）

　　龙立华支书有 60 多岁了。路上,不甚善言谈的他断断续续地向我们介绍美蒙村的情况。美蒙是一个有 100 来户、500 多人的小村,操侗语,自称"三侾"人,有张、杨、龙 3 个姓,都是清代中期从 70 多公里外的本县大同乡迁徙过来的。先是张姓人从大腮(即今锦屏县大同村)张家湾搬过来。到这里时,这里无人居住,屋基和田里长有合抱的大树。住了一段时间,张姓人觉得孤单,于是回去将大同上面稳洞寨(即今稳江村)的杨姓亲戚邀过来。张、杨两姓还是觉得孤单,不久,杨姓人又到上面小河(中林河)龙霭村把龙姓亲戚邀过来。美蒙的人从来都认为美蒙只不过是临时栖息之地,大同那地方才是他们真正的家乡。这里的老人死之后请先生做法事,其中最重要的一件事就是要把亡魂引导回到大同那边去"定居",要交代死者回大同老家的路径,翻哪座山,涉哪条河,过哪座桥。如果交代不清楚,亡魂回不到老家,就会成孤魂野鬼永远游荡在外。我们问到契约的事,龙支书说,我们美蒙村地盘小,山田不多,整体上很穷,加上过去多次发生火灾,所以留下的老契约不多。

　　下午 2 点多钟,我们到达美蒙。美蒙背后是海拔 1300 多米的青山界大山,一年中大多数时间是处在云雾的笼罩之中。这里算是锦屏县最边远贫困的村寨了,举目皆山,交通困难,距离最近的市场南加(剑河县属)和本县的固本都需翻越大山走 20 多公里。所以村人都很少出去,外面的人也很少进来,即使是河口乡里的干部也都很少来这里。1987 年,县政府副县长王经林到这里来检查防火工作,村里以为自古未有,遂隆重接待,全村如同过年。王副县长离开时,村民给他披红挂彩,送出好几里路。

　　这里的房屋普遍矮小破旧,清一色盖杉木皮,只有三四安装玻璃窗,大多数都是木板推拉的"口"形窗。60 岁以上的老年人有大半从未到过县城,有的甚至连对面的裕和村都几年才去一次。美蒙还有个很奇怪的现象,几乎所有人家都没有修厕所。后来了解才知道,美蒙寨所坐落之处为观音坐莲形,因频繁发生火灾,民国年间有位地理先生将火灾频发的原因归咎于村寨里的厕所不卫生,得罪于生性喜干净的观音娘娘,于是他出了个"高招",建议将寨间所有的茅厕都除掉。于是所有厕所都消失了,人们的大小便只得在房前屋后的猪牛圈边解决。

　　当晚,我们在龙支书家吃饭。龙支书家的房子陈旧窄小,屋里简陋昏暗。火塘里生火以后,柴烟就在屋里缭绕,如同木炭窑。他从火炕上割下一块如木炭一样黑的腊肉来办晚饭。我们想帮他洗腊肉和炒菜，但满屋的浓烟，眼睛根本睁不开，实在抵不住，只有逃到屋外透气。十来分钟后，才又进去协助他。吃饭时，村主任杨政明来陪。知道我们来意后，杨主任说他家有一些契约，要我们明天上午去拿。

因龙支书家里住宿条件困难，饭后经一翻讨论，派人到下边请一个60多岁的妇女来接我们去她家住。那妇女也姓龙，是从龙久腾的老家平翁村远嫁过来的，龙久腾也听父辈讲过，只觉得她嫁去的地方就像天边一样遥远。在过去，妇女没有特殊情况一般是不会嫁远的。从离县城较近、生产生活条件都相对较好的家乡远嫁到这偏僻艰难的地方，她肯定经历过一段常人难以想象的心理伤痛。那妇女家里经济条件在美蒙来说算上等，家里收拾得很整洁，与寨上其他人家形成鲜明对比。对家乡的来人，她非常热情，舀水洗脸、洗脚、倒茶水，忙个不停，嘴里问长问短话不断，说很多年不回家了，梦里经常见到家乡的景物。久腾和她谈了很多他们村的景物人事，那妇女一直在流泪。末了，我们还问她家里有没有旧契约，她说她不清楚，得问嘎老（她的丈夫，姓张），嘎老出去走亲戚去了。如果有，通知你们来拿去就是了。将近深夜12点，我们准备出门方便后休息。那妇女面带赧色地说，这鬼地方，都没有厕所，你们在屋边就行了。

2003年4月20日 上午，我们到村民委主任杨政明家收契约。他那幢三层楼的房子看上去起了六七年，但只装修了二楼的3个房间，家里也没有几样器具，显得空荡荡的，房间的窗子都钉着薄塑料布。我们在他家收得契约60多份。

杨主任留我们吃早饭。快要吃饭时，忽然听到有两个人吵嚷着上楼找杨主任要求解决矛盾。进来的是公媳两人，六十左右的公公指责二十来岁的儿媳红杏出墙，有损家风；儿媳则反驳公公捕风捉影，无中生有，并要求举出证据。公公的儿子外出打工，儿媳带嫩孙崽在家。按辈分，杨主任是那公公的上班。杨主任礼节性地问我这事如何处理。我说，这是你们村里的事，我们不便插言，你调解就行了。于是，他将公媳两人训斥了一顿，各打五十大板，二人悻悻离去。公公将要出门，杨主任喊他留下一同吃饭。吃饭间，杨主任对公公说，现在县里领导来收集旧契约，你家还有没有？公公想了一下，说，好像还有一袋，挂在楼脚厕所边上，准备拿来当手纸用。我要他赶快回去拿来，他便放下碗筷出去。十来分钟后，他提一个粗布袋子进来。这是一个粗家机布口袋，有两尺多长。因被烟熏时间长了变得黝黑，外面满是尘灰，有一边被雨水淋湿了，边上和底部被老鼠咬通了几个洞。我们将口袋打开，见里面全是契约，或成团状，或成碎末，或成纸砖。经过我们几个人清理了将近1个小时，得出契约470多份。见我们要开收据给他，他忙说，这些破烂东西，还开什么收据！但我们还是开给了他。这可真是"踏破铁鞋无觅处，得来全不费功夫"啊。一个不小的意外收获，令我们兴奋不已。

中午1点，我和久腾冒着沥沥小雨离开美蒙回走瑶光。这段路有30多里。先是用半个多小时顺着直如悬针、弯若锯齿的毛石路下完美蒙坡，然后在弯弯曲曲、烂泥翻脚背的田埂间，一脚深一脚浅地走了1个多小时才来到公路上，膝盖以下全是泥水。来到瑶光时，已是下午5点多钟。我来到高中同学、瑶光中寨村支书姜述林家，他夫妇去抢水打田未归，只有70多岁老母亲在家。因老人动作不甚灵便，我们就帮她弄饭菜，边弄饭菜边烘烤裤和鞋。天落黑时，姜述林夫妇回来，我们把饭菜已做好了。吃饭时，退休在家的老河口乡（小乡）书记姜述熙和另一村干姜希柏来陪。喝酒间，我们谈及征集契约的事，姜述林说，不要忙，先把酒喝好了，契约就会出来的。当晚，我们5个人，喝了七八斤米酒，都醉如烂泥。

2003年4月21日 上午，姜述林带着很重的醉意把他家还有的44份契约清理出来，交给同样带有醉意的我。而后，我们又随同述熙老书记走访了几家，收得110份。姜述熙说，瑶光原本也有很多的契约，但发生了多次火灾，大多数契约都被烧掉了，可惜得很。如果不烧的话，用箩筐挑都有好几挑。

中午，我们在姜述熙家吃饭，并在他家收到了3份契约和一本山场田土的登记座簿。这本座簿有很多页已被人撕去。姜老书记介绍说，这本簿子原本是他家一个族公的。解放前，他老人家一不事生产，二不做生意，而且还吸食鸦片，坐吃山空，最后只好卖祖上留下的田和山来维持生活。他卖完一片山或一丘田后，就把座簿里登记该块田或山的那页撕掉。由于山和田大都卖掉吃光了，到1952年土地改革时他被评为贫农成分，不遭斗争。如果他不卖的话，肯定是地主，是要被打击的。看来他有点"先见之明"。

下午，我和久腾离开瑶光乘船上锦宗村。锦宗村是锦屏县最靠西的一个村,紧挨剑河县南加镇地界,与南加镇经常发生山林土地权属纠纷。在加池开会时,锦宗村的支书姜家海邀请我到该村收集契约。我们到锦宗后,姜家海即通知其他村干分头通知村民第二天上午召开契约征集动员会议。晚上,我们住在村长潘锦德家。

晚上 8 点,杨有赓先生给我打来电话,说他今天下午去省林业厅找曹国江副厅长作了详谈。曹厅长说,根据他到锦屏县档案局看的情况,一年给 5 万元就差不多了。他计划争取在国家林业局立项,到时要我俩陪他一起到北京去向国家林业局的领导汇报。但近期不行,北京正在闹"非典",得缓一段时间。曹厅长担心那些钱难以专门用在契约征集的工作上,要求委托省林学会代管,到时实行报账制。我要求杨有赓再同曹厅长反映,争取每年给 10 万元。

2003 年 4 月 22 日 上午 9 点钟,契约征集动员会议在村小学校召开,参加的群众有 70 多人。会上,支书和村长先后讲把契约交上县里保管的重要性。他们说,我们锦宗村与剑河县南加镇南盂和本县的彦洞等相邻村寨经常发生山林权属纠纷,而契约是解决山林纠纷的重要凭据。我们的房子都是木房,不利于防火,希望村民将自家所保存的契约交到县里去统一保管,使我们的历史凭据得以长久保存。我则讲契约征集的办法和管理规定,请群众放心地交上去。但直到散会,没有一个人表示愿意把契约交给我们。会后,姜支书对我说,群众是第一次知道这个事,思想上还不通,还得继续做工作才行。他叫村文书将村里保管的 7 份契约和 7 份"土改"登记册交给我们,交代说这是他们村长期与剑河搞山林权属纠纷的重要证据,一定要保管好。我们这次来锦宗村,目的是向群众宣传,让群众知道我们所要做的事,下一步再来做具体的入户工作。

离开锦宗村时,村干引领我们到村脚看一块碑,碑名为《万古不朽》,刊载清乾隆五十一年(1786)冬剪宗(即锦宗)潘、范二姓为分乌租、乌迫、乌架一带山场股份的契约,这是锦屏县内为数不多的石契之一。村干介绍说,以前潘、范二姓人为这一带的山场股份经常吵闹,后来两姓的头人经过认真的协商后,达成协议,并订立了契约。怕因火灾不能长久保存,大家就提议写在石碑上。自立了这块碑后,两姓人就不闹了,一直到现在。碑文如下:

盖闻起之于始,尤贵慎于终。予祖宗历居此土,原称剪宗寨,并无

异姓,惟潘、范二姓而已。今纠集商议,将自乌租、乌^迫溪以上一带

公众之地,前后所栽木植,无论大小俱系十股均分。众寨人等地主占

一股以存,公众栽手得九股。日后长大,不准私伐,务要邀至地主同

卖,永远照依,无得增减。庶有始有终,不负先人之遗念,子孙自然

繁盛耳。

纠首　潘文炳　范明远　范永贵　范德尚　范明才

　　　范明瑾　潘文胜　范明世　范国龙　范佑安

乾隆五拾壹年孟冬月　　日　立

2003年5月6日　上午,河口乡裕和村寨往组村民宋正权来县征集办公室,向我交他征集到的契约14份。他抱怨说,下去征集契约实在太难了。那些有契约的人家,一听说是要拿去交到县里,就像是抱他的崽去卖一样,都不答应。我跑了两天,走访了四五家才得14份。看来,你们交代给我的任务恐怕难以完成。我安慰他说,你第一次能收到14份已经很不错了。征集契约就是做群众的思想工作,而且是思想很保守的那部分群众的工作,有难度是肯定的。所以急不得,得反复地去做。功夫到了,肯定是会有收获的。

下午,我打电话给省档案局馆室处副处长汤溪,询问锦屏契约抢救经费的落实情况。汤溪说,目前省局领导决定给锦屏拨11000元经费,专门用于林业契约档案的抢救保护。这钱不多,请一定要用在契约档案的抢救工作上,决不能挪作他用。

2003年5月14日　上午,档案局长找我谈话。他说,现在全局职工对你做林业契约征集工作非常有意见,说你们契约征集办公室脱离档案局,搞"独立王国",尤其对你掌管中大的经费和聘请你的亲戚龙久腾来工作不满,还说你领双份工资,是不是把工作关系理顺一下。我说,契约征集办的工作是按县政府与中大所签的协议开展的,经费的使用是严格按中大的财务规定要求进行管理的。说我领双份工资,那是不可能有的事,可以去中大调查,他们那里

的钱不是那么好领的。至于聘用龙久腾,一是档案局调不出适当的人来;二是他这人的确较精干,无论下乡征集还是整理契约都做得较好,很通活路,我不在乎是不是亲戚,而且中大那边也很喜欢他。而且这个问题我都曾同曹庆五副书记和程安榕副县长汇报过。如要理顺关系,请你先提出个意见,我转给中山大学那边。

2003 年 5 月 20 日　下午,县档案局长再找我谈话,说局里职工对契约征集办公室意见很大,认为同中山大学合作县档案局一点利益都没有,我们只是为他们做事,他们的钱我们局里又不能用,有的职工还说你们几个暗中得利益,领双份工资。是不是改变一下合作方式?我说,合作近两年来,县档案局确实是没有直接得到中山大学的多少钱,但也并非一点好处都没有。首先,我们从民间收上来 1 万多份契约,并对部分进行了规范整理。同时也通过中山大学的宣传,锦屏契约已经开始引起国内外学界的重视,逐渐成为锦屏一项新的文化品牌。再说,这么久以来,县档案局都在用中大提供的设备。去年,中大还出 1 万多元给档案局办公楼顶加盖了屋顶,防止了漏雨。至于要改变与中大的合作方式和经费使用方式,我认为我们应提出个意见经县政府领导同意后,再与中大那边具体协商。

当晚,我打电话给张应强,通报了局长的意见,建议将中大的经费交由局财务室管理。张应强说,经费可以交到档案局管理,但须保证专款专用,而且得有你王宗勋的签字。至于要调整合作方式,得请示陈春声教授才行,具体待暑期他来锦屏时再协商。如果达不成共识,那就只有停止合作。他说,前段时间联系到加池希望小学的事,因目前正闹"非典",未能进一步去找他们细谈。

2003 年 5 月 21 日　上午,我把昨晚张应强谈的意见转告给了局长。

2003 年 5 月 26 日　下午,彦洞乡仁丰村村民张承恩来办公室找我,说他们村里还保存有旧契约文书上千份,村委会保存有数百份,可以去征集过来。他说他带来了一份,比较特殊,那上面的人名像日本人的一样。打开一看,原来是一份清乾隆年间买卖荒山的契约:

立卖地坡人高端寨石三乔肖、石包先夫二人。今因要银使用,无从得出,自愿将到祖遗之地,土名半别地一块,共四股,要银,请中上门问到张和道、张明道兄弟二人名下承买。三乔肖、包先夫二股凭中当日三面议定卖价银五两二钱正。其银卖主亲手领明,其地任从买主子孙永远耕管为业。自卖之后,并无房族人等异姓异言。倘有来历不清,俱在卖主上前理落,不许买主之事。今人不古,立此卖契存照。内添乙字。

石近长夫一股未卖。

凭中　石故端

代笔　蒋公学

乾隆二十二年四月初五日立

这份契约最大的特点是汉字记侗音。高端寨,即今锦屏县平秋镇高坝村。高端,是侗语"岩山顶上的寨子"的意思。石三乔肖、石包先夫,都是侗、汉语夹杂的人名称谓。石三乔肖,即石乔肖,因其排行老三;石包先夫,即石先夫,其奶名称为"包"。侗语"包",汉语意为"宝崽"。半别,侗语,意为"大斜坡中间"。"石故端",即是住在岩坡头的石姓人。从这份契约中可以看出,乾隆时期高坝地区人们对汉文字还是不很掌握。

这份契约,张老师只让我复印,不愿意交原件给我们。此外,他说,他还知道彦洞村有一家还保存有一部分珍贵文献(其中有明代中林验洞长官司的文书)。我希望他带我去看一下,他说等他忙完最近的事情就带我上去看。

2003 年 6 月 8 日　下午,应河口乡政府之约和局里的安排,我带局里一名工作人员到河口乡开展村级建档培训及示范工作。9 日中午 1—3 点,乡党委召开有全乡各村(缺中仰、南路、美蒙 3 个村)文书参加的村级建档培训会。我在会上讲了村级建档的意义、档案材料的收集以及如何管理等问题,最后还就旧山林土地契约的收集问题也做了讲解,号召各村村干回去动员群众将所保存的旧契约拿到县档案馆统一保管。培训会结束后,我们与乡党委副书记彭恩勇乘剑河"六·七"特大海事事故(6 月 7 日中午,剑河县南寨乡中学 60 多名初三学生乘无证铁船回家,途中熄火触礁翻覆,致十多名学生失踪)打捞船下岩湾村。

至岩湾村时,遇见县长王甲鸿、县委副书记伍治平等,他们率县移民工作组在此村动员村民让出寨脚垢油山的土地来安置文斗河边村的移民。先前，县、乡移民工作组已多次到该村做工作，都没有效果，村民死活不同意让，所以只有县长亲自来做工作。晚上，村"两委"召集村组干部开建档工作会议，我在会上宣读县相关文件并对如何建村级档案进行了详细讲解，最后要求村干们将自己所保存的文书档案交来整理建档。同时向他们了解村里旧山林契约的情况，要求他们动员群众把所保存的旧山林契约交到县里去统一保管。范支书说，现在他们当务之急是做群众的工作，要他们同意让出垢油山的土地给县里安置文斗河边移民，收集档案材料和契约的事得等把这件事做完后才有空来做。他说，山林土地契约，村里本来是有一些，但发生多次火灾，现在保留下来的已经不多了。这些契约是解决山林权属纠纷的重要依据，即使保留有，群众也不大同意交上去，工作比较难做。

2003 年 6 月 10 日　中午，我们来到文斗河边村，将从李仁山家收集去的契约复印件交给李仁山本人。

下午，我们上至格翁村，与村支书范绍俊、主任彭二合、文书范修焯等开会讨论建村档案事。

2003 年 6 月 11 日　上午，接着做昨天的事，帮他们整理了 5 卷档案。其间，我向村干们了解旧契约的情况，几名村干都说，他们格翁发生了多次火灾，山林契约留下来的很少。他们答应下来向群众了解一下，如有群众有意愿的话，就打电话给我们上去收集。我们在整理档案时，上次来格翁认识的范培权老师来看望我，同我谈了一些他们范家的历史故事，我委托他代我们在格翁发动群众收集契约，并邀请他到县档案局来看我们整理旧契约，他答应试一下。

2003 年 6 月 23 日　上午，我来到县政府办公室主任王明相的办公室，向他汇报锦屏林业契约征集工作的情况以及出现的新问题。王明相说，中大张应强教授已给他打了几次电话，就县档案局提出的问题进行了讨论。而且，张教授也已传来一份关于对契约征集合作问题的意见，此意见我已转交给王甲鸿县长。

王明相说，这几年县契约征集办公室做了大量工作，取得一定的成绩，这值得肯定。这项工作搞到这一步，还应继续搞下去，否则以前的工作就等于白干。对下一步的工作,一要中大那边再追加点资金,二要注意协调与档案局的关系。这事他还要向分管副县长杨国珍做专门汇报。

下午,河口乡中仰村文书陆显玉来到办公室找我,就村里档案如何整理的问题向我请教。我就档案资料收集和整理技术要求向他做了简要讲解,并向他了解中仰村契约的情况。他说,他们中仰村也发生多次寨火,契约烧了很多,现在只有几户人家还保存有一小部分。我们中仰村与周边的文斗、加池、九佑等村都存在山林土地权属纠纷。据老人讲,民国时期我们中仰同文斗人打了一场大官司,一直打到重庆最高法院,最后我们中仰赢了。我们赢官司的原因是我们的契约硬。那判决书现在还保存,下次我拿来给你看。我请他回村里去向群众宣传,动员保存有契约的群众将那些契约拿来交给县里统一保管。他答应回去做群众的工作。

2003 年 6 月 24 日 上午,应我的邀请,河口乡格翁村村民委副主任彭茂寅、文书范修焯和退休教师范培权来到办公室找我。我向他们介绍从农村收集来的契约的整理和保管情况,并带他们参观我们整理契约的工作室。他们看了以后都很满意。范培权老师说,我们格翁村的老字约都烧得差不多了,现我家里还保存部分我太公范金告姚百万的禀稿,下次我拿来交给你们帮我整理。

2003 年 6 月 25 日 上午,县委宣传部副部长杨再韬打电话给我,说贵州省电视台记者李春等下个月要来锦屏拍摄锦屏林业契约内容的专题片,大约 5 辑,我们要做好准备。晚上,我打电话把这事告诉张应强,并请他届时能来一趟,以专家的身份接受记者专访。张应强说如果那时学校的事不太忙就过来一下。张应强还告诉我说,8 月份中山大学、香港大学、北京师范大学联合在北京举行首届中国历史人类学高级研修班,陈春声和刘志伟两位老师要求你王宗勋作为地方学者去参加。张应强还又一次交代说,中大拨过来的经费一定要专款专用,绝不能挪作其他开支。

2003 年 6 月 30 日 加池村村民姜绍明来办公室找我,反映说前些年他把他们家族的契约交到县里来以后,他们家族其他成员都埋怨他,要求他退回去,他的压力很大。我说,退回去不好,还是放在档案馆里,这里安全。他说,

如果放在档案馆,那就要保证不准其他人随便看,我向他做了保证。他不放心,最后还写了一张"声明条"交给我:

县契约征集办:

　　本人及家族成员响应国家号召,将本家族现有的旧山林契约等历史文献资料陆佰柒拾份交契征办整理和保管。我家族成员一致要求,未经我们同意,任何人不得对我们所交的契约等资料进行查阅和利用。

家族代表成员　姜绍明　笔

2003 年 6 月 30 日

2003 年 7 月 2 日　下午,我到县政府分管副县长杨国珍办公室,向她汇报这几年来与中山大学合作开展的契约征集整理工作的情况:一是所取得的成绩(即是征集和整理的契约数量);二是中山大学拨过来的经费收入和使用情况;三是契约征集整理中存在的问题;四是提出 3 点请求(请县政府对契约征集工作做综合评估,协调县档案局与契约征集办的工作关系,请组织上把我调离档案局);五是一点建议,即锦屏林业契约不等同于传统档案,不能按搞档案的那一套来搞,而应该跳出档案的传统思维,目前应借助中山大学这个难得的平台把锦屏林业契约搞大、搞好,将林业契约打造成锦屏的文化品牌。

杨国珍副县长对契约征集工作所取得的成绩予以充分肯定,要我继续像以前那样抓好此项工作。至于与档案局的关系,由她去协调。她说,县政府准备启动第二轮修志工作,县长办公会议已初步决定由你去主持修志工作。契约征集工作你熟悉,到时可以把这项工作合到县志办的工作中去。

我汇报时,县委宣传部副部长杨再滔亦在场。

2003 年 7 月 7 日　上午,上海复旦大学历史地理研究中心杨伟兵博士来到办公室找我了解锦屏契约的情况。他说,锦屏林业契约在国内学术界已很有影响,被认为是继故宫清代档案和徽州文书之后发现的中国第三大珍贵历史文献资料,很多学者都想对这些文书进行了解。他此来锦屏是想看一下契约产生的环境,了解一下大概。我向他简要介绍了民间契约文书以及我们同中山大学合作的情况,并带他到飞山庙看了几块古碑。他提出要看一下契约原件,因档案局里有新的规定,不能随便向外人提供契约的原件。他觉得很遗憾。其实,我也觉得很遗憾,他是特地为看契约而来到锦屏的,很同情他,但又无能为力。我请杨伟兵帮我在上海找些研究民间契约文书的书籍,他愉快地答应了。

2003 年 7 月 16 日　贵州电视台《发现贵州》栏目来拍摄锦屏林业契约系列专题片《契约背后的故事》的记者李春、庄立祥二人抵达锦屏,县里安排我和县委宣传部杨秀廷作为技术顾问参加拍摄工作。

2003 年 7 月 17 日　上午 8 点,县政府办公室主任王明相打电话给我,要我过去拿一份文件。原来,那文件是中山大学邀请我参加全国首届历史人类学高级研修班的邀请函,县长王甲鸿已在邀请函上签字同意。

　　锦屏林业契约系列专题片《契约背后的故事》拍摄工作今天开始。今天是农历六月初六,我老家魁胆过尝新节。过去,六月初六这天有晒家谱、晒契约的习俗,1952 年以后就很少有这种活动了。根据计划安排,上午 9 点,我带拍摄组来到魁胆村拍晒契活动。活动在退休干部王德生家举行。王德生按传统礼节将家藏的百余份契约恭置于堂屋的神龛上,然后烧香化纸并作揖礼拜。祭拜过后,将契约连同家谱拿到屋外的草坪上,让太阳曝晒半个多小时。这些契约是他们家族共有的。晒契约时,契约涉及家庭的小孩都在场,聆听王德生讲述其家族过去所有山林田地情况和保管族谱、契约的意义及需注意的事项。整个过程都十分庄重。这场景非常好,可惜我没有照相机。

　　吃中午饭后,我带拍摄组去孟寨村归还王乾良的契约复印件。在孟寨村口,恰遇见在村里几个村组干,他们都是我的房族堂兄弟或侄辈。我同他们寒暄过后,便向他们说明来意,了解有关旧契约的情况,动员他们将家存的旧契约交到县里统一保管。然而他们都不情愿交。他们说,那些契约是"祖业"的凭据,交上去就失去可以说话的本把了,只有傻子才拿去交。有个年纪 60 多岁的堂兄甚至还质问我:"你知道共产党还能够坐多久的天下吗? 老弟,你去哪里收我们不管你,但你不要来我们这里收。"他们还说,前段有人交到县里去的契约有些是假的。幸亏他们同我交谈都是用侗话,记者们听不懂。我和他们无话可说了,就直接走堂兄王乾良家,把复印件退还给后,又向他收得了剩余的 45 份契约。

2003 年 7 月 18 日 拍摄组去彦洞乡瑶白村拍摄我收集契约的场景。我们来到瑶白村边，下车后就听到树林间隐约传来年轻姑娘唱侗歌的声音，婉啭动听，令人心情大快。因事先已联系，我们就直接去找村干部。知道我们来意后，村里的滚支书爽快地同意将村里所收藏的契约交给我们。瑶白村是锦屏县火灾最频繁的村寨之一，1951 年以来就发生过六七次。频繁的火灾，致其长期处于贫困状态中。为减少火灾损失，这村里的粮仓均修建在村外，距离村寨房屋有三四百米，粮食和贵重的东西都放在仓里。村民委收藏的契约与村里其他文书档案都存放在村文书家的谷仓里，用一个蛇皮袋吊在天楼板下。村文书说："这些契约都是我们村同周边村有权属纠纷山场的凭据。我们这里火灾太频繁了，所以保存下来的契约不多。你们来收去好，免得我们担心。"应记者的要求，在仓库里，我与村文书将契约打开清点，计有 58 份。因村文书读不通契约中的文字，于是我选两份契约给记者们读并讲解其内容。把契约交给我后，滚文书如释重负。

图 2-29　瑶白传统谷仓　（王宗勋摄）

接收完契约，我们又到村边拍些外景，村干组织了五六个穿侗族传统盛装的小姑娘唱侗歌。这几个身穿侗族传统银饰盛装的小姑娘如同盛开的山花，令人眼睛瞬间明亮了许多。其歌声优美动听，耳朵大受其益。回来的路上，两位记者一直在谈论和赞美那几个小姑娘。

2003 年 7 月 19 日 上午,我和李春、杨靖集中县委宣传部会议室讨论和修改《契约背后的故事》系列专题片的拍摄提纲和内容。我向李、杨二人介绍了锦屏民间林业契约的情况,并谈对拍摄此片的想法。最后,按我的意见将原来他们拟的初步方案做了修改,将专题片划分为 6 集:第 1 集是锦屏林业契约的现状和历史情况,第 2 集是林业契约的形态和管理形式,第 3 集是林业契约的内容,第 4 集是佃山造林,第 5 集是林业契约的社会功用,第 6 集是林业契约的抢救。

图 2-30 被天柱电站水库淹没前的茅坪古镇 (王宗勋摄)

2003 年 7 月 20 日 上午,我与宣传部副部长杨再韬及工作人员杨秀廷、吴海一道陪李春两记者去茅坪拍清代木材集散地。茅坪是古"三江"之一,木材贸易繁荣年代留下的痕迹较多:徽派建筑风格的老窨子屋、破败的杨公庙、青石板铺就宽窄不一的街巷、被遗弃的路边或屋角的拴排篾缆、河边被杂草遮盖的拴排桩、木商随意敲在窨子屋房柱上的斧印等。原茅坪水运局遗下的贮木场是最新形成的"古迹",宽阔场坪上一派荒凉,杂草丛生,原来用于装卸木材、依然屹立的高大行吊已锈迹斑斑,原来用于从河边上下运输木材的漕轨已为两边的杂草覆盖,原来用于拴捆木排以防洪水的水上航空母舰——水泥趸船静静躺在江边,上面已生杂草和苔藓。所有这些,都是当年这里繁盛的见证物,现在给人却是无限凄凉的沧桑感觉。茅坪水运局,这个曾经是贵州省最大的国营木材经营企业,1970 年代中期至 1984 年是其最辉煌的时期,这里的职工说话的声音都比别的单位职工要响亮一些。因为有这个大企业驻这里的缘故,茅坪这个小镇十分繁华,凡是县城有卖的东西这里就有卖,所以被称为"二县城"。然而,随着时代的发展变化,计划经济的萎缩,这些东西现在只能作为历史记忆了。俗话说,"三十年河东,三十年河西",真的是这样啊!那些曾经以身为水运局职工而自豪无比的人现在大多成了下岗工人。我们顺便访问了几名水运局的老职工,想了解一下水运局兴盛时期的一些情况。他们的话语中,充满着对木材贸易辉煌时代的留恋,对现在被国家和社会冷落遗弃的埋怨和愤懑。

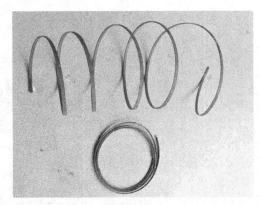

图2-31 旧时围量木材的竹篾尺 (单洪根摄)

图2-32 被淹没前的卦治 (单洪根摄)

下午,我们转上卦治拍摄旧木材贸易遗迹。卦治也是清代的一个木材集散地,与茅坪和现在作为县城的王寨齐名,并称为"三江"。我们先在卦治寨上拍摄了石板街、窨子屋、拴排柱、石碑等。然后乘小船渡过河对面拍摄《奕世永遵》石刻(此石当地苗语称为"基吓勒",意为写有文字的岩石)。两记者对此石刻很感兴趣,进行了各方位拍摄。末了,还要求我就石上所刻的文字及意义进行讲解。

2003 年 7 月 21 日 拍摄组去岑梧村拍我征集契约的场景。岑梧村的森林植被植非常好,目所能及的地方全是茂密的杉林和楠竹林,很少有空地,村民房舍掩藏在青杉翠竹间。在陆秀植家,记者就岑梧村人工造林、林粮间作的传统经验和做法,采访了胡子拉碴的老支书陆秀崇。陆秀崇介绍说,岑梧村山多田少,林粮间作历来是山场经营的主要模式。林粮间作既能解决粮食不足,又能对幼林进行有效的管理,一举两得。对幼林的管理,传统的方法是"三年锄头两年刀",也就是说,杉苗栽下后的前头三年在幼林间种植小米、苞谷等杂粮或叶烟、辣椒、黄豆等经济作物,第四年后杉木已成林封行,不宜再种杂粮,这时就将幼木封禁,用刀去除掉林间的杂草。到六七年后,杉木完全郁闭,除防山火之外,其他就可以不用再去管了。最后,陆秀崇支书还不忘向记者们反映说,自国家实行"天保"工程之后,禁止砍伐木材,他们这个历来依靠林业经济支撑的林业村经济困难,希望政府能允许他们砍些木材以解目前经济燃眉之急。

打自我认识陆秀崇老支书以来,只见他不断地用他那微弱的声音呼唤着国家改变在他们这里不适应的"天保"政策,以减少村民的贫困,可以用"杜鹃啼血"来形容了。虽然都没有什么效果,但使我看到了一个最基层的党员干部是如何尽职尽责和为民请命的。在我心目中,这个九品村官的形象比许多品位远比他高的领导干部要高大得多。

采访陆秀崇之后,他们就拍我在该村陆老三(陆秀根)、陆大方、吴美坤 3 家收集契约的情景。陆老三的工作颇为难做。在他家堂屋里,我同他交谈了近 1 个小时。因他与以前的一个村干有矛盾,那村干曾动手打过他,他便对村里所有的工作都采取不配合态度,我前几次来找他都避而不见。他说,村里干部没有一个是好的。我说,你的情况我都了解,对你以前所遭受的委曲很同情,对你因此产生的情绪也很理解。以前的村干对你不好,那只是说明那个村干本人工作方法不对或品德不好,不能连扯到现在的村干。再说我们来向你收集契约,其实也是为了让你们祖传的契约能长久地保存下去…… 最后,他气终于消了,拿出家存的 77 份契约交给我。他说,我前几次回避不见你,主要是对陆某某有气,不是对着你们。契子交给你们后,帮我好好保管。

随后,我到寨脚陆大方家收到契约104份。陆大方说,他家原有500多份,放在客房的箱子中。前几年他父亲去世,来的客人多,不知哪位有谋心的亲友翻出来拿去了400多份,只剩下这些了。

我在吴美坤家收得29份,很有意思。这些契约是用一张未染过、边长2尺左右的家机布包裹的。吴美坤介绍说,这张白布是他父亲去世时,他给父亲洗澡用过的,洗净后晾干,放在米桶下面7天,然后取出来包契约,以表示把所包过的山林契约送给了老人。他说,他家以前很贫苦,祖父和父亲两代人辛苦奋斗了几十年,好不容易置买了几丘田和几块山场,所以他们对那些契约非常珍惜,就像他们的命一样。尽管解放后田和山都交给了集体,但他依然顽固地认为那些田山始终还是他的,所以对那些田山的契约的重视依然不减当年。他祖父临死时,交代要送契约给他,否则他到那边去就没田种粮、没山栽树,他父亲就请先生来送给他。父亲去世之前,也要求他送山田契约,所以就听先生的话,采取上述办法了。

我带着吴美坤交来的契约出来时,感觉沉甸甸的。先辈们的生活是多么的艰难和不易,他们对用血汗换来的契约的情感,我们这些人是永远都理解不了的。

2003年7月22日 上午,我们在县城东北角飞山庙拍古碑。飞山庙位于清水江蛇尾滩北岸,由飞山庙和文昌阁组合而成,但习惯都统称为"飞山庙"。庙外边堆有五六块碑刻,这是前段时间开发六街的建筑商从地下挖掘出来的,其内容多是涉及清代嘉庆至民国时期有关三江地区木材贸易的,诸如江规、税收、徭役等。其中有一块是记清代光绪时期九寨团款应付夫役的。此前大家都以为,锦屏县的九寨是指今天三江镇的小江和平秋镇的魁胆、平秋、石引、高坝、皮所及彦洞乡的黄门、彦洞、瑶白9个侗族大寨子,而碑上记的却是今县城王寨、小江和魁胆、平秋、石引、高坝、皮所以及黄门、瑶白,没有彦洞。原来,今彦洞寨在清代属于中林验洞长官司管辖,不属九寨的范围。民国建立以后,废除土司制度。民国3年(1914)锦屏县城从铜鼓搬迁至王寨后,王寨便从九寨传统范围中脱离出来,而彦洞便补空加入了九寨行列。

在诸石碑中,有3块是清嘉庆和光绪年间黎平府规范卦治、王寨、茅坪

"三江"木材贸易和木排放运行为的通告,从碑文中可了解到当时木材贸易的一些线索,对研究锦屏等清水江中下游地区古近代林业经济的发展有一定的价值。

文昌阁如一株巨大的杉树,气势雄伟。底层的临江一面原开有一道望江门,门两侧写有一副与飞山阁及所处环境甚为切贴且颇有气势的对联:"俯视波涛遥忆长江归碧海,仰观云汉直疑高阁上青霄。"可惜,在前些年的维修中,工人们将此门封堵,此对联也被毁掉了。

2003 年 7 月 23 日 清早,拍摄组一行乘船去平略镇平鳌村拍摄,平鳌村派人到江边迎接。三板溪电站大坝即建在平鳌村脚下。电站工程正在紧张的建设之中,清江两岸到处开挖,机器轰鸣。原来通往平鳌的古道(花街与石板路间杂)已被挖坏了,加上天气炎热,走上去很困难。我们用了近两个小时才到达村里。

平鳌位于高山之巅,清江环绕于前。村寨坐落在高山盆坝之间,四周丘峦箍抱,一条小溪自东而西穿寨而流。吃中午饭后,与村干和寨老一起开了个简短的会议,交代我们的来意,请村干和老人介绍平鳌的历史,展示所保存的契约等文献文物资料。会间,村干告诉我们说,平鳌村有 250 多户,1100 余人,大部分姓姜,也还有少数姓傅和姓杨。老人们介绍说,平鳌和对面的文斗都是清水江边古老的寨子,过去占有的山场宽广,方圆 20 多里。以前契约很多,几乎家家都有,有的人家有几大箱上千份,整个寨上乱讲都有两三万份。因地处高山,水源缺乏,过去火灾频发,80 岁的老人已看到过 5 次,最近的 3 次是 1960 年、1982 年、1984 年,契约以及三营(指清咸丰、同治年间,下起平鳌,上至河口的沿江村寨组织专门对抗台拱张秀眉、天柱姜映芳以及广西太平天国军队的地方团练,分上、中、下三营)时留下的军旗、武器、军服军帽等大多数都被烧掉了,现在剩的契约只几千份了。前些年,县里姜继源带领杨有赓和日本人到这里,从姜于休、姜开钰、姜贤钊他们几家打借条借去了一部分,至今未归还。过去村里有一把大关刀,长 1.7 米左右,重 120 斤,没有人能舞得动,1968 年大队派两个社员抬到平略供销社当废铁卖给谌思学了。当时卖的还有几面鸣寨和驱老虎用的铜锣。

会后,村干带我们在村里看石碑。村里还散存有十几块石碑,以村西边的"永远碑记"碑最为有价值。该碑刊于清康熙三十六年(1697),记述康熙三十五年(1696)平鳌寨头人姜明楼等主动到黎平府"输粮附籍"的事。从该碑文中可以读出两条重要的历史信息:一是清康熙以前平鳌、文斗等清水江中游地区仍属"化外"之区,不属封建国家版图。康熙三十五年(1696)黎平知府宋学敏率兵巡边至平鳌、文斗一带,这一带"生苗"大受震动,随后纷纷到黎平府请求"输粮入籍",从而结束了"化外"历史。二是碑文中有"锄坡以活命"之句,说明早在康熙以前,这里的人们就已习惯"靠山吃山"、林粮间作的生产方式了。

下午 4 点,我们在村干的引领下,在第九组姜志达老人家拍我发动群众收集契约的场景。他家的契约是用两个外面积满厚厚尘灰的小箱子装载,约有六七百份,被虫蛀鼠咬坏的不少。我向姜志达老人询问契约的一些情况,他说,这些契约过去是我们的命根子,保管得很好。土地改革后山林田土交给集体,这些契约就没有用处了,我们也很少去管理它了,所以坏了很多。我对他说,你这里保管不安全。现在县里号召群众把旧契约交到县里代帮保管,你同不同意把这些契约交到县里去保管?老人迟疑一会后,说这些东西不是我一家的,而是我们整个房族的,我不能一人决定,得同其他人商量。我们还问了过去用契约管理山林的情况,姜志达老人说,过去的山林都是凭契约来管理的,契约写了之后,大家都自觉遵守。如果有人不遵守契约,地方上就要对他进行处理。

稍后,我们又来到第三组姜泽相家。他家的契约是用一口有六格的樟木箱装载(相近山场的契约放一格),约有四五百份,保管比姜志达家的稍好一些。面对我们这么多人,又有架着摄像机的记者,姜泽相老人有点拘束。对他家的契约,他很委婉地表达不同意交给我。他还给我们展示了一块用木板雕刻的傩像,形象狰狞可怖。我问他这是用来做什么的,他说这叫"吞公",如果房屋方向不利,就把这个东西安在房屋不利的那一边,这样就可以化解。最后,我们到姜贤根家拍三营时期留下来的大刀,有两把,长 60 多厘米,重两斤半左右。

晚上在村文书家吃饭。席间,村干们介绍了平鳌的很多史闻。他们说,平鳌姜姓分为两支,其中一支是从对面的九寨黄门随娘来的吴姓改过来的,现在仍称为"故鳌","故"是苗语对侗家的称呼。平鳌目前发现最早一座坟是清康熙年间的,坟主姜三礼生于清顺治年间,殁在康熙年间。三营时,平江鳌人出于自卫,在村寨四周设有三重关卡和寨门,现在还留有遗迹。

图2-33　平鳌村姜泽相家的契约箱 （王宗勋摄）

另外,有5条轶闻值得一记:其一,寨上有一栋老房子,三层,横共有9间。柱子直径大都30厘米左右,且都是红心杉木。1986年,省文物专家从该房的枋头和柱瓜等特点推断是明代中后期的建筑,已有300多年的历史。可惜,1991年被姜先兰等主人们当作旧房料以几千元价格给卖了。其二,该村东边有一处悬崖,高20多丈,是古代寨上处决触犯地方款规者的地方,把犯人捆绑从悬崖顶推下去即完事。其三,该村东边有一地名叫穷基往,苗语意为"杉王冲"。传说这里原有一棵巨杉,胸围一丈,人们称之为"皇帝木",是过去被选中准备进贡朝廷的。结果被偶里的人偷砍去了,平鳌人就和偶里人结怨,不与偶里人结亲了(原来两寨互相联婚)。其四,平鳌寨脚江边石崖上有"仙人写字崖"。传说古时中仰村后银广坡出银盛旺,思州田宣慰领兵来将所采得银锭尽行扫荡,船载而归。船下行至平鳌寨脚白岩滩时翻沉,田宣慰及随行的两位爱妾落水溺亡。其随行者不甘心,在沉船处崖上用怪异文字记述此事,并预言,有谁能读完此文字,所沉之舟即浮出江面。后来有一叫花子吃饱无事,在崖下研读此文,读到最后一行,江里有船头露出。这时有一个妇女路过,见水底露出船来,惊叫,露了一半的船遂复沉入水中。其五,湘军的悍将、文斗人朱洪章家原来住在平鳌,因他的祖母不慎失火烧了平鳌寨100多户,怕被处罚,就连夜跑到文斗去了。朱洪章当大官以后,还特意到平鳌宴请全寨父老,代祖母谢罪。

2003 年 7 月 24 日　中午,拍摄组跟随文斗寨派来迎接的村干易遵华下乌斗溪去文斗拍摄。文斗在平鳌村对面,中间隔乌斗溪,这边高声喊那边可听见,但走到那边得用 1 个多小时。易遵华活泼健谈,言语幽默。一路上,他不停地向我们介绍文斗的情况。他说,文斗与平鳌的关系很特殊,两村对门对户,鸡犬之声相闻,自古以来都是老亲老戚,两寨中 80%的人家在对面有亲戚。两村在乌斗溪两边的山林土地较混杂,以致经常发生纠纷,多次出现打架死人的事件,涉及这一带的假契约也较多。两寨的人"进门是亲戚,上山是冤家"。老易还讲了许多发生在乌斗溪的鬼怪故事。

下乌斗溪的路很不好走,都是弯弯扭扭的羊肠小径。乌斗溪边的那一段则全为高过人头的藤草覆盖,需要慢慢扒开藤草找路才行。过了由 3 根两丈多长、已严重腐朽大杉木架成的桥到溪对面就是文斗村的地盘了,文斗这边的路都是石板路,比对面好走多了。上到文斗的半坡,遇见前来迎接的村民和小学生。他们敲锣打鼓,放鞭炮。在寨门坪子上,妇女们还敬茶唱歌。我们一行人受到"突然袭击",有点不知所措。

到文斗寨上稍事休息后,我们便向村干和父老了解村里契约等情况。李紫坤先生介绍说,文斗过去地主较多,契约也很多。1952 年土地改革时,划了一二十户地主,村农民协会将从地主家抄来的契约等文书集中来烧,有的一家就抄烧了十多挑。姜周宪、姜周智家的两睡柜的契约也全部被抄出来烧。当时瑶光乡的乡长杨振不同意烧,说只烧田契算了,山林契约留着今后还有用处。但贫下中农们不同意,说留下这些契约,地主们今后就要凭它来"反攻倒算"。契约、书籍等东西堆得有一间房那么大,有一人多高,烧了几个小时。烧的时候,贫下中农积极分子在一边敲锣打鼓庆祝胜利。有的地主消息灵通,就将事先将契约悄悄送到邻村成分是贫下中农的亲戚家隐藏,待风过后再拿回来。但有的也拿不回来,那些亲戚不认账。"文化大革命"期间,有几个"坏分子"家的契约又被抄出来烧毁。1980 年代初分山到户时,村里有人还按老契约去砍伐集体栽的林木。有一村干悄悄对我说,有一村干多次拿本村的契约同外村搞私下交易,收别村的钱,我们村有部分山林就被他给卖了。

下午 4 点钟,太阳稍显柔和,我们在村干的引领下在村间拍外景。文斗是一个有近 300 户人家的村子,大部分人姓姜。分上下两寨,两寨各设一个行政村。过去是一寨两属,上寨归黎平府龙里长官司,下寨归镇远府天柱县,1914

年下寨才从天柱划归锦屏。文斗景色很好,古迹也多。寨后的两座寨门都建在古树参天的坳口,小巧玲珑,风格别致,与该处地形结合得非常自然。村间的青石板道干净齐整,石块大多被踩得光亮。村边古树特别多,合抱以上的比比皆是,下寨寨脚有一群红豆杉,胸径都在一米以上。有一株银杏树,根部干空成洞,洞中可摆一张桌子,容得下七八个人在其中酌饮。文斗村有很多古碑,其中最有名的是清乾隆三十八年(1773)刊立的"六禁"碑,其内容如下:

众等公议条禁开列于左:

一禁:不俱远近杉木,吾等所靠,不许大人小儿坎削,如违罚艮十两。

一禁:各甲之阶分落,日后颓坏者自己修补,不遵者罚艮五两三钱,与众修补,留传后世子孙遵照。

一禁:四至油山,不许乱伐乱捡,如违罚艮五两。

一禁:今后龙之阶,不许放六畜践踏,如违罚艮三两修补 。

一禁:不许赶瘟猪牛进寨,恐有不法之徒宰杀、不遵禁者,送官治罪。

一禁:逐年放鸭,不许众妇女挖阶前后左右锄膳,如违罚艮三两。

乾隆叁拾捌年仲冬月　　姜弘道书撰　立

因此碑内容涉及村寨环境保护的,所以被有关学者"封"为"中国环保第一碑"。应李春的要求,我对此做了简要的讲解。

图 2-34　文斗上寨寨门　(王宗勋摄)

2003 年 7 月 25 日 上午,经我与杨秀廷策划,在下寨姜兴寿家拍摄父母陪嫁山林的"议婚"场景戏。当时姜兴寿的女儿刚初中毕业回家,便以她为主要演员。先是,姜兴福等两个村干扮演求婚媒人来到她家"讨油茶喝"(意即提亲)。在喝油茶间,"媒人"向父母提出求婚,父母均同意。母亲当场向父亲提出要求按照古礼,将在某处的 2 块杉山作为陪嫁品送给女儿,以便她今后生活有所依靠。而父亲只同意送 1 块。后来征求爷爷意见,爷爷说下边还有几个弟妹,只能送 1 块。双方议定过彩礼后,将那山场的契约随女子"八字"一起送过去。

吃完油茶,母亲喊女儿到火塘边,一边摘豆子,一边将我们交代的话用苗语向女儿转告:"妹崽,你也不小了,到离开父母的时候了。今天舅他们来提亲,你爸、你爷我们都同意了。你就要出门了,我们当爸妈的没有什么给你,只有将某处山场送给你做衣食补助。你今后要努力耕种管理,不要懒惰……"大概是触景生情吧,说着说着,母亲便语带哽咽,到后来竟放声大哭,女儿也跟着哭起来。在旁边观看的几个妇女也跟着哭起来,弄得大家一片愕然。

下午,在村后山上拍营造"姑娘林"(旧时锦屏林区,贫苦人家的女孩长到十五六岁,往往结伴去佃栽他人的山场,待到出嫁时,便可将所栽林木的栽手出卖,所得收入用以贴补嫁妆,女孩们所栽的林木称为"姑娘林")的场景。演员是几个女中学生装扮。他们背背篓,扛锄头,唱着山歌走在寨边的石板路上。

晚上,我们在村主任姜廷化家吃饭。饭前,由我导演,组织姜廷化、易遵华、姜周华、吴海等 5 个人充当演员,拍摄出卖山场契约的场景。内容是一家两弟兄,为了准备给哥哥娶媳妇,一时拿不出彩礼钱,商量卖掉父亲遗下的一块有成材林的山场,因木材较好,离河边较近,所以要价相对较高,要银 100 两,而买主父子只同意出 50 两,后经中人说合,以 80 两成交,当下由中人代笔书写卖契,契约写毕,银契两交。

饭后,李春将当天拍摄的素材用姜廷化家里的闭路电视播放,当放到上午谈婚嫁的镜头时,在座的妇女也都哭了起来。后来得知,该镜头通过闭路线向全村播放,村里的妇女看后,大多都哭了。

2003 年 7 月 26 日 上午,李春要拍我在文斗征集契约的镜头。村干引领我们到下寨姜元泽家,姜元泽已年届八十了,他家里存有近千份契约。一阵寒暄后,我先请他老人家介绍他家的契约情况。他说,他们是"三老家"的后裔,原来有很多的契约,解放后由于管理不好,有相当部分被老鼠咬和虫蛀坏了,有一次清理,扫出大半撮箕的纸屑去烧。我动员老人将这些契约交到县里帮助保管,所有权还是他们的。姜元泽老人说:"我们老人有交代,契约是不会轻易拿出村子的。这些东西是我们祖上传下来的,我有责任将它管好,不要在我的手上弄没了。谁知道以后的世道是怎样的?"

从他的语言中可以看出,他老人家是有所顾忌的,同时对那些契约还是有所期盼的。那么,他所顾忌的是什么?所期盼的又是什么呢?

按照计划,当天下午,我们一行翻山到达加池村。在加池村,先拍摄四合院。李春二人拍摄四合院很认真,从外到里,从生产工具到生活用具,还对姜绍烈老人就他们家的契约进行采访。然后,到姜绍明家拍摄古时"山客"购木的斧印和称银的戥子,并就过去契约管理山场等问题采访姜绍明84岁的老父亲姜坤荣。老人很高兴,他说:"我们这一带从来都是靠山吃山,过去山林就是凭契子来管理的。每块山场都有契约,契约上写明上下左右四抵,这样别人就不敢来乱争。群众对自己山上的木材的砍伐也是有计划的,哪年砍哪里、砍多少,保证每年都有树砍卖。价钱好的年份就多砍些,价格不好的年份就少砍或不砍。哪年没有木头卖,那年家里经济就很紧张。砍树之后,第二年春天就立即栽上,从不让山场空闲。过去群众卖木材都由他自己做主,没有人干涉,卖一单木材后,家里能办成几件大事情。老人传下来,发生火灾等紧急情况时,家里首先救的是装契约的那箱子和神龛上的香炉钵。解放后山林归了集体,契约没有什么用了。再说现在砍一单木材出卖,除去各种税费,群众没得几个钱,所以群众对造林的积极性不很高。"

图2-35　加池旧时收购木材斧印 （单洪根摄）

图 2-36　笔者(前右)在加池收集契约文书　(龙久腾摄)

2003 年 7 月 27 日　上午,拍摄组离开加池村走中仰村,路程约 4 公里。中仰村坐落山巅,是一个有 300 多户人家的侗族村子,他们自称"俹家"或"三俹",文斗、加池等周边村寨苗话称之"招攘"(含有贬义,意为"招你就来,攘你就走")。这里人嗜油茶,过去一日三餐,都要先煮油茶吃后弄饭,现在有少数人仍有这样的习惯。村里 86 岁的龙甫汉老人介绍说,现在的中仰人多数是从天柱、湖南等地迁来的。"善管田地恶管山",由于是中仰大多是外来人,过去都不敢多买山场,怕势力单薄守不住,多数都同文斗、韶霭等邻近村寨的地主佃山来种,所以村里的契约不多。加上经常发生火灾,现在保存下来的契约已经很少了。民国中期为了争山场,我们中仰陆姓同文斗姜姓告了一场恶状。那是文斗的姜明学仗着寨大人多,强行将他的祖母埋葬在我们中仰寨边陆志秀家契约管理的山内,文斗人还到中仰寨四周强蛮砍树,陆姓非常气愤,就凭着契约同他们打官司,打了五六年,最后打到中央政府(重庆),结果陆姓人告赢了。赢的原因第一是陆家的契约硬,二是我们中仰的人齐心。在那以前,文斗寨的大户们爱欺侮周边小寨,我们中仰和隔壁九佑村的人都怕文斗人。自从那次以后,我们也就不大怕他们了。

中仰寨脚以前建有飞山庙,现只剩下建庙的碑了,碑上苔藓斑驳,字迹难辨。村边有几株奇树。一株是田坝边的梓树,应为原始残次木,高十多丈,胸大两人围。树枝多且粗大,但多已干枯。龙甫汉老人说,他小时听七八十岁的老人讲,他们小时这棵树就是这个样子。传说很久以前中仰有人到格翁去走亲戚,在亲戚家的水缸中看到这棵树,认为这树不护本寨而去保护他村,就放火烧它。此后这树就不游走了。寨子边有一棵大枫树,已干死,树脚有两个突包,形如母乳,包下有一洞,形如女性阴洞,洞中四时有水,村人说此洞的水可治胃病和毒疮。干枫树的附近有一棵大杉树,两人才能围抱。传说以前有人想强砍此树,然而砍了几斧后,见树流出红血,以为是神树,遂辍斧。至今村人每逢年节都要祭拜此树。

中仰村西南两公里左右的地方有3座古墓,其中一座是河口巨富姚百万(姚继周)的弟弟姚继禹的墓,规模很大,修得很豪华,但已明显被人盗过。

2003 年 7 月 28 日　中午,我们离开中仰,下了2公里多的长坡来到清水江边乘船上瑶光。瑶光坐落在一片很陡的大斜坡上,从船上望去,就像是一块高高挂起、正放映美丽图景的电影幕布。瑶光寨有300多户,分中寨、里寨、上寨3个居团,分成中寨和里寨两个行政村,这两个村都以姜姓为多,但分成不同的房族。历史上,两寨曾不大和谐,中寨人恃经济上和人才上占相对优势而有瞧不起里寨人,而里寨人也争硬气,决不仰中寨人鼻息。不过,现在好多了。

瑶光最大的特点就是枫树多,寨里寨外都生长着合抱的大枫树,房屋隐藏在枫树林间,一条青石板道在吊脚楼间蜿蜒,石板都踩得光光的。由于地势很陡,所以这里的坎子又多又高,房屋的前后都是高坎。当晚,我们在里寨村文书姜启凤家吃饭,中寨、里寨两村的村干都参加。我们与村干边吃饭,边商量明天拍摄传统砍伐木材场景的方案。因国家严禁砍伐林木,明天所要砍树的都是三板溪水库淹没区内的木材。

2003 年 7 月 29 日　上午,村干带我们先上到寨头拍摄倒插枫树。传说这棵树是瑶光的开寨祖先为测试这地方是否可居住而倒插成活的。这棵树是瑶光的神树,清光绪《黎平府志》上都有记载,树下立有两块关于此树的碑(一块是清光绪年间的,一块是民国中期的)。树倒插真的能成活么?现代人谁也没有试验过,但瑶光人对那棵枫树却从不怀疑——是倒插长成的。同去的姜述熙老书记介绍说,每年农历大雪节气过后的第一个辰日是瑶光人祭拜枫树的节日,这天家家都要包长粑祭枫树。

拍了枫树,又下到寨间拍摄栽植小孩的"保命树"。在锦屏地区,如果小孩体弱多病,人们就认为他缺少依靠,父母就得在先生的指点下为他栽上一棵常青树,借以帮扶,这棵树即称为"保命树"。栽下之后,每年都要去护理和祭拜。

中午,拍摄组一行随姜述林等 5 名村干到瑶光村西南边两公里的乌列溪边砍伐杉木(这地方属三板溪电站水库淹没范围,木材必须砍)。砍树的整个过程都是按当地苗家传统的习俗进行的,包括祭山神、脱裤(指将树根以上约 2 米处的木皮剥下)、砍伐、喊号、抛绳、拉树、剔枝、剥皮等所有程序。这些过程对于我们这些曾参加过生产队砍树的人来说是很平常的,但对于锦屏以外的人来说却是新鲜甚至是神秘的。几个村干都是砍树的老手,动作很老到,李春他们拍得很满意。

2003 年 7 月 30 日 上午 8 点,姜述熙老书记等带我们在瑶光寨上拍摄古迹。先拍挂在中寨和里寨交接处破庙里的古钟。古钟有两口,一口是清乾隆年间的,另一口是道光年间的。乾隆年间的钟原挂在文斗四里塘的杨公庙里,"文化大革命"初期杨公庙被文斗的红卫兵拆毁,这口钟被公社干部运上瑶光来,放在瑶光的南岳庙里。1976 年寨上失火,南岳庙被烧毁,仅这两口铁钟得存。后村民集资在原址建一幢木质小庙。至今,这小庙又仅存几根木架,而这两口钟就悬挂在架梁上,随时可能掉下来。我对村支书姜述林说,这两口钟已是文物了,建议你们收放在村办公室里,一是免得风吹雨打,二是避免不法人员偷走。不然的话,我叫县文物部门来收去。姜述林说,他们一定想办法将这两口钟收藏好。

拍了古钟,又拍姜吉兆兄弟中举时立的石表座。姜吉兆、姜吉瑞是瑶兆巨富姜志远的儿子,姜志远也在清道光年间经营木材(最擅长估买原始箐山,然后从中择伐巨杉,卖给官商运至北京修建皇家宫殿)暴富,财富不逊于下边河口的姚百万,与姚家联姻。姜吉兆、姜吉瑞两兄弟分别在清道光六年(1826)和二十六年(1846)考中文举。一门两文举,这在锦屏县绝无仅有。两兄弟中举后,都在四川为官。为彰显地位,他们父子斥资修建了规模宏大的豪宅(共有 19 间,有上百个房间),在豪宅的两头各立了 2 根 3 丈多高的石表。经几次火灾,如今只剩下这表座了。

　　按计划,10点多钟,李春等拍摄我向群众解读契约的镜头。拍摄点选在瑶光中寨村文书姜正芬家。我先是向他做思想工作,要他把家的契约拿出来。他家的契约共有37份,我选出一份来解读,内容是,山主有一块山场,面积较大,他一家经营困难,于是就去招请另外一个人来一起种粟栽杉。这样,这个山主就有两种身份,既是山主,同时又是自己的佃户。他将得到两方面的收入,一是以山主身份占此山的地租(即土地股),另一方面以佃户身份与另一个佃户分享经营此山场的劳动股收入(俗称"栽手")。这种契约涉及的利益分配关系很复杂,需要认真看清才能够理解。在我们已征集到的契约中,这种内容的也为数不少。

　　吃完午饭,我们先去党中河口乡派出所(设在乡政府一楼)拍摄三营时留下的冷兵器,有刀、矛、剑等,大都锈迹斑驳。然后,乘船下到河口拍摄姚百万旧居遗址姚家坪。

　　姚家坪位于乌下江和清水江交汇处的南岸,是姚家斥巨资从河边沙坝上用规格料石砌起来呈弯月形的坪子,临河的坎子高2～4丈不等。姚家败落后,坪上房屋及地基渐出卖与外姓,于是慢慢地形成了一个村落,河口乡政府就设在这里。因处在三板溪电站水库淹没线以下,现正在搬迁,一派混乱。

　　姚百万是清嘉庆、道光年间的一个大家族,以姚继周、姚玉魁、姚玉坤父子为代表,因从事木材贸易而发迹,拥有家产(白银)百万两,故称之姚百万。从河口沿乌下江溯到今黎平县孟彦50多里,两岸山林大多为他家买占,家里的山林土地契约十几箱。因为富不仁,欺压四邻,后为格翁范家联合塘东和韶霭的民众联合斗垮。传说斗姚家最厉害的一招是派韶霭寨一个叫金桂的女孩充内侍,设计将姚家的山林契约全部焚毁,使之失去拥有和管理山林的凭据,然后去哄抢其山林。姚家坪坎外有一河口塘,名叫金桂塘,传说金桂烧了姚家契约后,跳下此塘自尽,此塘就名为"金桂塘"了。看到姚家坪外缘用统一规格石料砌就的高直的坎子、用一丈多长条石砌就通往河边的"V"字形阶梯和铺有规格石板、围有石护栏的大坪子,就使人联想起姚家当年的富有与霸气。

　　拍完姚家坪,我们就乘船而下。到文斗河边,我们停下来拍摄撬扎木排(淹没区内的杉木砍伐后,扎成木排往下运),这也许是清水江上最后的木排了。在河滩上,我们还拍摄了与河口姚百万同时代的文斗巨富姜仕朝留下刻有"姜仕朝"名号的拴排桩。

2003 年 7 月 31 日 上午,我带拍摄组到平秋镇平翁村拍摄林粮间作的场景。平翁村山多田少,历来注重林粮间作,是锦屏县出名的杂粮村。这里的人特别肯干,能吃苦,因而生活过得比较饱足。然而,我们在村寨周边转了很长一段时间,都找不到在幼林间作杂粮或经济作物的场景。后来得到一位中年妇女的指点,才在一处偏僻的小冲里找到一小块地,地块上有二十来棵 1 米左右高的幼杉,幼杉间栽有辣椒、豇豆。那妇女说,这块地不当眼,否则,这些庄稼早就被上级拔掉了。

回到村里,我询问村支书龙步登后才知道,原来县林业部门这几年在各村开展退耕还林工作,也就是在耕地上栽植杉木或经济林木,每亩有一定的钱粮补助,但林地间不准再间种苞谷、小米等杂粮或黄豆、红薯等经济作物,强行套种了的,林业站的干部发现了都要拔掉,否则不给钱粮补助。龙步登说,群众对这种政策意见很大,我们这里自古以来都是搞林粮间作,既能够很好地管护幼林,同时又能得到些经济收入,一举两得。不准在林地里套种杂粮或经济作物,幼林能长得好吗?在我们村里,凡遵照上级要求只栽树不套种杂粮和其他作物的地块里,所栽的杉苗基本上都因无人管理被疯长的杂草所掩盖,而偷偷间种作物的地块幼树都长得很好,对比很明显。他有点气愤地说,这种政策不知是谁想出来的,简直是一点基本常识都不懂。

吃饭时,我向龙步登支书询问村里契约的事。龙步登说:"我们村里有一些,但不多,而且都藏得很深,不轻易拿出来。那些过去有点田地山林的人,都梦想那些契约还能发挥作用。八几年的时候,我们村上就有人按老契约去退早已分给其他农户的祖业田,后来被政府依法处理了。这些人想得也太简单了。"确实,共产党夺取政权和废除土地私有制都已 50 多年,契约发挥作用的社会基础早就不存在了。皮之不存,毛将焉附?那些建立在土地私有制基础上的契约还能发挥作用么?

2003 年 8 月 1 日 上午,我和杨秀廷在两位记者下榻的鑫潮宾馆与两记者一起对这些天所拍摄的东西进行浏览,并对其中的苗语和侗语进行翻译。

2003 年 8 月 2 日 上午,李春二人到我的办公室,要求拍摄所收集到各个年代的契约。我于是选了清康熙、雍正、乾隆、嘉庆、道光、咸丰、同治、光绪、宣统和民国 10 个阶段的契约各一张供他们拍摄。他们还拍摄了我们从农村收来的过去群众包装契约的布和袋子。下午,我与杨秀廷继续同李春他们对所拍摄的资料进行翻译。因接到通知,本月中旬我要到北京参加全国首届历史人类学高级研修班学习,我决定利用学习的机会对锦屏林业契约进行宣传。应我的要求,李春二人特地将这些天所拍摄的资料辑成一个光碟,以便带去北京。

2003 年 8 月 10 日　我离开锦屏上贵阳。11 日上午,我到省档案馆,将拍摄林业契约专题片和上北京参加学习的事向蒋国生副局长汇报。蒋局长说,这两件事都是好事,拍摄专题片可以提高锦屏林业契约的知名度,去北京学习可以提高你的理论水平,回来更好地做锦屏林业契约的抢救和研究工作。晚上 10 点半钟,我乘坐火车离开贵阳。

2003 年 8 月 13 日　早晨,我抵达北京。这是我第一次来到伟大的首都北京。自上学读书以来至今,几十年来,无日不听到"北京"二字,心里无比地向往。下了火车,踏上北京的土地,我心情很激动,同时也有点怯。激动是来到了几十年来一直想来的地方,怯是因为北京这地方太大、人太多。

下火车不久,我联系到一位在北京谋事的锦屏老乡,他恰好租住在天安门广场附近。中午,在他的带领下,我迫不及待地去天安门广场开眼界。天安门广场是中国无数重大政治、历史事件的发生地,也是中国从衰落到崛起的历史见证。我们在广场中心国旗杆下拍了些照片(我特地买了台傻瓜相机)后,就从天安门城楼下经过人民大会堂,绕广场走了两圈,一直走到脚酸痛。晚饭后,我们又来到广场上乘凉,来乘凉的人不少,熙熙攘攘的。我们在广场上走走坐坐,一直待到深夜 12 点才回去休息。

2003 年 8 月 14 日　凌晨 4 点,老乡带我去看升国旗。我们小跑约 10 分钟到国旗杆处,只见那里已有一大片人,看来不少人为看升国旗晚上不睡觉。我们费了很大劲才挤到了前排。5 点钟,升旗仪式举行。只见一队旗兵从天安门城楼毛泽东主席画像下的门洞中走出来,最前面的一位扛着国旗,步伐雄健庄严。他们来到旗杆下,按照规定的动作,将旗系在旗杆上,按上电钮,敬礼,国歌响起,雄壮的歌声在整个广场上回荡着,红旗冉冉上升。这时,我感到祖国特别伟大,作为中国人是无比自豪,心情澎湃不已,眼里噙着泪水。

下午,我来到北京师范大学兰蕙公寓报到。全国首届历史人类学高级研修班是由中山大学、香港大学、北京师范大学联合在北京师范大学举办的。学员共有 30 人,其中正式学员 16 人,非正式学员 14 人。正式学员中,除了我和温州市图书馆馆长陈瑞赞、山西省代县旅游局导游李东东外,其余都是大学的教授、博士和讲师,而又以我的年龄最大、文凭最低。非正式学员则都是中大、香港科技大学、北师大等校的在校博、硕士研究生。

2003 年 8 月 15 日 上午,培训班开班。由美国耶鲁大学萧凤霞教授主讲第一讲《历史人类学的理论和方法》,下午由中山大学教授陈春声和北京师范大学教授赵世瑜合讲第二讲《从传说解读历史——华北和华南的经验》。对萧凤霞教授讲的第一课,我基本不懂,云里雾里。陈春声、刘志伟两人讲的稍懂些,其中给我印象最深的是陈春声教授所说的一段话。他说,中国是一个虚拟的移民社会,大多数人都不承认自己是土著人,而是外来移民的后裔。中国有两大人口发源地,南方是江西省吉安府泰和县朱氏巷,北方是山西省洪洞县大槐树。是啊,包括我们锦屏以及附近的天柱、黎平等县在内的西南地区,有相当部分人认为自己是从泰和县朱氏巷来的。

2003 年 8 月 16 日 上午,由中国人民大学人类学研究所所长庄孔韶教授主讲第三讲《田野工作与民族志书写》,下午由英国牛津大学中国研究所教授科大卫和香港科技大学教授蔡志祥合讲第四讲《宗教文书与乡土社会》。17日,组织所有学员考察北京城内的东岳庙、智化寺和白塔寺。18 日,上午由厦门大学教授郑振满主讲第五讲《民间契约文书的收集与解读》,下午由中山大学教授刘志伟主讲第六讲《族谱——历史学与人类学的对话》。19 日,上午由清华大学社会学系主任孙立平教授主讲第七讲《关于中国革命的口述史》。

研修班的纪律很严,学习期间不允许擅自外出。每天晚上 8 点到 11 点,都要集中对白天老师讲课的内容进行圆桌讨论,并安排 4 名正式学员重点发言。我被安排在 18 日晚第一个发言,我发言的内容是介绍锦屏民间林业契约等地方文献。除书面发言外,我还将契约的照片散发,并用投影播放贵州电视台李春等拍摄的锦屏契约系列专集片的素材光盘。我发言结束(每人20分钟)后,主持人科大卫教授为锦屏契约做"广告"宣传,他说:"锦屏契约文书非常珍贵,对研究生态问题、民族经济和社会等问题都有很高的价值。锦屏县政府正在做一项非常重要的工作,就是把民间契约文书等珍贵历史文献保护起来。希望大家找机会到锦屏去看一下。"

根据安排,8月20日上午,参加培训班的所有师生全部赴离北京250公里的河北省蔚县做田野调查培训,以让学员了解和掌握庙宇、碑刻与社会的关系。蔚县的庙宇古迹特别多,几乎每个村寨都有好几处,有一个村竟多达十七八处,每座庙里都有碑刻。下午,考察了该县县城内的庙和碑。也许是水土不服,当晚,我和温春来等4名学员腹泻,21日上午不得不请假休息。21日下午,我勉强随班参加考察了宋家庄、上苏庄、邢家庄。22日,考察麦子潼村、杨赟墓、水西堡村、水车村、单堠村。23日考察卜北堡村、苑家庄、北方城村、崔家寨、重泰寺。24日考察暖泉镇、华岩寺。

2003年8月25日 考察飞狐峪、空中草原、西合营乡。飞狐峪是一条长数公里的峡谷,公路沿干溪而行,两边是光秃的绝壁,高度一两百米不等,最窄处不过二三十米,透过峡壁,只看见一线窄长的蓝天。

过峪时,大家都弃车步行。路上,科大卫对我说,王局长,这里的自然情况和你们贵州不一样吧?我说,真的太不一样了。我对科大卫说,希望他再到锦屏去走一次。他说他会找机会过去的。这时,我趁机找到陈春声教授,把锦屏契约征集遇到的困难和问题同他说了一下。陈教授说,这事听张应强说过,他们也事先预料到。他们关注的东西往往会成为热点问题,以前他们曾在某地合作搞文化开发,搞出来后也引起纷争,他们就停止了。希望锦屏县政府能够协调好与档案局的关系。如果协调不了,那他们中大只有停止这项合作了。

研修班在蔚县考察的内容主要是看庙宇和阅读碑文。赵世瑜教授说,每座庙宇都是一部地方历史,都是当时当地经济社会的缩影。所以每到一个村寨,老师们都首先要找到庙宇,并教学员如何解读庙宇,从庙宇的数量、建筑形式规模、参加建设及捐资的人群和供祀神祇以及保存的碑文等去了解该地的历史发展脉络。

这几天的考察中,我发现厦门大学郑振满教授读碑特别快,一块碑文,他瞄了几眼,三下五除二就能知道大概内容。他还告诉我们,碑文一般都有前后两个部分,前部分是序文,后部分是化首和捐资(物)者姓名和所捐数量。很多人抄碑,都只是抄序文部分,对后面捐资(物)者姓名及所捐数额往往忽略。这是错误的,这样抄的碑文是不完整的。因为从捐资(物)者姓名和所捐数量上可以看出当时那地方的经济发展和社会组织状况。是呀,我们以前抄碑都只是抄碑序,对后面的组织者和捐款者姓名及所捐数量从来不抄,这确实是个不小的错误。看来,我们以前所抄的碑文还得把后面那部分补上才行。

在蔚县的每天晚上,所有师生都要集中讨论,消化当天的考察内容,学员们谈考察心得,提出疑惑,老师们则对学员提出的问题进行解答。

2003 年 8 月 25 日 晚上,陈春声教授主持开研修班总结会。他说,首届历史人类学高级研修班办得很成功,开了个好头,今后每年都要举行。他要求每位学员回去以后,要用所学到的历史人类学理论知识和田野调查方法,找一个点,写一篇 3 万字左右的田野调查报告,在 6 个月内交给以科大卫为组长的评审小组评审。

这次为期 10 天的学习对我而言,意义非常重大。一是使我得第一次来到了向往已久的首都北京;二是得聆听萧凤霞、科大卫、孙立平、庄孔韶、蔡志祥等中外知名学者对历史人类学理论、实践方法的精彩演讲,虽然很多地方模糊不清,但使我对历史人类学这门新学科产生了浓厚的兴趣;三是学到了历史人类学的一些田野调查的基本方法,这些方法也许对我今后的工作会有某种帮助。

2003 年 8 月 26 日 晚 10 点,我乘火车离京,28 日上午抵贵阳。我到贵州电视台找李春了解先前所拍的锦屏契约系列专题片的制作情况。李春说,专题片分 6 集,现已完成大片的制作工作,拟于 10 月份播出。下午,我赶回凯里,到州档案局向潘文仁局长汇报了拍摄专题片和到北京学习的情况。

2003 年 9 月 1 日 上午,我到副县长杨国珍办公室向她汇报到北京学习的情况,并经其同意,将研修班布置的调查报告选点定在了文斗。

2003 年 9 月 8 日 上午,县政府办公室主任王明相通知我到其办公室,向我转达 8 月份州地方志办公室在镇远召开的全州地方志主编业务培训班的精神,说县里马上要成立县志编纂机构、要我过去主持修志工作,王甲鸿县长要我起草一个续修《锦屏县志》的工作方案交给县政府研究。我向王明相汇报了到北京学习的情况,并转述了中大陈春声教授关于契约征集工作的意见,请县政府理顺契约征集办公室与县档案局的关系。王明相主任说,县政府领导的意见是待县志工作机构成立后,将契约征集工作拢到那边去,并交代我一定要注意与档案局搞好关系。

2003 年 9 月 26 日 我带档案局一名工作人员到河口乡指导村级档案整理。27 日上午,各村文书都携带该村的档案材料集中乡里,我们就指导他们如何分类立卷、抄目录和装订。

在中仰村文书陆显玉带来的材料中,有几份是民国时期的,其中有一份是 1942 年 4 月 3 日重庆最高法院民事二庭关于中仰与文斗上寨姜姓对位于中仰寨边土地权属争执的判决书,该判决书驳回文斗人对中仰寨附近山场的诉求,维护了前几审法院对中仰人占有该山场合法性的判决。这场官司打了 5年,起因是文斗姜姓人(姜穆之父亲)仗着寨大族众,强将老人安葬在中仰陆姓人契约管理的山场内,并肆意砍伐周边的林木。这份判决书,进一步证实了我前段时间调查了解到的文斗与中仰的关系口碑材料的真实性。由于乡里没有复印机,我只有将判决书全文抄了下来。

2003 年 10 月 7—12 日 李春等 8 月份在锦屏拍摄以锦屏林业契约为主要内容的系列专题片《契约背后的故事》在贵州电视台 22 点 18 分《发现贵州》栏目中播出,共分成 5 集。我得到消息后,就向县委常委、宣传部部长杨国珍报告,请她通知县文广局将此内容翻录,辑成集子,以供我们对外宣传锦屏林业契约。

2003 年 11 月 19 日 晚 8 点,县林业局副局长龙本吉打电话给我,说省林业厅的一位领导今晚要来看林业契约。10 点,县政协主席杨顺炎和龙本吉副局长带省林业厅科技处副处长常青来到我办公室,提出要看林业契约。我向她展示我们所收集到的林业契约,简要汇报了林业契约的基本情况,并向她提出解决些经费和照相机等设备的要求。常青处长说,回去可以考虑给你们解决照相机等设备,以便于你们开展工作。

2003 年 12 月 4 日 中午,我带档案局工作人员吴桦佛乘班车赴美蒙村退还契约复印件并继续征集。下午近 4 点,我们在马颈坳坡脚下车,走约 5 公里的简易公路到达培尾村,已接近 5 点,灰暗的天空开始飘着毛毛雨。培尾村的村干留我们在培尾歇宿,第二天晨早再走,否则会黑在半路,美蒙的那段路很不好走。因与美蒙的村干有约在先,不能食言,所以我坚持要走。果然,我们走到美蒙坡脚时天就已黑下来了。幸好遇上两个到外地打工回家的美蒙村民,我俩便与他们一同摸黑爬上去。到美蒙已是 7 点半,全身透汗。晚饭在一同上坡的一位姓张的村民家里吃,他家火塘里烧着熊熊的炭火,无比温暖。一干人围在火塘边吃饭,这个氛围使我想起小时候过年时一家人围在烧着大炭火的火炉旁吃年饭的情境。因氛围很好,我也喝了大半碗米酒。饭后,到村主任杨政明家退契约复印件,然后回来休息。

2003 年 12 月 5 日 上午,我们在老村长张远相家吃早饭。吃饭时,我问老村长契约的事,他说他家的契约已被寨火烧了,上坎的张远华家可能还有一些。于是,我要他把张远华请来一同吃饭。张远华已 70 岁了,他说家里还保存有几十份。饭后,张远华老人回家把契约拿来,好的有 50 份,其余的是被虫蛀鼠咬损坏严重的,难以计数。张远华老人说,我们来美蒙住已有十多代了。最先逃荒来这里是因为躲恶人。开始来的时候,这一带的山和田都没有主人,任意耕种,所以有的山场土地没有契约。后来,两边村的人慢慢地侵占过来,我们美蒙村小人少,又很善,争不过别人。我们的山和田都不多,契约也就没有多少。"他还给我们提供了寨上姓龙的一家可能还有点契约。稍后我们打听,那人外出打工去了。

11 点多钟,我俩离开美蒙。路上,吴桦佛说,像你这样搞契约征集工作也太辛苦了,难道你们以前都是这样做的? 我说,我们这几年一直都是这样工作的。中午 1 点,我们返回到培尾村,在村长姜吉钊家歇脚。姜吉钊办午饭时,交代村文书杨思彬去村里联系可能保存有契约的村民。结果,我们在村民杨顺祥家收到契约 51 份。吃饭之前,我还在村脚田坎上发现了一块清嘉庆年间村人为解决田水纷争而立的一块小碑。

我们到培尾时,恰好遇见我高中同学、河口乡卫生室医生吴宇华。吃饭的时候,我向姜吉钊村长了解培尾村的情况。他介绍说,培尾原来是个大寨子,清咸同年间,村里出了一个叫曾乔贵的能人,武艺高超。此人先是参加三营,后来参加朝廷军队到雷山一带围剿台拱张秀眉军,并亲手斗擒了张秀眉。不久,张秀眉的一个部下在一天深夜率兵将培尾村团团围住,培尾寨人除6个外出走亲戚得以幸免外,1000多人全部被剿杀。现在的培尾人都是后来搬进来的,历史不长,所以契约不多。现在寨上很多地方都可以挖出瓦片。

我要姜主任联系村里保存有契约的人家,发动他们交到县里去。姜主任答应等支书回来后,同他一起做群众的工作。收得后,要么通知我们上去拿,要么他们亲自送下锦屏,路费我们报销。

图2-37 姜志远墓 (王宗勋摄)

饭后,在吴宇华的带领下,我们冒着蒙蒙雨雾,沿小路往瑶光走。走到瑶光村白泥坳组时,已是下午5点过了,天渐渐昏黑下来。我们决定在这里歇住,趁便看"花祖坟"(即清代瑶光巨富姜志远的坟墓)。吴宇华找到组长姜兴坤,要他带去看"花祖坟"。姜兴坤安排家里人做晚饭,带我们过去。这时已近6点,在昏暗的天色和朦胧的雨雾中,我们只看到个"花祖坟"的大概轮廓:一座很大的坟丘、高约一米五六的墓碑,坟前辟有两磴半月形的拜台,下磴拜台两侧各有一只石狮和一丈多高的石表,右边有株大杨梅树,其他远的景物就看不清了。白泥坳距瑶光有4公里左右,是瑶光人来这里种田形成的子寨,有十来户人家。

这里的人很好客,晚上我们喝了不少酒。我问他们是否还保存有老契约,姜兴坤说,我们都是从瑶光大寨搬来住的,过去都是穷人,没有什么契约。

2003 年 12 月 6 日 早上 8 点起来,在姜兴坤家吃了特意弄的早餐(乡下人是不吃早餐的),然后便沿残坏较严重的古石板道下瑶光来。到瑶光,我先找到老书记姜述熙以及老同学姜述林。

当天下午,我们与姜述熙老书记围坐在火盆边。我向他了解瑶光的历史以及调解山林土地纠纷的情况。姜老书记同我讲了过去瑶光一带的历史和很多与契约有关的故事以及他在公社和小乡工作时用契约调处山林土地纠纷的经历。他说,契约在过去非常重要,只要有山林就必然有契约,没有契约你就没有凭据去管理山林田地。"土改"后,政府虽然宣布契约作废,但在农村调解山林土地纠纷中,契约仍然起到相当大的作用。我在公社和乡里工作几十年,亲自处理过很多的山林土地权属纠纷。山林土地权属纠纷发生后,乡村干部都先要求当事双方提供出"土改"、合作化、"四固定"(定劳力、定土地、定耕畜、定农具)等时期的依据,而土地改革、合作化和"四固定"时期工作都很马虎,大多数没有形成档案,有的档案因保管不好丢失了,所以只有依靠那些旧契约了。

当晚,我们在老书记家住,外面下雪,风在呼呼地狂叫。晚饭后,老书记还同我讲了瑶光寨与枫树和河口姚百万兴衰的故事。他说,我们瑶光枫树特别多,人们对枫树有一种特殊的感情,认为枫树是保佑人们的神树。传说先人进瑶光来开寨时,为了检验这地方是否好住,就在寨头倒插了一株枫树,这株树活下来了,并且长得很茂盛,先人们便认为瑶光这地方好,便在这里定居。后来,人们就在村寨里和附近栽植了大量的枫树。倒插枫树成为瑶光的一大奇特景观,《黎平府志》上都有记载。而长得最好的是寨头的"七公树","七公树"是姜姓 7 个房的先人集体栽的,现在每株都要两三人才能合抱。每年农历大雪后的第一个辰日,瑶光村要过祭树节,全村每家都要包长棕粑到倒插枫树下祭祀枫树神,祈求平安。

提到姚百万,姜老书记更是津津乐道。他说,姚百万的故事很多,几天几晚都讲不完。姚百万(姚继周)同我们瑶光的大户姜志远年轻时是老庚,后来成为亲戚。姜志远开始时家里很穷,后来在他嫁到剑河南寨上面的姐姐支持下,在南寨一带收购深山里的原始大杉木,卖给下游来买办"皇木"的木商,获取暴利。后来,他就一直做这种大木头生意。他经常以很低的价格,向村寨估买成片原始大箐山,然后从中选伐原始巨杉。这种巨杉几抱大,十几丈长,很值钱,一根就能卖几百上千两银子。而这些原始大箐山基本上都属于村寨集体公有,价格不高,买一大片山只需几十两银子,有的甚至只需给村寨的头人送点好处就行。姚百万做木材生意主要在小河(指乌下江)沿岸,而姜志远则主要在南加上面的清水江两岸。两个人做木材生意都发了大财,姚百万发的更大,清水江一带无人能比。但姜志远却养出两个争气儿子:姜吉兆、姜吉瑞,两弟兄先后考中了文举,而且都在四川当官,家势与姚家不相上下。姚家有财,姜家有官,他们两家就结成亲家,姚百万就娶姜志远的女儿做儿媳妇。姜志远嫁女儿,排场非常大,抬嫁妆的就有几百人,整个瑶光寨热闹了好几天。后来,姚家因做昧心事太多,惹怒地方民众,于是格翁范家出头,联合塘东的姜家、韶霭的李家、龙家状告姚家。瑶光姜姓因与姚家是亲戚,保持中立,持中立态度的还有文斗的姜姓(姜仕朝)。格翁范家有个人很厉害,写的禀帖能让判官发抖。范家告了七八年,最终将姚家告垮。姜志远曾经暗地支持姚家,格翁范家也想把姜志远告上,但姜志远有两个儿子当官,告不动。姚家败就败在只有几个粗武人(有3个武举)没有读书人,更没有人当官,只会玩银子。

2003年12月7日 早上9点,我们花30元钱租了一只小机船冒着飘飘雪花下到加池村。我去加池,主要是向村里传达中山大学已明确资助该村建希望小学的信息,同时把姜坤基的契约复印件退给他本人。得到中山大学资助建校的信息后,村干部们是一片喜悦,同时也感激我和张应强为他们办了一件大好事。吃了午饭后,吴桦佛下河边乘船回县城,我便独自一人翻山走文斗。

我这次去文斗,主要是去完成历史人类学高级研修班布置的田野调查作业。以前虽然多次到文斗,也掌握了一些资料,但零星不系统,距离写田野调查报告还欠缺很多。当晚,我在县法院退休干部姜周繁家食住,并按照事先准备的调查提纲,同姜周繁、龙锦宪等老人进行了访谈,内容涉及文斗村寨的历史、上下两寨和各姓氏及各房族之间的关系、生产生活习俗、宗教信仰等。姜周繁是文斗有名的"五大孝子"(文斗有"五大孝子八大吹")之一,对老母亲的恭孝几至无以复加。

我在访谈中,得知一个特大的不幸消息:文斗出去的"泰斗文人"、台湾"文坛快手"姜穆先生于前日(12月5日)在台湾病逝,享年75岁。文斗原名

"染堵",苗语意为"朝上水的山岭"。清康熙时,刚学会点汉语的文斗人嫌原来的村名欠雅,便将之改称为"文斗",大概是因太缺懂得汉文化人缘故,希望这里能出"泰斗文人"以改变文化贫穷状况吧!姜穆筚路蓝缕,不懈奋斗,最后著作等身,算得上是"泰斗文人"了,他使得祖先希冀出"泰斗文人"的梦想得以实现。而今,这位真正的"泰斗文人"却客逝宝岛,魂留他乡,闻讯者无不叹息。文斗上下两村民委决定,在文斗有史以来最富有的人物姜仕朝的墓旁为他建一座衣冠冢,以让人们有个地方对这位大文人进行缅怀。

姜穆先生的去世,对我本人来说也是个莫大的损失。我曾与他通了两封信,就锦屏林业契约的整理研究等问题向他请教,得到他老先生的谆谆指点,我茅塞顿开。我曾斗胆向他提出,请他将他的书稿捐献给锦屏家乡,在县档案馆里为他设一间"姜穆文稿"专室,他愉快地答应了。还有,我准备将北京历史人类学高级研修班布置的调查报告扩展为一本专门介绍文斗这个特色独具的古苗寨历史人文方面的书,请他写序。他这匆匆地一走,使我的这两样计划都泡了汤。天丧斯文,谁能奈何?

2003 年 12 月 8 日　上午,我从文斗回县城,在七里冲弃船改乘班车。中巴车沿着江左坑洼不平的新修公路缓慢下行,行到三板溪电站坝址处遇前方开岩放炮,车停了下来。旅客都下车来观看清理电站的坝基,只见十几个民工在抽干了水的河床基坑里劳作,有的用砂钩在石缝里掏挖淤泥,有的往上挑运。只听旁边有几个人在议论,说前几天工人们在河床的淤泥中挖得几块银块,每块都有四五十斤重。最先发现的你一块,他一块,都抢占为己有,有的已卖到湖南去了。听了他们的议论,我想起清光绪时平鳌姜海闻写的《三营记》中有记载,明朝时期,湖南人在文斗、平鳌背后的银广坡盗采银矿,出银很旺。因治安状况差,多次出现群体斗殴事件,惊动思州宣慰司田宣慰,他带领军队前来镇压。田宣慰将银矿区所出的银子全部掳走,从文斗坡脚乘船离开。当走到白岩塘(即坝基处)时,船只触岩翻覆,田溺水身亡,他所带来的两名爱妾在唱罢"生前共事田宣慰,死后同在白岩塘"的绝唱后,也跳江随他而去。他们所掳得的银子也就沉于江底,成为后来人们茶余饭后谈论的素材和渴望发财人梦想的地方。那些大银块的出土,印证了《三营记》的说法不虚。然而,这些珍贵文物竟无一得以保存下来,真的太可惜了。

图 2-38　工人清理三板溪电站大坝基漕　（姜绍明摄）

2003 年 12 月 9 日　下午,应县人大办公室的通知,我到县人大五楼会议室参加黔东南州人大《民间民族文化保护条例》征求意见座谈会。州里来的领导有州人大常委会副主任莫章海和州信访办主任罗安明等,县里有县人大常委主任王经勇、副主任杨绘春、高文辉、顾先球和县司法、文化广播电视、民族、林业、旅游、档案等部门的负责人。会上,文化广播电视局副局长王生杰汇报了锦屏县开展民族民间文化保护的情况,我则汇报了锦屏民间林业契约的基本情况和进行立法保护的必要性。我建议民间民族文化立法保护应结合地方实际,利于地方的发展,还应具有可操作性。

2003 年 12 月 24 日　考虑到目前契约征集工作的困难局面,我萌生放弃之意。为将这几年的工作有个明确交代,我起草了《县契约征集办公室 2001—2003 年锦屏民间林业契约征集工作总结》,分别向县政府和中山大学历史人类学研究中心呈报。总结中说,在这两年多中,先后从县内三江、茅坪、平秋、平略、河口、大同、固本、新化 8 乡镇的加池、岑梧、文斗、瑶光、美蒙、裕和、魁胆、孟寨、平翁、茅坪等 28 个村寨,征集到清代及民国时期的林业契约等文献资料原件 11589 份。已经裱糊的契约有 8203 份,已编制目录等规范整理的有 7099 份。根据锦府专议〔2001〕14 号会议纪要精神,将已整理好的契约等文献资料中已复印给中大历史人类研究中心的共有 6408 份,以光盘形式送中山大学谱牒、簿册等相关资料 7600 余份。同时,返还农村群众(即原契约持有人)的契约复制件 4360 份。至 2003 年 12 月 20 日,中大历史人类学研究中心共以汇款的形式付来工作经费 63385.6 元, 总支出为 62123.99 元, 目前尚结余 1261.51 元。此外,还向贵州省档案局争取得了契约抢救专项经费 11000 元。

2003 年 12 月 31 日 上午, 新华社贵州分社记者杨立新打电话给我说,2002 年 11 月周晓农社长等来锦屏进行林业契约问题调查,写成内参报上去了。据说中央有关领导已在该内参上批了字,并转给了国家林业局办理,但他们还没有见到这份文件。然后,他向我较详细地询问了文斗婚俗改革碑的内容意义等情况。

2004 年

2004 年 1 月 9 日 上午,新华社贵州分社记者杨立新给我打来电话说,他将前段时间通过电话向我了解到的文斗婚俗改革碑情况写成《贵州苗族最早的婚姻法》一文,已在上海、香港等地多家媒体刊载,特表示感谢。

2004 年 1 月 11 日 上午,我与龙久腾对这几年所收到和所整理的契约进行清理盘点。共计收到契约 11589 份,座簿 15 册;共计裱糊 7786 份,尚未裱糊的有 3863 份;已编目录的 3863 份;已裱糊的契约中有 1062 份未规范需重新裱糊,另有 138 份已编目但未裱糊。

2004 年 1 月 26 日(正月初五) 张应强教授偕夫人滕萍(广州企华教育公司负责人)和硕士研究生张银锋、钱晶晶乘火车经怀化来锦屏。因刚过年不久,街上的饭店都还没有开张,所以就在我家将就。他们此行的目的,主要是送张、钱两个学生过来做田野调查,同时也利用假期到天柱、黎平、从江等侗族地区做面上考察,以便安排学生过来做田野调查。县政府县长王甲鸿安排我负责陪同。

2004年1月27日　我带张应强等在县城和卦治、三板溪等处走马观花。28日，带他们去天柱县坌处镇三门塘村。在三门塘，由退休教师、我的远房族亲王承炎引带，看了该村的古宗祠、古庙、古碑。王承炎说，位于下面的白市要修建一座大型水电站，电站水库将会淹没三门塘村，村里的诸文物和古建筑将被淹没，他觉得很可惜。

2004年1月29日　在县教育局局长姜大海和副局长欧阳大锡等的陪同下，我们去魁胆村考察魁胆小学。滕萍、姜大海等对魁胆小学的管理工作大加赞赏。滕萍表示，从她办的广州企华教育公司里每个学期拿出1000元来奖励魁胆小学品学兼优的学生（当下即付1000元给校长王宗安）。回去后，将组织一批电脑（30台左右）来装备魁胆小学的一间电脑教学室。

2004年1月30日　上午，陪同张应强一行走隆里，重点考察古城和龙里长官司最早的治地龙吴寨。龙里长官司最初设在龙吴寨，后来（明洪武年间）朝廷要在今隆里所村建设龙里千户所，龙里长官司就迁到距隆里所约4公里处的现在龙里司村。晚上，王甲鸿县长接待张应强一行，我应邀作陪。

2004年1月31日　上午，张应强应王甲鸿县长之约，到其办公室商谈林业契约征集整理工作事宜。下午，张应强等来到契约征集办公室具体了解契约征集工作情况。他向我简要转述上午与王县长商谈的情况。王县长说，希望中大按照双方达到的共识，加大人力和经费的投入，努力将锦屏契约搞出实实在在的成绩来，借以提高锦屏的知名度。

2004年2月1日　应天柱县委书记张美圣的邀请，我陪同张等一行走天柱县。张应强去天柱的目的，除去见老乡张美圣外，更主要是为了考察该县的宗祠文化。天柱县的宗祠文化较发达，也较有特色。在去天柱的途中，我们在远口参观了著名的吴氏宗祠，该宗祠建在清水江南岸边，前面牌楼建造工艺美轮美奂，墙上的人物雕像栩栩如生。遗憾的是，该宗祠也将被下面的白市电站水库所淹没，甚是可惜。下午去白市镇看宗祠，沿路各村寨都建有宗祠，建造工艺都相当精美，且有互相攀比之势，令我们目不暇接。

2004 年 2 月 2 日 上午，我们乘坐天柱县委的车从天柱经锦屏直接走黎平。到黎平后，受到该县政府县长闵启华简短接见。下午，在黎平县志办公室主任石干成的陪同下，在黎平县城内看翘街、城墙等古迹。

2004 年 2 月 3 日 原计划去肇兴侗寨，因雪凝翻不了二望坡，于是改走茅贡方向去看侗族鼓楼和风雨桥。上午看了路团、流芳、高近、茅贡等寨，下午冒着冰凌翻山走地门。据说，地门昨天才过了其特殊的节日"千三节"，很可惜。茅贡一带侗寨节日尤多，从正月初二到十五期间天天都有节，只是举办的村寨不同罢了。

2004 年 2 月 4 日 在从江县政府副县长龙迪信的邀请下，我们从黎平走从江。下午 4 点，在县委书记耿生茂的安排下，龙迪信主持召开一个旅游发展座谈会，县委、县政府分管领导和县民族、文化、旅游等部门的负责人参加，向张应强一行介绍从江的旅游资源和民族文化。

2004 年 2 月 5 日 上午，在龙迪信的陪同下，我们去侗族大歌的发源地之一高增乡小黄村，在村里实地看当地歌手表演唱纯正的侗族大歌。小黄村的旅游也是刚刚起步，鼓楼是才建起来的，村寨间的道路尚未修好，村间的卫生状况还较差。下午，我们走银潭，这个村有 3 座鼓楼，古树特多，仅红豆杉就有 100 多株。据说，银潭的旅游业已经上路了。

2004 年 2 月 6 日 上午去看岜沙。这是一个距县城六七公里的苗寨，其风习与周边村寨迥异：崇拜太阳，男子脑顶蓄一碗口大小的发团，那团发任其所长。短襟衣，衽左，大管裤，随身背枪佩刀。这里的人死后，不垒坟丘，只是在埋人处栽上一棵树。至今，这里已成从江县的一个旅游亮点，游人如织。恰好，有山东的一家电视台在这里拍片子，组织年轻妇女表演新教的"传统"祭树舞蹈和男子用镰刀剃头等节目。只见妇女们个个面无表情，舞蹈动作甚是僵硬，如同一群木偶在动。用镰刀剃头倒有几分新鲜和令人心惊。

2004 年 2 月 7 日 上午，在从江县卫生局局长敖家辉的带领下，我们去离县城 30 公里的都柳江边巨洞看水上琵琶歌表演。琵琶歌本来在河边沙滩上进行,但敖局长突发奇想,移到水上进行。将 4 只木船用木板拼连,村里 20 名着盛装的青年女子和 5 名男琵琶手坐在正中,两边各有 2 人划桨,从上游五六里的地方顺流而下,但听歌声、琵琶声、江浪声互相交融,倒是也颇有一种特别韵味。美中不足的是,河风凛冽,整天都在下雨,令人不停发颤。

2004 年 2 月 8 日 乘从江县林业局的车离开从江送张应强去桂林乘飞机。9 日,我带张银锋和钱晶晶从桂林返回锦屏。出桂林城时,驾驶员不熟路,但又不愿问人,结果在城里转了两个多小时。

2004 年 2 月 11 日 根据与张应强商定,将张银锋的田野调查点放在魁胆村、钱晶晶的调查点放在天柱县坌处镇的三门塘村,由我负责协调和解决他们在调查过程中出现的相关问题。今天上午,我送研究生钱晶晶下三门塘村去做调查。我先带她到坌处镇政府找镇长杨宏基,然后在他的陪同下到三门塘,将她安排在村支书杨树芳家。

2004 年 2 月 14 日 我送张银锋到我的老家魁胆村去做田野调查,将他交给村小学校长王宗安,王宗安将他安排在村小学住下。

2004 年 2 月 25 日 张应强教授前天打电话给我说,钱晶晶在三门塘调查时发现该村有好几个姓氏的族谱,要我下去帮协调借上来复印。上午,我乘船下到三门塘,先找到村支书谢树芳和本家王承炎老师,请他两出面协调。共借出王姓族谱 3 册、刘姓族谱 4 册、谢姓族谱 2 册、杨姓族谱 1 册,带到县城复印。27 日又送钱晶晶将诸谱退回。

我与王承炎是同族,按辈分,我是他的祖辈,虽然他 70 多岁了,但仍以“晚公”称呼我。1982 年湘黔两省合编王氏族谱时,王承炎也是编委之一。我向他了解 1982 年编谱的情况。他说,那年编谱时,你们锦屏的魁胆、密洞、皎洞三小支的人带资料到湖南黔城交汇总时,因为老谱上没有你们这支的记载,不知道如何续接。经过多次反复的讨论,才定得下来。

2004 年 3 月 1 日 上午,平略镇岑梧村村民委副主任陆秀植来到办公室找我,要求查找并复印他交来的契约中五甲山的那几份,因为他们村与启蒙镇华洞村在五甲山发生权属纠纷,需要拿去做调解依据。我交代龙久腾查找并复印给他。

下午,国家林业局派驻贵州专员办主任白章良,在州林业局副局长邓锦光、锦屏县委副书记伍治平的陪同下,来到县契约征集办公室考察林业契约的征集抢救情况,我将林业契约及征集整理的情况向他做了简要汇报,并向他展示了契约原件。白章良看和听了之后说,锦屏林业契约十分珍贵,你们为林业契约的抢救做了很有益的工作。因林业契约的征集抢救专业性很强,需要有林业部门的力量参加,建议与林业部门合作来做。他表示,今后省林业厅将会对这项工作予以适当支持。

2004 年 3 月 3 日　县人民政府办公室下发锦府办发〔2004〕23 号文件《关于印发锦屏县地方志办公室职能内设机构和人员编制规定的通知》,明确县地方志办公室在承担县志编纂的同时,还承担县人民政府与中山大学历史人类学研究中心合作开展的锦屏契约文书征集研究工作。在下这个文件之前,县政府办公室主任王明相找我谈话。他说,王甲鸿县长要我转告你,县政府明确要你到即将成立的县志办公室去主持修志工作。鉴于你目前负责锦屏县与中大合作进行的契约征集工作,为使这项工作有连续性,王县长意见是把这项工作也一起带过去。

2004 年 3 月 4 日　中共锦屏县委、锦屏县人民政府联合下发锦党通〔2004〕6 号通知,成立锦屏县地方志编纂领导小组,明确我为县地方志办公室负责人,具体负责《锦屏县志》编纂的筹备工作。看到这个文件,我心里五味杂陈。我从 1985 到 1996 年在县志办公室泡了 11 年,对修志可以说像老是吃一样味道本来就不好的食物一样,已经腻透了,好不容易才得换了口味,现在又要回去做那艰巨又枯燥的工作,实在不太情愿。但考虑到目前在档案局工作处处遭掣肘,身心俱疲,能离开这里也好。虎口和狼窝必须选择其一,看来这就是我的命啊!

2004 年 3 月 20 日　新华社贵州分社女记者刘义在省林业厅工作人员孙贵红的陪同下,来到锦屏就人工林采伐试点、林业体制改革和民间林业契约在林业上的功用等问题进行采访。上午,县林业局为她召开座谈会,我应邀参加,并在会上介绍了锦屏林业契约的一些情况。

2004 年 3 月 21 日 上午,刘义在县林业局工作人员的陪同下,就林业契约的征集抢救与社会功用问题到办公室对我进行专访。之后,应她的要求,我带她去加池采访姜绍烈老人。不意在七里冲码头遇见正要下锦屏来办事的姜绍烈老人,我们就把他接了下来。在我办公室里,刘义就过去运用契约管理山林的情况对姜绍烈老人进行了详细的采访。

2004 年 3 月 23 日 下午,我到县政府分管林业的副县长龙立俊办公室,向他汇报与中山大学合作抢救林业契约的情况,建议县政府将此项工作当作一项重要的事来抓,而不只视为是与中山大学的学术合作,县政府应在适当时候召开一次林业契约与林业改革专题的学术研讨会。龙立俊对这几年林业契约抢救工作所取得的成绩予以充分的肯定,对我提的建议表示将认真考虑。我还向他提出要求,县政府已决定将林业契约征集抢救工作放在新成立的县地方志办公室中,而县志办公室没有办公用房,请帮协调县林业局给解决几间办公室。龙立俊答应去同林业局的负责同志协调。

2004 年 3 月 25 日 上午,我到县政府办公室找主任王明相,请其帮协调县地方志办公室的办公房。王明相说,他已与县林业局龙林召局长谈过,龙局长说解决县志办公室用房可以,但要求将林业契约一起拿过去林业局那边做,我只有答应。

2004 年 3 月 26 日 县林业局同意在其办公楼的八楼给县志办公室解决两个房间作为办公室。

2004 年 3 月 23 日 贵州省林业厅科技处副处长常青打电话给我说,北京林业大学有 3 名植物学博士研究生要来锦屏调查了解锦屏林业契约的情况,要求我们予以支持。

2004 年 3 月 25 日 下午,北京林业大学植物学专业林业史方向的博士沈文嘉、李莉、王建文来到锦屏,县政府分管领导安排我和杨秀廷负责陪同他们考察。

2004 年 3 月 26 日 上午,应沈文嘉他们的要求,我先向他们介绍锦屏木材贸易的历史和林业契约的基本情况,然后陪同他们 3 人在县城、茅坪和天柱县的坌处、三门塘等处对过去"当江"时遗留下来的痕迹作面上的了解。

2004 年 3 月 27 日 上午,我带沈文嘉他们到平略镇岑梧村对民间林业契约产生的环境进行实地了解,他们向陆秀崇支书和陆宪基问了一些关于林业契约保管和用契约管理山林等情况。同时对国家实行"天保"政策后,林区群众生活受到影响的情况也作了些了解。利用去岑梧调研的机会,我将以前在这里收集去的契约的复印件返还给陆宪基和陆大建。

晚上,我向沈文嘉等人了解他们此次来锦屏的意图。沈文嘉说,国家林业局最近已成立了以局办公厅副主任曹国江为组长、以锦屏民间林业契约为主要对象的"中国古代林业管理制度研究"课题组,其研究的内容主要是锦屏民间林业契约,学术工作主要由北京林业大学董源教授负责,他们 3 人是课题组的成员,贵州省林业厅科技处常青处长负责这个课题的联系对接工作,国家林业局给课题组拨有专门的工作经费。他们 3 人这次是来作课题的前期调研工作的。我向他们提出,既然是研究锦屏林业契约的课题,请增加锦屏县的一至二人作为该课题组的成员,这样工作起来方便些。他们答应回去向董源教授和曹国江副主任汇报。

2004 年 3 月 28 日 上午,沈文嘉等 3 人到我们在档案局的契约征集办公室参观契约,我请他们观看去年贵州电视台拍摄的专题片《契约背后的故事》,并复制了一套给他们。29 日上午,沈文嘉等离开锦屏返贵阳。临行前,我请沈文嘉向董源教授转达关于我们想与北京林业大学合作做锦屏林业契约研究的意向,沈文嘉答应回去转告董教授。

2004 年 4 月 5 日 前几天得到消息,在原副厅长曹国江(挂职期满,已回国家林业局任办公厅副主任)的努力协调下,国家林业局批给锦屏林业契约抢救经费 10 万元,这笔钱已下到了省林业厅,放在科技处。应省林业厅科技处常青处长之约,今天下午我乘班车来到贵阳。

2004年4月6日 下午,我去省林业厅,然常青处长出差未回,我于是去拜会省林业厅副厅长金小麒。金小麒1996—1999年曾在锦屏挂任县委副书记。我向他汇报锦屏林业契约的情况。我说,目前我们同中山大学合作进行收集整理,然收集整理需要大量经费,而中大所提供的经费很有限,不敷工作开展之需,所以请求省林业厅给予经费支持。金小麒说,锦屏林业很有特色,锦屏林业契约十分珍贵,需要好好地保护。只是省林业厅都是些自然科学方面的项目,难以同社科方面挂靠。他建议由锦屏县契约征集办公室与县林业局共同搞一个项目报告报上来,省厅帮去国家林业局争取经费。他说,锦屏林业契约抢救工作需要大量经费,光靠林业部门一家也不行,建议多同省社科院、贵州大学、贵州师大、贵州民院等教育科研机构联系,寻求他们的合作与支持。

金厅长说得对呀!这些年,我们同中山大学合作,而他们也只是教育科研机构,所提供的经费相对于我们业已全面铺开的契约征集整理工作如同杯水车薪。因经费紧缺,以致工作非常困难。所以,我们应在不得罪老朋友的前提下,多找些门路,不能只在一棵树上吊死。

下午,我来到贵州省地方志办公室,向副主任罗再麟汇报县志编纂工作筹备情况和林业契约征集整理等情况。罗对林业契约的征集整理颇感兴趣,认为将修志工作与民间契约文献抢救工作结合是个新的创举,他认为我们新的县志中应将林业契约作为特色内容来加以突出。罗还建议我去省社科院找省志办公室老主任范同寿,他说,范主任是这方面的专家。我提出在省志办公室办的刊物《史志林》免费搞一期锦屏林业契约内容的专刊,罗再麟说不能全免费,至少要交2000元。

出省志办公室,我来到贵州师范大学,想寻找合作伙伴。先找到历史与政治学院,无人理。又找到经济与管理学院找院长杨绍先,杨院长把我介绍给该院副院长吕萍。我向吕萍简要介绍了锦屏林业契约后,她说,这事得下一步研究之后才能答复。

2004年4月7日 上午,通过电话得知林业厅常青处长已回单位上班。于是我与杨有赓老先生一起到省林业厅科技处,向常青处长汇报林业契约的征集抢救工作,要求划拨原副厅长曹国江落实给锦屏抢救林业契约的10万元专款。常处长说,这10万元不可能全部都拨给你们,国家林业局要派专家到锦屏来做调研,他们的相关费用要从这里面开支,最多只能给你们 5 万元。后经副厅长官国倍等领导研究后,同意先解决 1 万元。我还向常青处长提出在省林业厅的《贵州林业》刊物上办一期锦屏林业契约的专刊,她答应同厅领导汇报,尽量争取。

下午,我来到贵州大学,找到老朋友、该校人口研究中心的杨军昌副教授,向他介绍锦屏民间林业契约之事,请他参与锦屏林业契约的研究工作。杨军昌对此很感兴趣,但遗憾他不掌握经费,他答应将找省内的一些力量来加入这项工作。出贵州大学,我又来到贵州民族学院,想找张应强的剑河老乡姜大谦副教授带去见院长吴大华,碰巧姜大谦不在学校。我就直接到校长办公室想找吴院长,可他也不在。

2004 年 4 月 8 日 下午,我回到凯里,又到州林业局找副局长邓锦光,向他汇报这几年锦屏开展林业契约抢救的情况和省林业厅领导对锦屏林业契约抢救支持的情况。邓锦光提出,锦屏林业契约抢救问题,光靠哪一级都不太现实,应以锦屏县地方史志办公室与锦屏县林业局联合向州林业局申报立项,州局再向省和国家林业局争取经费。他还安排该局政策法规科科长雷州祥与我一起商量具体办法。

2004 年 4 月 12 日 上午,我与县史志办公室工作人员杨秀廷、县契约征集办公室工作人员龙久腾开会,讨论林业契约的整理工作。龙久腾说,由于前段时间与县档案局的关系未理顺,工作不好开展,掣肘太多,效率不高。我说,根据县政府领导的安排,林业契约的征集和整理工作主要由县志办公室来做,希望下一步要大胆工作,但同时要处理好与档案局的关系。目前先要对所收集到的契约进行全面的清理,哪些已经整理,哪些还未整理;哪些已印给中大和农村群众,哪些还未印给人家。对群众一定要讲信誉,答应人家的就一定要做到,绝不能失信于群众。裱糊契约一定要认真细致,没有把握的就不要强蛮搞,先放一放再说。

2004 年 4 月 13 日 下午,根据县志办公室的工作职责和县政府领导的安排,我到县档案局与局长和副局长等会商契约工作问题。我提出 3 点意见:1. 鉴于县政府明确契约征集工作为县志办职责以及征求中山大学的意见,县志办公室将电脑、传真机等两样设备带过林业局那边去,复印机、打字机则继续留在档案局由档案局和契约征集办公室共用;2. 契约整理工作继续在档案局进行,档案局留一个房间给契约征集办作为整理契约专用,契约整理好后(指裱糊和编目、复印给群众),原件移交给县档案馆,县契约征集办及中山大学等投入经费的单位需要利用契约原件则无偿给予提供;3. 档案局及林业、文化等与契约有关单位均可向其上级部门申请经费。档案局领导基本同意我的意见。

2004 年 4 月 14 日　下午,我到县林业局找龙林召局长,向他通报了我前段时间上省州林业局反映林业契约抢救经费问题的情况,建议由县史志办公室与县林业局共同写一份专题报告,向上级申请经费来做林业契约抢救工作。龙林召同意我的建议,要求我先提交一份锦屏林业契约抢救工作计划给他。

2004 年 4 月 23 日　杨秀廷、龙久腾二人从乡下回来。他俩从 18 日出发,走了河口乡的培尾、裕和、培陇、美蒙 4 个村,主要是去做县志资料调查兼作契约的征集工作,共计收集得契约 130 份。杨秀廷说,相比之下,县志资料调查比征集契约要容易得多。他俩还参加了青山界大戊梁歌会。

2004 年 5 月 1 日　应州政府原副州长单洪根之约,我带龙久腾陪同他走河口乡拍摄风情图片。我们先是乘车到河口乡。因下大雨,不能摄影。在乡政府吃中午饭后,便从河口乘船行抵加池村。到加池后,我带老州长到四合院拍摄内外景物,龙久腾将先前收集到姜齐刚、姜齐相二人的契约复印件及证书交给他们。晚上,在姜绍明家食住。

2004 年 5 月 2 日　上午,我们在姜绍明家拍摄他家保存的契约和其他古老物件。在姜绍明拿出来的契约等文书中,我们发现有几份是清同治三年(1864)和光绪二十七年(1901)姜沛清、姜献义两父子出银向黎平府捐买九品官衔的收据。那时,朝廷为了解决各级官府的财政困难,允许对五品以下的低级官衔明码标价公开鬻卖。政府公开鬻卖官爵,在现在看来很不可思议,但从另一角度来看,这种做法比当今某些掌权者在暗地里鬻官卖职、收入肥己的腐败勾当要好得多。

下午,我们走山路到达文斗。老州长来文斗的目的是拍摄风景图片,而我的目的则是收集该村的契约资料。因为村里不同意将契约交出去,所以我只有采取用照相机拍照的办法收集。傍晚,我在上寨村主任姜廷化家拍了 25 份契约。因下雨,光线昏暗,效果非常不好。

图 2-39 笔者与单洪根(右)在文斗 (龙久腾摄)

2004 年 5 月 3 日 上午,雨时停时下。停雨时,老州长就在村干的陪同下出去拍照片,而我则蹲在姜廷庆家里拍契约。因我用的照相机是张应强留给的旧数码机,像素低、内存空间较小,且时常出故障,所以效率不高。在他家共拍到契约 90 份,其中姜运祥家的 21 份,姜廷庆家的 69 份。在姜廷庆家的契约中,有一份是清康熙四十三年(1704)中仰人租佃文斗人山场作为安身之地的"投帖"抄件(原件应在另一家保管)。这是在文斗看到年代最早的契约文书了。这份"投帖"全文如下:

> 立清白投帖字人龙梅所、陆富宇二姓。为因往外无地方安生,立意投到文斗寨界内地名中仰住居。蒙众头公姜祥元、姜现宇、隆宇、姜科明等把我二姓安身,大家相为邻寨兄(弟)。自投坐之后,无论前后左右寸土各系文斗地界,我陆、龙二姓不过借以安居,莫生歹心。如肯出力勤俭挖掘者,得吃上层之土皮。倘蒙霸占之心,天神鉴察。假使文斗众等不许挖种者,亦天神鉴察。所有管不到之处,任凭中仰打草打柴过活、挖种取租等情。如兄如弟,大家不使以强欺弱。恐日久人心不古,立此清白投字为照。
>
> 　　　　　　　　　　　　　代笔　中　　陈艾宇
>
> 康熙四十三年正月十五日　立

这份"投帖"证明这样一个历史问题,即中仰在清代前期曾是文斗、韶霭、加池等古老村寨的附庸寨。文斗是清水江边最古老的村寨之一,地盘宽广,对于中仰、九佑等后来发展形成的村寨,向来以"主人"自居,总是以俯视的态度看待,称这些村寨的人为"来人"。所谓"来人",就是指从外边来到此地讨地谋食、社会地位低下的穷苦人。在清代,文斗人是不屑同这些村寨联婚的。中仰就是典型。

图2-40　笔者与文斗村干易遵华(左)、姜良锦(中)在翻阅契约　(吴育瑞摄)

　　然而,通过长期的艰辛劳动,中仰人也渐渐买置一些山场,地位由一无所有的"来人"变成了山场的主人。从这份"投帖"中已明显看得出来,书立"投帖"时,双方都很无奈。中仰人迫于文斗人的传统势力,不得不委屈再向其"借地安居"。但他们此时业已落地生根,对诸山场已久种成业。而且,他们人口也不断增多,形成了一股强大的力量,要求与文斗人"如兄如弟",平起平坐。文斗人虽还占有"主人"的地位,但已不可能再像以前对零散佃户那样可随意"招攘",只得每隔一段时间就向中仰人索取一张无实际意义的"投帖"文书,从而满足其作为原始"主人"的虚荣心理罢了。

　　在姜廷庆家,我还访问了他的老母亲范二妹。范二妹老人今年已89岁了,她的娘家是本乡格翁村人。她说,我父亲死得早,很小时候就跟随母亲上山给人家造林。18岁时嫁到党样杨家,嫁到杨家不久,丈夫就被抓去当兵了,一去就再也没回来。那些年虎灾严重,经常听到老虎咬死咬伤人畜的传闻。有一天,我带十四五岁的小姑子去砍柴,在过一个弯道时,忽然从路坎上跳下一只扁担花老虎,把走在前面的小姑子扑倒就拖走。见势头不好,我将拿在手上的柴刀往嘴里横塞,跑上前用双手死死拖住老虎的尾巴,老虎拖着我们两个人拼命往前窜,扒倒一路的草。跑去一二十丈,老虎累了,就停下来想喘口气,我就左手拉老虎尾巴,右手拿柴刀往老虎背上用死力乱砍,那老虎痛得嗷嗷地叫。后来老虎挣脱我的手,跑进山里去,我就背着小姑子往家里跑。小姑子的喉咙被老虎咬通了,当晚就断气。她家的人说,她命中犯虎,所以也不怎么悲伤。第二天,上山砍柴的人发现,那老虎也死在了山上。

图 2-41　笔者与范二妹合影　(吴育瑞摄)

不久,她改嫁到文斗姜家。她说,我这辈子苦得很,嘎老吸鸦片,不干农活,里里外外的活都由我一人承担。搞集体的那时,为了挣工分,下河放排、上树采杉种、犁田插秧,男人干的活我全都干,有的男人还不如我。80 岁时,我还上树剔杉枝。后来崽女们骂多了,也就不再干了,怕给他们惹麻烦。现在世道好,吃穿不愁,我要活过 100 岁。确实,现在的她,性格开朗,身体还硬朗,眼不花,耳不聋,手脚麻利,每天早上还到园地里打一背篼猪菜,白天还帮带重孙,活到 100 岁应该没问题。

下午,我们移到下寨。老州长仍在拍寨里寨外的风景,我则找到姜树清的儿子姜启贵家,姜启贵不在家,我就请他母亲提供契约给我拍照。我是他们家

图 2-42　文斗姜启贵家的契约文书　（王宗勋摄）

的常客了,每次到文斗都要买些东西到他们家看看。见我到来,他母亲很高兴,从楼上抱来那个装契约的扁桶,让我在耳房里拍。因要上山干活,她就放了一壶开水和一包饼干在一边,并交代我晚上在她家吃饭,然后就出去了。我一个人在那里一边阅读,一边拍照。我小心地从桶里把契约拿出来,逐份拍照,然后重新放到原位,尽量不打乱原来的秩序。因照相机不济,下午我只拍了 177 张,还拍到了朱洪章留下的万名伞。

2004 年 5 月 4 日

上午,我继续在姜启贵家读拍契约,共计拍了 44 张,因像机的内存卡满了。中午,我们在下寨村支书姜兴福家吃饭。姜兴福热情好客,嗜酒,到他家的人不喝到他认为到的量,他是不许出门的。老州长不肯喝酒,说正患痔疮,得戒酒。姜支书则不管患

图 2-43　姜兴福夫妇　（王宗勋摄）

什么疮，硬是纠着老州长喝下半碗米酒。他还开玩笑地说："喝酒的人都要盖酒（即戒酒。锦屏方言，'戒'读为'盖'音），而且要盖好，盖不好就要漏气，那样酒就不好喝了。"

因老州长要从平鳌对面拍文斗衣拉的那片梯田，吃完饭后，我们就从文斗下乌斗溪上平鳌。从乌斗溪上到平鳌山顶约有两公里的路程，而且都是陡峭而且杂草覆盖的羊肠小道。今天天气转晴了，比较炎热。我们爬到半山，只见老州长的脸色很不好看，行走艰难，他说痔疮发作了。见老州长走路很困难，上到平鳌拍完照片后，我们不便停留，直接往平略方向走，并打电话给平略镇派车到平鳌的半坡（因公路只通到半坡）接我们。

2004 年 5 月 19 日 县档案局的领导打电话给我，说他们要在县契约征集办公室的房门上再加一把锁。我说，县政府文件明确契约征集工作是县志办的职责，我们得履行职责。我请他去问一下县政府领导，如果县领导认为有必要加锁，那就加，我没有意见。

2004 年 5 月 20 日 由于担心档案局要在契约征集办的房门上加锁，加上为了工作方便，免得来回地跑，我要县契约征集办人员龙久腾将已裱糊的契约从档案局搬到县志办（林业局）来进行整理编目。

2004 年 5 月 22 日 单洪根老州长要我再次陪同他去文斗补拍上次因天气原因未能拍完的景物。早上，我与龙久腾同老州长乘船先到加池，对四合院及院内古家具进行仔细拍摄。下午，我们从小路走文斗。当晚，吃住在退休干部姜高松家。

2004 年 5 月 23 日 上午，老州长在姜高松老局长和龙久腾的陪同下，下到河边然后爬到文斗对面的母猪坡上去拍摄文斗的全景，而我则在文斗小学校长姜兰学的陪同下在姜启贵家里继续读拍摄上次没有拍完的契约。姜校长陪了一个多小时就出去做事去了，我还是一个人在读拍。我打开木桶时，发现里面的契约明显有人翻动过，秩序有了较大的错乱。村子里非常的清静，除了偶尔听到几声鸡鸣之外，就没有什么杂音，很好工作。我依然是慢慢地把一包包契约拿出来,小心地打开,读拍完后又按原样包好,放在原来的位置,并尽量恢复被动乱过的秩序。然这次仍是用张应强的那台旧相机,经常自动关机罢工,所以进度很慢。一会儿蹲下来打开、折合放进去,一会儿站着弯腰拍照,腰杆酸得出奇。今天一天共计拍得了412份。

下午我在拍照时,姜启贵的大伯姜树梅(县粮食局退休干部)得知后就过来翻看,当翻到几份他的堂祖父姜登泮的祭文时,他提出要带走。我不同意,说这些东西还是放在这里统一保管为好,你拿出去后会散失的。他有点生气,说这是他们家的东西,拿几份没有什么大不了的。最后,他还是强行拿走了姜登泮的两篇祭文。

晚上,我们在文书姜兰奎家吃饭,支书姜兴福、村主任姜良锦来陪。席间,我说到姜启贵家的契约被人动过和姜树梅拿走几份的事。他们说,你们上次来后不久,贵州工业大学罗教授带山东大学威海分校的谢晖教授来看过,并选拍了部分照片。至于姜树梅强行拿契约,他们说,姜树梅是姜树清的大哥,姜树梅对姜树清保管家族的契约一直不满。姜树清去世后,树梅几次上门要把契约拿去他家保管,姜启贵两娘崽不同意,树梅心里一直有气。

姜兰奎50多岁,是文斗下寨的法师,村里的白喜和占卦、改煞等事都找他。我便同他了解一些有关农村佛教和做白喜法事等方面的情况,他有问必答,从不隐藏。

2004年5月24日　在文斗的契约中,有不少的佃山契约都是与九佑人签订的,所以很想去九佑村看一下。今天上午,我请姜兰奎带我去九佑走了一遭。九佑,苗语称"鸠右",地处在大山深处,山大壑深,往四边邻村交通都非常艰难,乡里的干部都视去九佑村为畏途。九佑寨的四周都是楠竹林,其间杂有红豆杉、枫、樟等古树。

姜兰奎把我带到林支书家里。稍坐一会,我便向林支书了解九佑的情况。林支书介绍说,九佑村民国时期仍为文斗之属寨,1952年土地改革时才从文斗分出来单独成村。现辖九佑、九怀、党加3个自然村,有4个村民小组,98户,471人。有林、黄、龙、潘、李、周、陆7姓。林姓为最早进入居住者,人口占全村70%。林姓的来历有点神秘,传说当年林宽起义失败后,其亲属为躲避官府追杀,就跑到这里来隐居。九怀、党加两自然寨的居民大多数是在清中期由湖南和本省天柱等地迁入，开始来时都佃种文斗等邻近村寨之山场，为其佃户。

林支书说，九佑寨均为侗族，自称是"三偢"，历史上与岑梧、高表、美蒙、中仰及黎平的乌山、乌勒等"偢家"互相通婚，尤其与岑梧、高表关系密切。以前流传有一首"偢家"古歌："岑梧栽烟喷喷香，高表辣子盖四方。九佑栽杉排排坐，美蒙坐在观音堂。三十三偢共一礼，九条黄白共一行。三十三偢几排伴，哪偢捧把当排来。"最近十多年来，随着青年人大多外出务工和老年人的逝去，"偢家"传统婚俗、偢歌、偢礼等逐渐消失。九佑人喜吃油茶。清早须先煮油茶吃然后出门做活，傍晚收工回家也得先煮油茶吃之后方才煮晚饭，客人进屋则更是先以油茶款待。九佑人吃油茶不用筷，待客时也只放一根筷子，意为尚有饭餐在后。油茶的制作方法：先将米用不很大的火炒到发黑冒烟，加水，再加入节骨茶、冷饭一起小火煮。秋季则可加入嫩苞谷，冬天则可加红苕，正月时则可加入糍粑、炒米花等。如果有新鲜猪骨头一起煮，味道更加鲜美。

最后，我问林支书有关契约的事。林支书说，九佑村 3 个寨子的人过去大都佃种别人的山，山林契约不多。加上寨上以前发生多次寨火，契约之类东西基本上被烧掉了，即便剩下少数也都不大愿意拿出来。听林支书侃了一会，因姜兰奎家里有事，我们便转回文斗。

2004 年 6 月 4 日 为了加大锦屏林业契约的对外宣传力度，以让更多的人了解锦屏林业契约，从县委宣传部过来的杨秀廷在 5 月份就提出要办一个锦屏林业契约网站。因有关方面有规定，我们单位小，不能办网站，只能在某个网站上加一个网页。今天，他将锦屏林业契约制成网页，挂靠黔东南州政府网站，锦屏林业契约总算有了一个让人了解的窗口。这个网页包括文字和图片两个部分，文字约 3000 余字，着重介绍锦屏林业契约的基本情况，图片有 80 余幅，分为契约文书、专家考察、锦屏自然风光 3 个部分。我们这个网页是锦屏县政府在该网站中内容最丰富的网页了。

2004 年 6 月 7 日 下午，贵州大学人口研究中心杨军昌教授给我打来电话说，他们已联系到一家出版社，愿意出资出版锦屏林业契约一整套丛书，征求我的意见。我说，这事得请示县政府领导的意见，还得同中山大学沟通一下。晚上,我打电话给张应强告知此事。张应强说,出版锦屏林业契约系列丛书已列入中山大学历史人类学研究中心的计划。

2004 年 6 月 15 日　贵州省地方志办公室主任彭钢、副主任罗再麟、编辑处处长周声浩等一行 4 人去黎平开会,途经锦屏停留,检查修志工作情况。我向他们汇报了县志编纂筹备工作,重点介绍把县志编纂与林业契约征集研究工作相结合的打算。彭钢主任对此予充分肯定,他希望锦屏能把这两项工作都搞好,编出一部有特色的县志出来。

2004 年 6 月 19 日　前来锦屏进行"中央林业决定(指 2003 年《中共中央、国务院〈关于加快林业发展的决定〉》)和全国林业工作会议精神贯彻落实情况调研"的贵州调研组组长、国家林业局国际合作司司长曲桂林以及成员鲁德(该司国际处处长)、邓亚玲(该司科技处处长)等一行,在贵州省林业厅副厅长汤向前、黔东南州林业局副局长邓锦光、锦屏县委副书记伍治平、县政府副县长龙立俊等的陪同下到县契约征集办公室查看林业契约,我向他们介绍契约的简要情况。曲桂林司长看后认为,锦屏的林业契约是林业历史文化,是无价之宝,必须好好地抢救和保护。

我将先前契约征集办公室与县林业局合作编制的《锦屏林业契约抢救与利用建议书》呈报给曲,请求国家局解决些经费给锦屏林业契约抢救予以支持。曲桂林表示,回去将争取些经费,对锦屏林业契约的抢救予以支持。

2004 年 6 月 26 日　晚 10 点,贵州电视台《今日视点》栏目以《一纸契约保住三百年青山》为题,播出介绍锦屏林业契约的专题报道。

2004 年 6 月 26 日　上午,我交代契约办公室工作人员龙久腾将已裱糊好的岑梧村集体的 100 多份契约带来县志办公室整理编目,然在途中被县档案局领导派 3 名工作人员强行截走。我把情况向杨国珍副县长汇报,杨国珍认为档案局的做法是错误的。她说,她将同档案局局长说,要他们不要再这样做了,把那些契约退回给契约征集办公室整理。

2004年6月30日 我出差上贵阳。下午,我到州林业局找邓锦光副局长,向他呈交《锦屏林业契约抢救项目报告书》。他稍作审阅后,便叫人盖章转交给我带上省林业厅。

2004年7月1日 上午,应贵州省地方志办公室通知,我到省地方志办公室汇报修志工作,并与该办副主任罗再麟、周声浩等讨论《续修＜锦屏县志＞篇目》。之后,我去拜会省志办公室原主任范同寿,向他介绍锦屏林业契约以及与中山大学合作开展征集抢救的情况。范同寿对锦屏林业契约非常感兴趣,他认为这是贵州的一大"宝"。但他认为,锦屏县不应该与中山大学合作。他说,我们贵州的东西怎么能同外省大学合作搞呢？这不是扫我们贵州人的脸吗？你们应该同贵州省内诸如贵州大学等科研单位合作才行。他提议由贵州省文化厅、省社科院、省民委、贵州大学、锦屏县政府等单位联合向省政府写报告,争取省政府经费等方面的支持。他还要我转告我们的县长到贵阳去找他,他将给县长好好"上一课"。最后,他还建议我去贵州大学见见贵州的历史学权威张新民教授。我说我不认识张教授,范主任当即给张教授打电话,约定当天下午张教授在贵大等我。

我不大赞同范主任的意见。锦屏林业契约是贵州的历史文化资源,但不应是贵州的"私产",贵州省内外甚至国外的学术界、热心者都可以来研究和利用,只有大家都来关注、研究和利用,它的价值才能充分显现。怎么说人家中山大学来挖掘利用就是丢我们贵州人的脸呢？这未免也太狭隘了点。

下午,2点多,我到省林业厅对外合作与产业处将《锦屏林业契约抢救项目报告书》交给副处长江萍,并向她简要汇报了锦屏林业契约的一些情况。江处长对锦屏林业契约的抢救极力支持,表示她将尽力将《项目报告书》报上国家林业局去。

出了林业厅后,我如约来到贵州大学找张新民教授,他在家里的书房里接待了我。这间书房不大,兼会客室,四壁均为书墙,从地板到天板,整齐地码满大小厚薄不一的各种书籍, 中间摆有几张不大的沙发和一张别致的茶几。进入这里,随即被一种浓郁的书香气息笼罩。张新民教授说话很客气文雅,颇有大儒之风,但视力较差。

张教授对我的到访非常欢迎。我首先向他介绍了锦屏林业契约以及近几年同中山大学合作开展征集抢救的情况。听了我的介绍之后,张教授说,锦屏林业契约是我们贵州省的珍贵历史文献,应该抢救和保护。但现在你们与省外的中山大学合作,别人将会笑话我们贵州的。再说,同省外的大学合作,可能会导致这些珍贵文献的流失。敦煌文书就是个例子。敦煌文书在上世纪初大量流失到国外,以致现在我们要研究敦煌文书需要跑到国外去。所以,锦屏林业契约应该吸取敦煌文书的教训。我们贵州大学非常愿意同锦屏县就锦屏林业契约征集研究进行合作,并尽可能地争取省领导的支持,加大经费投入,把锦屏林业契约全部出版。如果中山大学有意,他们亦可参与进来。我说,如果贵州大学能进来一起做锦屏林业契约,那是再好不过的了,我个人表示欢迎。但锦屏县已经与中山大学合作了3年,中山大学已经出了些经费,而且现在也已经取得了一些成果。这件事我得回去向县里的领导汇报,同时也得征求中山大学的意见,之后才能答复。

在会谈中,张教授认为,"锦屏林业契约"这个称谓概念太窄了,不能概括在锦屏民间保存的契约等历史文献,建议改称为"锦屏文书",就像敦煌文书和徽州文书一样。他还提出以"锦屏文书"为基础,创建"锦学",在贵州大学成立"锦学"研究中心。我说,我对将"锦屏林业契约"改称为"锦屏文书"和设立"锦学"以及建"锦学研究中心"都表示赞成,我认为锦屏县的领导肯定也是欢迎和支持的。但认为将"锦学研究中心"设在贵州大学不太合适,因为锦屏林业契约产生和保存都在锦屏,如果设的话最好设在锦屏为好。张教授说,那就设两个"中心",一个在贵州大学,一个在锦屏。

会谈中,贵州大学中国文化书院研究院副院长王良范教授和张新民教授的助手张明老师也在场。

2004 年 7 月 5 日 上午 8 点,我到县政府找王甲鸿县长,向他简要汇报贵州大学有意参加锦屏林业契约抢救和研究的事,政府办公室主任王明相亦在场。王甲鸿县长说,现在我们已经与中山大学合作,如果又与贵州大学合作,就变成一个姑娘哄两个汉子了。这个事情一定得慎重考虑,千万不能得罪人。

稍后,我又到副县长龙立俊办公室向他汇报上此次上贵阳的事。他对上报项目报告书到省林业厅很满意。对省社科院和贵州大学有意来介入锦屏林业契约的抢救一事,他认为这是件好事情,但要处理好与中山大学的关系,不能得罪人。

2004 年 7 月 3 日　上午,接到县林业局的通知,我到该局参加林业产权制度改革调研课题座谈会。参会的有贵州大学林学院温佐吾教授师生 4 人和县林业局副局长朱守剑以及工作人员王锦河等。会议主要对温教授等在锦屏进行调研的内容和地点等进行讨论,最后确定加池、菜园和绍洞为调查点。

2004 年 7 月 4 日　我带温佐吾教授上加池,加池村支书姜齐友组织小学师生敲锣打鼓到半坡迎接,让温教授受宠若惊。晚上,村里组织村组干开座谈会,温教授说明来意,并向参会者发放林业产权制度改革问题的调查提纲。在加池的调查共 3 天,7 日结束。在这 3 天中,我带温教授走访了村干和村民 21 人。在调查中,我们发现群众对国家划禁伐区和公益林之事不甚明了,以前县林业部门和乡政府没有征求过他们的意见。群众对国家强行把他们造的杉木林划为公益林、不准砍伐很有意见,但又无可奈何,都要求国家以经济形式补偿把他们因之造成的损失。同时,还要求国家在扶贫上给予相应照顾。

在这 3 天中,我还对姜绍阳家的契约座簿、诉讼词稿集、族谱等拍照。同时还请姜绍烈老先生和姜绍明带我到加池寨脚半坡和离寨子约 2 公里的党周一带指点加池契约文书中经常提到的山场地名。此外,还跑到中仰村抄了几通碑文。

2004 年 7 月 22 日　凌晨,中山大学人类学系副教授张应强偕其妻滕萍及研究生张银锋、钱晶晶等一行 5 人抵锦屏,同时带来广州企华教育有限公司赠送的40 台经改造升级了的旧电脑给锦屏用来装备农村小学。

2004 年 7 月 23 日　下午,我和张应强、王明相在烟草宾馆张应强的房间,就锦屏林业契约征集工作进行商量。我先把贵州大学有意介入一起做锦屏林业契约的事向张应强和王明相介绍。经过一番讨论,我们就加强锦屏林业契约抢救工作达成以下共识:

1.中山大学投入经费征集来的 1 万多份契约,由中山大学历史人类学研究中心与锦屏县政府联合出版,出版编辑班子为锦屏县政府最新下文的成员,主编是张应强和王宗勋,经费由中大负责。第一批先出 10～15 本。下一步贵州大学等单位投入经费后,则三方共同来做。2.若贵州大学等其他单位有意加入锦屏林业契约的征集研究工作,均予欢迎,但应有个切实可行的合作计划,而且应有相应的经费保障。3.2004 年下半年,中山大学增加对锦屏林业契约征集整理的经费投入,并提请中山大学将锦屏林业契约的征集研究工作作为学校的一个重要课题来抓。今后对工作人员下乡征集契约,实行适当的激励方式。4.王宗勋尽快写出近几年林业契约征集工作的综合性报告分别呈送中山大学和锦屏县政府,其内容应包括所取得的成绩、工作目标和存在问题以及工作建议等。5.对文斗村的契约文书特殊处理,由中大找经费 10 万元帮助该村建小学,然后在小学中辟一契约整理工作室,对该村契约等历史文献资料就地整理和就地保管。6. 广州企华公司捐赠的 40 台电脑分给魁胆小学20 台,黄门小学 10 台,文斗、加池小学各 5 台。

2004 年 7 月 22—26 日 我陪同张应强等一行先后到瑶白村参加六月六摆古节活动,到魁胆村与该村小学举行了一场如何抓好农村小学教育工作座谈会,还到文斗、加池两村进行契约产生的环境进行面上考察。

2004 年 7 月 27 日 上午,我随县委副书记曹庆五一道送张应强教授走贵阳返校。因天柱境内公路被洪水冲毁,所以迁走黎平、榕江、三都。从锦屏出发到贵阳,费了 10 个多小时。

2004 年 7 月 28 日 上午,我到省林业厅找常青处长,她出差在外。下午到省社科院找范同寿主任,也未遇。

2004 年 7 月 29 日 上午,我到省地方志办公室向周声浩汇报修志工作。

2004 年 7 月 30 日 贵州大学张新民教授得知我到贵阳后,又邀请我过去与他们就锦屏林业契约征集等工作进行座谈。座谈地点是该校的中国文化书院宽敞明亮的办公室里,参加人员有张新民、王良范两位教授以及张教授的助手张明老师。

座谈中,张新民教授就锦屏林业契约问题提出 5 点建议:1.贵州大学近期组织有关出版社到锦屏对契约文书进行考察;2. 贵州大学与锦屏县政府联合向贵州省政府申请锦屏契约文书征集抢救专项经费;3.在专项经费到位之前,由贵州大学投入一些前期费用,确保征集工作的继续进行;4.双方联合成立工作机构(可设在锦屏,也可设在贵大)。鉴于中山大学已先介入,如果中大愿意的话,则三方来共同做;5.贵大投入经费,锦屏负责契约征集、整理,所收到的契约原件全部留在锦屏,贵大拿一份复制件,贵大联系出版社将征集到的契约书全部影印出版。

对张教授的这些建议意见,我不敢轻易表态,说需要回去请示县领导后才能定夺。张教授便半开玩笑地对我说,王主任,你不能只有中大情结,也应建立点贵大情结呀! 我说,张教授,我们和中大合作已经 3 年了,肯定是有些情结的。今后如能和贵大合作,贵大情结也肯定能建立起来。张教授还说,最近他将组织几个人来锦屏实地考察一下林业契约,我表示欢迎他们到锦屏指导工作。

2004 年 8 月 1 日 下午,应贵州省档案局馆室处处长刘树清之约,我到省档案局向其汇报契约文书征集抢救工作,还就锦屏契约文书申报"世界记忆工程"问题向他详细咨询。

2004 年 8 月 2 日 我到省林业厅拜会副厅长官国倍,向他汇报近年来我们开展林业契约抢救的情况。官厅长对此非常感兴趣。他说,林业契约十分珍贵,抢救工作非常有意义。锦屏林业是贵州林业的样板,没有锦屏的林业就没有贵州的林业,锦屏是出林业政策的地方。我向他建议由省林业厅组织召开"锦屏林业契约文书与林业改革"的专题会议,他对此很感兴趣,说你这个建议很好,我们厅里将认真研究。

2004 年 8 月 4 日 上午 10 点,契约征集办公室工作人员龙久腾向我报告说,他几天不到县档案局那边的办公室了,今天早上去那里取材料时,发现那办公室里所有柜子的门全被撬开,柜里面存放从农村征集来尚未开包整理的 1000 余份契约文书和数十本簿册以及卦治碑文拓片(20 多份)、日本《贵州苗族林业契约汇编》一书手稿复制件、姚百万家谱复印件等全部取走(之后了解,这是县档案局工作人员 7 月 27 日以"档案执法"为名做的)。当天下午,我即以县契约征集办公室的名义写专题报告,并到县政府向县长王甲鸿和副县长杨国珍报告,王甲鸿、杨国珍两领导都很生气,认为档案局的这种做法是非常错误的,王甲鸿县长要求杨国珍副县长负责协调处理。

　　下午,西南政法大学教授陈金全率 4 名学生来到我办公室。他们是前天来到锦屏的,特意来考察民间契约文书,我要办公室工作人员杨秀廷接待他们。昨天,杨秀廷带他们去考察文斗,今天上午他们回来,要求就锦屏民间契约问题同我们举行座谈。我便借林业局的小会议室,还请县林业局办公室的王锦河一起参加。座谈会上,我向他们介绍了锦屏民间林业契约的情况,王锦河介绍了民间林业契约在林业改革中的应用。陈金全教授说,他们此行是来做民间习惯法调查的。以前,西方法学界都认为中国缺乏反映民间习惯法的文献,说中国缺乏民法基础。锦屏民间林业契约即是最好的民间习惯法。在契约盛行的那个时代里,锦屏这里就是"法治社会"。锦屏民间契约,填补了中国缺乏民法基础的空白,非常有研究价值,今后我们要长期在这里做调查研究。

　　2004 年 8 月 5 日　根据省林业厅副厅长官国倍和科技处副处长常青的意见,我要杨秀廷上省林业厅去办余下的经费。

　　2004 年 8 月 6 日　杨秀廷到省林业厅先后找官厅长和常处长协商,最后只同意给 2 万元。曹国江副厅长当时答应给 10 万元给锦屏做林业契约抢救的专门经费,但省林业厅只同意给 5 万元,其余 5 万元要用来解决北京林业大学科研人员下锦屏调研的经费。而且给锦屏的 5 万元中,只能给 4 万元,余下 1 万元作为科技处的"管理费"。因科技处的工作人员迟迟不予办理,杨秀廷只有先回来。

　　2004 年 8 月 9 日　下午,县人大常委分管文教卫的副主任宋家驹率代表来县志办公室视察。我和杨秀廷向他们汇报了县志编纂的筹备情况,并重点汇报林业契约的征集抢救工作情况。关于林业契约征集抢救工作,我汇报说,通过近 3 年来的努力,已收集到契约原件 1 万多份,并已引起各方面的关注,国家林业局准备对此工作立项予以支持,中山大学也决定将加大经费的投入。此外,贵州大学、西南政法大学等高校也都准备加入合作行列。总之,锦屏林业契约已渐具备打造成文化品牌的基础。目前存在的问题是内部关系协调不畅,县里领导层出现不同的声音,县档案局对县政府安排县志办来做这项工作有意见,甚至采用过激方式来阻止,以致无法正常开展工作。

就如何协调与县档案局的工作,把林业契约征集抢救工作有效的开展下去,我们进行了深入讨论,最后形成以下意见:1.锦屏林业契约是锦屏县的一项宝贵的文化资源,必须把它做活,让它尽可能地为锦屏的经济和文化建设服务。本着资源共享的原则,县林业、档案、文化、民委、政协文史等部门均可利用它来做文章,向其上级部门争取经费支持。2.林业契约征集整理由县契约征集办(县志办)统一负责,整理好之后全部移交到县档案馆统一保管,今后县契约征集办和提供经费支持的单位需要利用契约原件,县档案馆无偿提供。3.县档案馆增派一个人参加契约征集整理工作,以加大这项工作的力量。4.县契约征集办购置一台空调安置在县档案馆中存放契约的房间里。5.县档案局截留的契约应尽快返还县征集办整理,然后移交到县档案馆保管。6.县契约征集办应把这几年与中山大学合作所开展的工作做一个阶段性总结。7.由宋家驹副主任近期就契约征集整理工作向王甲鸿县长做专题汇报。

2004 年 8 月 14 日 中午,贵州省政协文史委员会副主任邓健、贵州大学中国文化书院副院长王良范、广西师范大学出版社总编何林夏、贵州大学中国文化书院院长助理张民等一行 5 人抵锦屏,就锦屏民间林业契约的征集整理出版等进行考察,并就与锦屏合作问题进行磋商。根据王甲鸿县长意见,由县政协负责对接。下午,我先带他们一行到办公室参观契约,然后到县政协三楼会议室召开座谈会。

会上,何林夏总编介绍了广西师范大学出版社的大致情况和他们一行来锦屏的目的。他说,他们来锦屏的目的是为出版锦屏林业契约文书而做前期考察。出版锦屏契约文书要立意高远,要求全面,越多越好,要做到一次性隆重推出,做到"空前绝后"。锦屏契约文书不应只窄称"林业契约",而应称为"锦屏文书",出版将包括契约、家谱、碑刻、诉讼词稿、书信、文告、乡规民约等。出版费用由广西师范大学出版社负责。此外,他们还负责付给锦屏每份 5元的征集费用。如合作得成,那么 8 月份他们便可付出先期经费用于征集。他认为,锦屏契约文书征集必须快速,最多 3 年时间即要全部完成,以防他人私自下乡收集。征集一定要注意契约的系统性和完整性,要吸取徽州文书的教训。何林夏还建议成立"锦学"研究会和"锦学"研究中心,这个研究会和中心可设在贵州大学,锦屏、中大可设分会和分中心。

　　锦屏方面有县政协主席杨顺炎、县委副书记曹庆五、县政协副主席程安榕以及县政协文史委主任林顺先和我参加座谈。晚上8点多钟,王甲鸿县长到新华宾馆会见邓健等一行。对于合作做锦屏契约文书的事,王县长责成我代表县政府与王良范、何林夏等具体商谈。

2004年8月15日　上午,我到新华宾馆王良范院长房间与王良范、何林夏就合作问题进行商谈。王良范、何林夏提出5点意见:1.由锦屏县政府、贵州大学、广西师范大学3家联合对锦屏民间契约文书进行征集整理和出版,若中山大学愿意加入也欢迎。2.锦屏民间契约文书的出版工作由广西师范大学负责。文书要包括中山大学出资征集到的那1万多份,全部统一出版。3.锦屏民间契约等文献资料的征集整理所需的费用由广西师范大学负责筹集。4.建议成立"锦学"研究会和"锦学"研究中心。5.适时开个小型新闻发布会。

　　对他们提的意见,我谈了我的看法。我说,锦屏民间林业契约的征集抢救工作中山大学先行进入,他们与锦屏县政府签有合作协议(会议纪要),而且已经合作了3年。而此次来锦屏考察磋商未有中大人员参加,所以得征求中山大学的意见。在合作问题上,我认为排名应先锦屏、次中大、再贵大。前段时间中大出资收集的1万多份应由锦屏县和中山大学联合出版,贵大不应署名。我建议先由何林夏总编去找中山大学陈春声教授等具体商谈,然后在适当地方举行有锦屏、中大、贵大、广西师大出版社四方会议,就合作事宜进行具体商谈。我还建议,锦屏民间林业契约目前正在征集阶段,还不宜过早、过大地新闻炒做,否则会过早招引各色人员进来,有可能导致契约等文献的流失,所以新闻发布之类的会议暂无必要举行。会谈没有得出结果。

　　同日下午,我到县政府副县长杨国珍办公室,向她汇报林业契约征集工作及存在的问题,请她出面协调与县档案局的关系,并请县长办公会听一次契约工作的汇报。杨国珍说,县档案局他们已经自己行文成立了契约征集领导小组。她将向王甲鸿县长汇报后,再与曹庆五副书记一起来协调这件事。

2004年8月18日　傍晚,韩国江陵大学教授金弘吉在贵州省民族研究所原副研究员杨有赓的陪同下来到锦屏,目的是对锦屏民间林业契约情况进行初步考察。

2004 年 8 月 19 日 我要办公室杨秀廷带领金弘吉和杨有赓考察了茅坪、卦治和岑梧等村寨。金弘吉对锦屏林业契约非常感兴趣,表示今后将对锦屏对契约进行长期研究。20 日上午,金弘吉二人离开锦屏上贵阳。

2004 年 8 月 30 日 办公室杨秀廷开始实施他计划已久的独自行走青山界行动,其目的除了做办公室安排的村情调查和民间林业契约征集以外,主要是想了解和体验青山界这片苗族文化处女地的独特文化,为其文学创作寻找灵感和素材。

2004 年 9 月 1 日 下午,县政府副县长杨国珍在县政府四楼大会议室主持召开林业契约工作协调会议,对县史志办公室与县档案局在林业契约征集工作上的问题和关系进行协调。参加会议的有县委副书记曹庆五、县政府办公室主任王明相、县组织部副部长杨从卫、县档案局的局长和副局长,县史志办公室由我参加。

杨国珍副县长介绍会议的目的和意图。她说,县史志办公室王宗勋同志写了几个报告给县政府,要求协调解决县史志办与县档案局在契约征集工作上的一些分歧矛盾问题,王甲鸿县长指示要尽早召开这个会。首先,王明相主任解释县政府将林业契约征集工作交给县史志办来做的用意和目的。他说,县政府这样做是考虑这几年这项工作一直都是宗勋同志与中山大学在做,现在工作已经上了路,中大那边也很满意。现在成立县史志办,由宗勋同志过去主持修志工作。为了使与中大合作的工作有连续性,所以决定工作跟着人走,并将契约征集工作写进县史志办的"三定"方案中去。

我就锦屏林业契约的征集工作提出了 4 点意见和建议:1. 林业契约是锦屏县的宝贵资源,不应由哪个部门专有,县林业、档案、文化、民族等部门都应参加,并且都可以此为由向上级争取经费。2.契约征集整理工作由县契约征集办公室来做(现在已初步掌握了一些经验),整理规范后就移交县档案馆保存,县史志办公室不保存契约原件。在县档案馆中设专室存放契约文书,明确专人管理,今后契约征集办及相关人员需要研究档案馆予免费提供。3.县政府加强契约征集办公室的力量,从县林业局、档案局中各抽出一人充实契约征集办。4.请县档案局将强行取走的那些契约等资料拿出来由征集办统一整理,以免造成损失。档案局的两位领导也表达了他们的意见。他们认为,县政府将林业契约交由县史志办来做不大妥,与《档案法》精神不太符合。

杨国珍说,这几年契约工作成绩是显著的,大家有目共睹。原来契约征集办与县档案局在工作上就有些小摩擦,成立县史志办后矛盾加剧,出现撬柜子的事。如何协调这项工作,宗勋提出了很好意见。我认为,下一步由县档案局来承担此项工作,但仍由王宗勋同志继续抓。

曹庆五说,林业契约工作取得很大成绩,宗勋同志贡献很大。这项工作,档案局可以做,县史志办也可以做。这项工作是在县政府的领导下统一进行,宗勋同志对此工作熟悉,由他继续抓较好,这样工作才有连续性,契约征集来以后应放在档案局统一保管。

会议开了一下午,最终没有取得预期的实质性结果,大家都有点失望。

2004 年 9 月 6 日 上午,杨秀廷回到办公室。他就这次独自上青山界 6 天的经历和感受,同我聊了 1 个多小时。

他说,8 月 30 日那天上午,他搭乘班车走河口乡。路上,他向女押车员了解有关青山界的情况。这个押车员说,青山界很高、很大、很宽,上面有个最小的寨子,叫故善,只有 3 户人家,那里是锦屏最最边远的地方,你能到那里去就算你厉害。中午,车到达河口乡政府驻地姚家坪,这时姚家坪正拆迁,移民工作队的人在那里忙碌。他一个人走在用长青石条铺就的阶梯上,站在古旧的、已被列为县级文物保护单位的姚家老屋前,沉思了很久,做了些笔记,拍了些古石阶、古建筑的"遗照"。

傍晚,他走上瑶光寨。从表面上看,瑶光寨的文化底蕴很厚,应该有契约之类的东西,所以心里比较期待。到村里,先是找村里的干部,想了解一下村情和契约的情况,但因村主任和支书都不在家,有些失望。晚上,在退休干部姜述熙老先生家住宿。热情的姜老先生向他介绍了瑶光的历史和民风民俗之类的东西,也算是有了些收获。

杨秀廷说,31 日上午,他决定走裕和。姜述熙老先生送他爬了 3 公里多的青石板山路,到白虎山去看瑶光最大的祖坟——姜志远墓。这座坟墓瑶光当地人又称为"花祖坟",所处地势高凸,前面开阔,可以清楚地俯视着瑶光寨以及清水江。看完姜志远墓,姜述熙先生返家,他则独自走上白泥坳。白泥坳是个有十来户人家的小村落,是从瑶光搬上去的子寨。他本想在这里了解一下情况,但找问了几个人,都得不到较有价值的信息。于是,他继续往前走培尾村。在培尾村,他找到村主任家,这个村主任他熟悉。但该主任出外做木工去了,而其他的村干也不在家。既然村领导都不在家,就继续往前走裕和村。此时已是傍晚,他就花 10 块钱租了一辆摩托车送他去。到裕和村时,天已经黑了。

裕和村他到过多次,先前曾听说家住裕和、人在培尾小学任校长的龙举昌老师家里还保存有些契约,他于是买了几斤糖直接去龙举昌家。恰好,龙举昌以及他的父亲都在家。对他的到访,父子俩都很高兴,热情地招待了晚饭。饭后,他向龙举昌的父亲了解裕和寨的历史和风习。老父亲介绍说,裕和寨旧称"苗吼",是古青山界四十八苗寨之一。因嫌该名不雅,民国前期才改为"裕和"的。他们龙家来裕和最早,是开寨者。过去裕和有吃牯脏的习俗,龙家因是开寨的,所以一直都被选定为牯脏头(他的父辈也得当过)。吃牯脏一是项隆重的祭祖活动,同时也是四十八苗寨的"会盟"活动。吃牯脏得由牯脏头组织,否则别的寨子不会响应,活动就搞不起来。牯脏头得带头喂养用于打斗的水牯牛。他们龙家过去与苗庄的杨姓(也是牯脏头)关系最为密切,互相之间走访都非常慎重,得事先下帖子,接待的礼仪很隆重。还有,每年开春来"起活路",也得由他们龙家来起,如果别的姓氏"起活路"的话,那年的阳春就不好。现在他们家里还保存有"起活路"时专用的物具。后来谈到契约的事,老父亲说他们家里还保留有几十份,那都是以前老人家买田买山的老字据。以前,寨上几乎每家都有契约,只是发生多次火灾,契约大多数都被烧掉了。他们家的那些契约放在谷仓里,明天去拿出来看。

图 2-44　裕和阴契印章　(王宗勋摄)

第二天（9月1日）早晨，杨秀廷随龙举昌老师父子一起去他们离家有300来米、位于学校附近的谷仓看契约。那谷仓有两层，谷子放在二楼。上二楼没有固定楼梯，人要上去时，需得从家里扛单梯去临时搭架。他们说不设固定楼梯是为了防盗，让偷盗者不那么方便。二楼仓房低矮狭窄，平时不开窗，仓门很高。里面除了谷子以外，还存放有许多较有价值、放在家里不大安全（主要是火灾）的东西（如衣物、妇女银饰等）。契约放在一个圆形的木桶里。老人家揭开桶盖，从里面拿出一个塑料包来。打开塑料包，里面除了契约之外，最显眼的就是一枚正方形木质印章。他拿印章来看，见上面刻的是篆体字，一时认不了。他于是问老先生这是什么章？老先生说，这是阴契印章。过去买山买田的契约都要盖上官府的大印才是硬，但他们这里离官府远，很少有人拿去官府盖印。他们家几代都有会看阴地的人。他们的先人就刻了这个印章，人家请他们去看好地、写了买地合同以后，他们的先人就在那合同上加盖这个印章，一是给买卖双方作凭证，二是让去阴间的人觉得他们的地是经过"官府"认可了的，是绝对过得硬的，可以放心享用。那包契约他们清点了一下，有110多份，龙举昌老师逐份打开来。契约中最晚一份是1950年代中期用红纸写的。他提出拿到县里面去统一整理和保管，龙举昌老师有点疑虑，但他老父亲却满口答应。他说，你拿去没问题，但有个要求，就是请你们帮他们把这些契约翻译成白话文，让后代子孙能看得懂。最后，他将契约包好带出来。

杨秀廷说，在龙举昌家吃了中饭，他决定走对面的美蒙村。裕和去到美蒙，得下到苗吼溪再爬那边的大坡，七八里路，得花个把小时。龙举昌想送他去，被他谢绝了。一点过钟，下起了小雨，他买了4斤猪肉，打着伞，顺着裕和寨脚梯田间的石板路下去。此时正在开田捉鱼（裕和村有稻田养鱼的习惯，这里做的腌鱼因味美色鲜而闻名遐迩，供不应求），路上水流不绝，下到半坡鞋就已湿透了。这时雨继续在下，雾蒙蒙的。他来到溪里的一座木桥头，正准备过桥，忽然有一条手腕般粗的蛇从身边串过。他平生最怕蛇，这时便一下子懵了。呆立在桥头十几秒钟后，就以最快的速度冲过桥，往美蒙方向的山路上跑去，在一处开阔处站立着，等伴上山。等了20多分钟，终于等到了两位美蒙的村民回去，他便与他们一同上去。

他说，上到美蒙寨时，雨水加汗水，全身都湿透了，好在装着契约的包他一直抱在胸前，没被淋湿。他直接找到村支书龙立华家，龙支书将他儿子的衣服拿出来给他换,然后拿湿衣去火塘边烘烤。在火塘边烘烤衣服时,他与龙立华支书了解村里契约的情况。支书说,村里有几户人家保存有老契约,前些时候,县档案局的王宗勋局长来收去了一次,剩下的也不多了。他家里倒也保存有几十份,但这是他们美蒙村与隔壁培陇村争山林需要用的,这些不能让你们拿走,否则美蒙就没有说话的依据了。还有,请你转告王局长,收去的那部分一定要把复印件送给他们,不然的话,群众是要有意见的。

杨秀廷说,衣服烘干后,他就到村里找美蒙小学的老师龙运堂,想了解一些有关契约的情况,龙运堂老师说契约他家没有,也不知道哪家有。龙老师带他去看他们的小学校,那是一幢两间两层的木屋,非常破旧,上盖杉木皮,一楼的两间教室窗户都没有窗页,没有门板,上楼的楼梯因长期被日晒雨淋很朽了,上下得非常小心。龙老师说,这里只有一到三年级,每年级有学生3至6个不等,就他一个老师全部负责,四年级以上的都到对面裕和小学去读。

龙老师还向他介绍了美蒙村的历史和风俗情况。美蒙有张、杨、龙3个姓氏,都是从锦屏县大同乡迁来的,其中张姓迁自大同村张家湾,杨姓迁自稳江村,龙姓迁自龙霭村。一直以来,美蒙人都将美蒙当作是临时讨吃的地方,大同那里才是他们永久的家园,是精神的归宿地。这里有很特殊的丧葬习俗,老人过世以后,孝家要杀猪或杀牛,猪(或牛)杀死之后,要用一根绳子,一头捆在猪(或牛)的前脚,一头连在死者的手上(男左手,女右手),然后由法师交代他们赶回大同老家去,路上不要停留。这里的人都是"三侎",会说苗、侗、汉3种语言,大多数人都会唱"侎"歌,有的人一字不识,但唱出的歌词却非常文雅。晚上吃饭时,听龙支书他们谈到现在村里有十多户村民根据上级的扶贫搬迁政策正搬迁去铜鼓镇岔路村十里坪安居。对搬迁出去,支书他们很担心:一是搬到新的地方难以适应;二是人口都搬迁出去了,这里的人口就减少了,今后同其他村寨争山争地就更缺少力量了。

2004 年 9 月 2 日 早上,杨秀廷决定走固本乡东庄村。从美蒙去到东庄有20来里路,得经过故善。龙立华支书的儿子送他到走十二三里的山路(爬坡的多),到达故善。故善是东庄的一个小自然寨,所在的位置很高,几乎靠在了青山界的顶上,是锦屏县海拔最高的居住点。这里天高云低,看得很远,给人一种高远开阔的感觉。这里原来有9户人家,都是龙姓,这几年陆续搬迁出去,现在只剩下龙家书他们三兄弟了,而且大哥龙家恩也已搬去了岔路,现正回来搬剩下的杂小东西。老二龙家书是个草医,在周边还有点小名气,自己买了一台柴油机打米和发电照明。家书还是东庄村里第一个建沼气池的,建沼气池所需要的水泥等物资是从十多里外的宰格村挑运来的。

见到有外面客人来,龙家书夫妇非常高兴,一个在家洗腊肉,一个到田里捉鱼。龙家书家的大门上贴有一副对联:"门对青山千里秀,家居宝地四时春。"从对联中可看出,龙家书对这大山依然眷恋。吃饭间,他问龙家书,家里是否还保存有山林契约等旧文书?龙家书说没有保存,他们小村小寨即便有也无法按契约进行管理。接着,龙家书倾诉了许多无奈:他们小寨饱受大村寨、大族姓的歧视和孤立,有一年他三弟龙家培家里的一头肥猪在夜里被邻寨的几个人来杀了挑走。平时,只要听说大寨哪家有好事,他们兄弟都积极主动竭尽全力去帮忙。他们感觉很孤单,就像失群单飞的鸟,非常希望村里的干部能关注和接纳他们。

图 2-45　青山界苗族妇女织彩带　（杨秀廷摄）

杨秀廷说,吃了中饭,龙家书他送走了七八里的山路来到东庄村,找到了村里的欧支书。之后,龙家书便悄然离开了,支书也没有同他说一句话。听他说明来意之后,欧支书随即通知村主任等村干集中村办公室开会,向他介绍村情。介绍完村情后,他便向欧支书了解契约之事。欧支书说,旧契约他们村里也还有一些,村办公室就保存有三十多份,但这些契约是村里同邻村争山林的重要依据,只能让他知道,不给翻看,更不让拿走,主要是担心"泄露秘密",不利于村里山林土地的管理。这晚上,他就宿在欧支书家。

图 2-46　青山界苗族老年妇女　(杨秀廷摄)

2004 年 9 月 3 日　早上,杨秀廷从东庄出发走到该村的另一个自然寨俾把,走访了几户人家。然后找到一位姓吴的小学老师,请他带路去晚娄村。到了晚娄村,找到了村支书杨正富和村长雷发兴以及村文书。见面谈了几句,支书等就带他去见一户孤儿户,那里有两个小孩,父母都没有了,只有 60 多岁的奶奶艰难地带他们。村干部要他想办法帮这两个孩子。

杨支书等村干对他很热情,中午吃饭时向他介绍村情:晚娄村分上、下两个自然村,上寨人全部说汉语,不会苗语,穿着方面与锦屏地区的汉族完全一样。而下寨人则全部说苗语,很少人会讲汉语。1980 年代中期,村小学上课,同一个班级,对上寨的学生用汉语,对下寨的学生则用苗语,老师很累。晚娄寨也是古青山界四十八苗寨之一,周边村称之为"黑苗"或"大山苗",历史上与控俄和扣文村以及黎平县的唐朗、己德、己迫村关系密切。晚娄下寨还保持青山界古老的服饰和婚俗,这里老年妇女还四季穿裙子,赤脚,家家都还有织布机和染布桶。这里还兴传统的"拐姑娘"婚:男女青年相仪后,约好时间,男方派几个青年夜晚到女方将姑娘"拐"到男家,然后才举办婚礼。迎亲时,男方要从女方家带走鼎罐(不能拿盖子,盖子得待女子怀孕后才来拿)、饭碗、勾扁担等物具,女方要将新郎脸画黑。

晚娄村地处高山上,较缺水,多次发生火灾,契约基本上都被烧掉了,现在留下来的很少,即使个别人家留下有一些,都极为保守,不愿拿出来。杨支书说,晚娄这地方山高路陡,交通困难,生活艰苦,有一首歌唱道:"晚娄山高路又陡,山高路陡不好走。萝卜大了无人扯,姑娘老了嫁发愁。"杨支书他们还讲到黎平六合团的故事,六合团兵匪多次到固本一带掳掠财物。他们还介绍说,黎平的纪德村有一块青山界四十八苗寨碑,建议他去看一下。当晚,他在村文书家住。

图 2-47　青山界苗族少女　(杨秀廷摄)

2004 年 9 月 4 日　早上,杨秀廷起来便走控俄。控俄也是古青山界四十八苗寨之一,其情况与晚娄村大抵相似。然控俄村的支书不在家,村主任正在忙修房子,家里有很多帮忙的人,无暇接待他。他在村里拍了一些照片,在主任家吃了中饭后,便问路走扣文村。到扣文已是下午两点多钟,他找到村支书吴家利,这时吴支书正在组织村人建学校。该村学校原来是旧木房子,前年出现楼板垮塌,有学生受伤,于是村里便狠心修砖混结构学校。全村人集资,同时争取国家补助一点。所有的砖、瓦、水泥、钢筋等物资都是靠人们用肩挑背驮的方式到 15 里外的乡政府所在地江口搬运过来,非常的艰难。

扣文地接黎平县,这里的王、陶、姚三姓是清代同治年间为躲避战乱从隆里城逃过来的,说话的特点和生活习惯与现在的隆里城里的差不多。吴支书说,扣文过去发生多次火灾,契约文书都没有了。

2004 年 9 月 5 日　早上,应杨秀廷的要求,扣文村王主任带他去纪德。

从扣文去已德有十二三里路,需经过格朗、塘朔。这一路过去,苗族文化特点就更加浓厚了。妇女穿裙子,男子包头帕。村里立有很多成排的禾架,架上挂晒着苞谷。房屋边有很多染布桶,古树脚有很多的祭祀物。人们显得很朴质,给他们照相,大多都羞涩地躲开,个别同意照的则希望把相片洗了寄给他们。

从塘朔去已德途中的溪流中间立有一块大石碑,他下去查看,原来是一块墓碑,上满青苔。墓碑怎么立在溪水中间呢?他寻问当地人。当地人告诉他说,原来这里有一个老人得了一种很怕人的病(疑是麻风病),被寨人按古老习俗驱赶出来,后来死在了这里,他的后人于是在这里立了这块碑。这块碑在四周很有知名度。

到了已德,这里因上年刚发生火灾,很多村民房子都还未及恢复,仍住在临时棚子里。在已德,他们抄了两块碑,一块是青山界四十八苗寨防火公约碑,一块是四十八苗寨的婚俗改革碑。这块婚俗改革碑的内容与文斗四里塘的那块差不多。抄了碑后,他就赶回扣文。在回来的路上,又听到村干们介绍有关黎平六合团兵匪的事,还听到一些有关青山界古苗寨的童谣,如"高舟务翁好姑娘,苗吼宰格好田庄,已德已追好泡颈"(泡颈,即大脖子病);"月亮光光,嫁去务翁大地方";"务翁寨,务翁寨有上条街。三年两把火,看你败不败下来"。

杨秀廷说,通过这几天的行走,有很多的感触。青山界上的村寨,都还比较多的保存有古朴的生产和生活习俗,其最大的特点就是贫困。然在贫困的环境中,人们热情、淳朴,普遍还保持有随遇而安的心态。

2004 年 9 月 7 日 上午 11 点钟,县政府办公室工作人员电话通知我,说在锦屏视察工作的州政府州长刘晓凯提出要看林业契约,要我带部分林业契约原件到烟草宾馆给他看,并向他汇报相关工作。我带了一小包没有整理过的契约和十多份已经裱糊好了的契约原件赶到烟草宾馆的五楼大会议室,给在那里等候的刘晓凯州长看,并向他作简要汇报。刘晓凯州长看过契约、听了汇报后说,你们立了一大功。他说,这些都是宝贝,下一步应建立一个小型的博物馆来好好保管这些东西。你们工作上有什么困难,就向州里反映。

2004 年 9 月 8 日 下午,贵州省档案局局长刘强、馆室处处长刘树清在黔东南州政府副州长王先琼、州档案局局长潘文仁、副局长龙进超以及业务科科长潘荣等人的陪同下专程来到锦屏检查林业契约工作,县委书记刘益松指示要县政府副县长杨国珍、县档案局局长潘祥和我（我的身份是县史志办公室副主任、县档案局副局长兼县档案馆馆长）作陪。我们到茅坪镇阳溪村锦屏与天柱县交界处等接他们，并陪同他们先去三板溪电站工地（地下厂房）作短暂参观，再到县档案馆进行视察。在我们去三板溪电站的途中，同车的州档案局的潘荣科长悄悄对我说，省、州领导这次来的重点是处理锦屏林业契约档案问题的，并提醒我要小心点。我不明白他的意思，到底要我小心些什么？

晚餐在烟草宾馆进行。县委书记刘益松、县政府副县长杨国珍等县领导到席作陪，我亦到场。饭前，围着餐桌，就锦屏林业契约工作问题进行座谈，大家的神情都很凝重，气氛有点紧张。先是，刘益松书记传达了中共贵州省委副书记黄瑶就锦屏林业契约问题作的"三点指示"：1.加强征集抢救，做好安全保管。2.终止与外面的一切合作关系。3.不搞新闻炒作。他表态说：第一，我们要把林业契约抢救工作当作一件政治任务来抓，要加强抢救和保护工作，要协调好档案局与县史志办的关系，具体工作由杨国珍同志抓；第二，在对外合作（主要是中山大学）问题上我们要讲诚信，对以前帮助过我们的人，我们要对得住别人；第三，契约征集抢救工作如何搞，请王宗勋与县委办主任刘代平尽快搞出一个方案出来，报县"四大家"（指县委、县人大、县政府、县政协）研究，然后再上报省、州。

接着，省档案局局长刘强讲话。他首先对我这几年来坚持做林业契约征集抢救工作并取得引起省委领导关注的成绩表示充分肯定，认为"王宗勋功不可没"。他说，林业契约是重要的档案，是保护的重点，一定要严格按照国家《档案法》来进行安全保管，档案馆中一定要腾出一个小库房来保管契约。一定要认真执行省委领导的"三点指示"，在合作开发上要慎重，与中大的合作要规范，不要被人牵着鼻子走。对林业契约，档案部门只有保管的责任，没有开发利用的义务。今后，省档案局将会加大对锦屏林业契约抢救的经费投入。

王先琼副州长说，锦屏林业契约我早就听说，但还没有得看过，这次是专程来看林业契约的。锦屏林业契约确实珍贵，要集中保管好，保管是重中之重，它不光是锦屏的，也是全州乃是全国、全世界的。县史志办公室条件差，契约放在那里不安全，一定要拿到档案局去保管。

饭后，我应要求带一行人员到设在县林业局八楼的县史志办公室看契约。看了过后，大家都认为，那里没有防盗设备，很不安全，必须尽快搬回到县档案馆去。

从县史志办回烟草宾馆的，又再次召开座谈会。会议开始，基本上是抱怨和指责我们不与本省大学合作而去同省外的中山大学合作搞，不该将契约文书搬到林业局这个缺乏安全的地方来。听起来好像都是在批判我。州档案局的某副局长直接对着我说，当初我就不同意你们同省外合作搞，你偏不听，才是造成今天这样子。我很生气，想同他辩驳。因为与中山大学合作后，我多次向州、省档案局的领导汇报过，州、省档案局的领导从没有人同我说过不同意我们同中山大学合作的话，他这是在胡说。再说，我们同中大搞合作根本就没有什么错。如果没有中大那边的努力合作，锦屏林业契约也就不可能有今天的这个样子。但后来理智提醒我，千万要冷静，这种场合不能随性子来，到了嘴边的话于是又咽了回去。

大家谈了一阵，最后王先琼副州长总结。她说，今天听了锦屏的情况汇报，也看了契约。根据省委领导的批示，锦屏契约的抢救工作不能继续让外人参与，与中山大学的合作必须中止。王宗勋继续到档案局去做契约征集和整理工作，档案局必须腾出房间给王宗勋和县史志办公室，免得王宗勋来回跑，影响工作。与中山大学合作、把契约搬出档案局不是王宗勋个人的错，这是政府行为。听了王州长的话，我舒了一口长气。接着，刘强局长又再一次传达黄瑶副书记的"三点指示"，并补充两点意见：第一，明天立即把林业契约从县史志办公室搬到档案馆去，刻不容缓；第二，我们既要落实省委领导的"指示"，又不能简单地把曾经帮助过我们的人排斥在外，正确处理好与中山大学的关系。

有一个领导说，契约搬过档案局去以后仍由王宗勋继续做。听省里有人说锦屏的林业契约大量流失到日本去，所以契约资料不能上网，怕别人从网上搞去，县史志办所开的网页必须关掉。

在一系列的会上，我都没有发言陈述的机会，而我又觉得有很多的话要说。散会时已是11点多钟，我不顾夜已很深，还单独到刘强局长房间，向他补充汇报，建议不要把好不容易建立起来与中山大学的合作关系搞死，这样对锦屏林业契约是有害无益的。刘强局长说，在契约的开发利用问题上，可以灵活处理，我们也不是说要把它关死。

回到家时已是深夜12点。当晚，我彻夜不眠。这几年来，我竭尽全力上蹿下跳，左冲右突，从无休息日。把锦屏林业契约搞到今天这个样子，自认为有些微功，希冀得到领导的褒奖，想不到最后落到这步田地，成了打破碗的小孩，被埋怨，甚至成了批判的对象。原因在哪里呢？我有没有错？我躺在床上，脑子里在播放"电影",想寻找答案。县史志办公室成立以后,县政府办公室根据县政府领导意见,明文规定将林业契约征集整理工作明确给县史志办公室来做,县档案局有的同志因而很不满;根据县林业局领导的要求,我又将林业契约搬到县林业局那边去整理,授人以批评指责之把柄(缺乏安全);只注意埋头搞具体业务,不注意处理与档案局的关系;这些年搞契约,我又一味死脑筋地按中山大学关于专款专用的要求,没有把工作经费放进经费一直就紧张的档案局里来统一使用,以致招来档案局上下的诟病;与外省的中山大学合作,使本省学术界某些人物的颜面"受损",招致省有关学术机构及有关人员的微词;贵州大学要求来合作,我按县领导的意见机械地采取消极应付态度……于是,我被围进了死胡同。

2004 年 9 月 9 日 上午 8 点多,省、州领导离开锦屏走黎平。9 点,县档案局派 6 名工作人员到县史志办公室清点契约文书,我交代龙久腾与他们对接。下午 7 点清点完毕后,他们打了张"清退条"之后,将契约文书悉数带走。他们按领导意见把契约文书拿去我没有意见,但他们说是"清退"我又十分不满。

2004 年 9 月 10 日 上午,档案局 3 名工作人员奉命到县史志办公室要带走用来上网的那台电脑。我认为那台电脑是中山大学经费购买的,是他们的设备,不同意拿走,要问中山大学那边意见再说。僵持不下,几至动手。当时我做最坏打算,如果他们硬要拿去的话,我就将那电脑从这八楼摔下去,然后再去同张应强说明,如果他那里能报销就报销,不愿报销就我自己赔偿。后经县政府办公室主任王明相协调,县有关领导同意不拿电脑,但要求将电脑中有关契约的信息全部删掉。下午,奉领导指示,县档案局派 3 名工作人员将县史志办公室 3 台电脑中所有从民间收集来的契约和碑刻等资料及契约文书网页资料全部删除(他们本来想用磁盘拷去,但内容太多,小小磁盘根本装不了,于是就干脆删掉)。

档案局人员走后,我独自一人在办公室里坐了很久,感到从未有过的孤独和无助。这两天的突然变故,使我想起在"文化大革命"中遭到批判和抄家的那些人,他们那时的心境大概也是这样的吧!

我想找人诉说。晚上,先给老州长单洪根打电话,向他报告变故及经过。

单洪根气愤地说,这是典型的地方狭隘主义和官僚主义。他说,宗勋,你现在什么办法都没有了,唯一能做的就是将事情的经过认真、详细地记录下来。

接着,我又给杨有赓老先生打电话,告诉他这个变故。杨有赓说,我曾经对你说过,锦屏林业契约在没有出名的时候由你王宗勋搞。一旦出名之后,就不见得由你王宗勋搞了,抢的人会很多的。现在果然是这样。现在没有什么办法,只有等待变化吧。当晚,我将这两天的变故情况向妻子说了一下,本想从她那边找得一些宽慰,想不到却换来一堆埋怨。她说,我前几年去亮江村给你看香,那看香老奶讲你 40 岁左右要有一场灾祸,要你去禳解,你不听,你看现在遭了吧。既然这样,你今后就不要再去理那些鬼东西了。我 76 岁的老母亲也在一旁帮腔,说我死犟,加不进油盐。对妻子和母亲的埋怨,我哭笑不得。

2004 年 9 月 12 日　上午,我将前两天的突然变故同下乡回来的杨秀廷说了。他急忙打开电脑,见他前段时间在青山界上拍到的照片资料果然全部被删除,马上默然起来。过了十来分钟,他用凄然的声音对我说,把办公室搬到档案局那边去,要我过那里去上班,我是绝不会去的。

2004 年 9 月 14 日　省档案局馆室处处长刘树清打电话给我,问他们离开锦屏后的一些情况,我就把情况向他做了简要汇报。他听了之后说,你们县里执行政策走了调,那天会议上只要求把契约搬到档案馆去保存安全点,并没有要求要搬县史志办的电脑和删除电脑中的资料,真不晓得你们县里是在搞什么!

2004 年 9 月 17 日　中山大学在魁胆村做田野调查的研究生张银锋从魁胆下来到办公室找我,谈了些他在魁胆的情况。他说这次在魁胆住了一个多月,到村里大部分人家都吃过饭,还在王德生、王生全等十来户有契约的村民家里把契约给拍照了。除了魁胆,他还到了平翁、孟寨、平秋、黄门等相关的村寨。根据张应强老师的时间安排,准备明天返回学校。他提出走之前再去县档案馆查阅些魁胆村民国时间的档案资料,我开介绍信给他去。不一会他回来说,档案馆管得太严,想要看的东西都不让看。其实,张银锋就只是想查阅民国时期和解放初到 1990 年这段时间魁胆村的档案,而这些档案绝大多数都是开放的。这些东西都不让查,看来档案局对中山大学有点像是草木皆兵了。

2004 年 9 月 22 日 中午,西南政法大学教授陈金全带梁聪(广东省高级法院民事庭副庭长,在读陈的博士)等 3 名研究生来锦屏进行民间习惯法考察调研。他们先来到县史志办公室找我,提出想看林业契约,然后希望我能带他们下到农村去实地了解民间习惯法的情况。我说,对不起,现在已经没有契约给你们看了。我于是把前几天出现的林业契约征集工作的变故向陈教授等进行简要的介绍。陈教授说,贵州省领导的这种做法不对头,怎么能够用行政权力来干涉学术界的事情?学术是没有国界的,怎么能随意把人家中山大学踢开?不准外省的学术机构来做锦屏林业契约,这没有道理,在法律上是站不住脚的。他说,宗勋,事情到了这一步,看来你只有放弃了,其实放弃也是一种选择。在你这里看不到契约,我们就到乡下去,到老百姓家里去看。契约是老百姓的私有财产,县里管不着。我们是搞法律的,不怕。

是啊,陈老师说的有道理,看来我只有暂时放弃了。

下午,我应陈金全教授的要求,带他们先后到了卦治、茅坪两处考察过去"当江"时留下的历史痕迹。他们在卦治详细地看了江边的《奕世永遵》石刻,我向他们讲解了石刻产生的背景和内容。在茅坪,他们详细考察了龙清喜家楼上过去木客随手敲打在柱子上的斧印。

2004 年 9 月 23 日 上午,我带陈金全他们去文斗做调查,文斗的村干来到七里冲码头迎接。下午,村干易遵华、姜启松以及退休干部姜高松等带陈金全一行冒雨游览寨上的各个景点。晚上,他们组织村干和部分老年人召开座谈会,调查了解民间习惯法和契约在生产、生

图 2-48 笔者在文斗为陈金全(中)等解读契约

活中作用的发挥等问题。以前我对契约都是从历史和人类学以及档案学的角度来理解的,他们今天从法律的视角来审视和解读契约,我感到非常新鲜。

2004 年 9 月 24 日　上午,陈金全等在村小学的教室里看上寨村主任姜廷化提供来的 24 份契约。应陈老师的要求,我选择几份契约向他们作详细解读。下午,陈金全等在下寨姜兴福支书家做访谈,我则到上寨易遵华家拍摄他所收藏的契约资料。

2004 年 9 月 25 日　上午,梁聪博士因有急事先离开文斗,我也因单位有事先下来。此后至 10 月 2 日,陈金全带学生继续在文斗就民间习惯法的问题进行走访调查,重点在姜元泽和姜廷庆家翻阅契约,并对他们认为重要的契约进行了拍照。

2004 年 9 月 27 日　根据县委书记刘益松的指示和县委办公室主任刘代平的安排,我起草了《中共锦屏县委关于锦屏民间林业契约抢救情况报告》交给县委办公室向省、州委呈报。我在报告中简要介绍了锦屏民间林业契约的价值、意义和 2001 年以来同中山大学合作的情况,指出目前存在几个问题:

一是认识问题。有一种认为锦屏林业契约没有什么价值因而未予重视;另一种认为林业契约是极其珍贵、具有保密性质的历史文献,担心其外流而对它不做任何宣传,只能由本省力量在秘密情况下进行征集抢救。二是抢救经费严重不足。三是工作力量和技术力量不足。四是关于契约外流问题。目前尚未发现有外流现象,但存在外流的可能(一是上级博物、档案等部门的征调,二是学术机构的征集,三是个别收藏爱好者的收买)。

我在报告中提 6 点建议:1.锦屏林业契约是珍贵的民族文化遗产,应有正确的认识,应从民族历史文化遗产的高度来看待,以积极和开放的态度对它进行挖掘抢救和研究。2.锦屏民间林业契约目前尚"藏在深山人未识",应加大宣传力度,充分吸引国内外有兴趣于此的专家学者对它进行研究,使锦屏契约成为研究的重点和热点,为今后将锦屏林业契约申报世界文化遗产作准备。通过对林业契约的深入研究,使锦屏成为吸引专家学者关注的重点,进而提高锦屏以及清水江流域地区的知名度。3.建议省、州政府将锦屏林业契约的抢救作为一项重要的文化建设工程来对待,投入相应的经费。同时也可以采取灵活的方式吸引各种社会资金。4.建议组织专门力量,用2~3年时间对民间保存的契约资料进行征集抢救。锦屏林业契约抢救应以熟悉锦屏地区社会历史情况的人才为主。但鉴于其具有较高的学术价值,应广泛吸取专家学者来参与。锦屏林业契约的征集和整理也应适当从学术的角度来进行,应以研究实力较强的大学和科研机构为依托。在充分保证契约原件不外流的前提下,应大量吸引省内外的高等院校和科研机构参与。目前及今后一段时间内,应继续巩固锦屏县与中山大学既有的合作关系,同时尽可能地争取省内外其他高等院校和科研机构的参与和支持。这样既能为锦屏培养一批契约研究的专业人才,又能从某些方面带动锦屏乃至贵州文化教育事业的发展,同时也可能为申报世界文化遗产作人才准备。5.建议申报世界文化遗产。锦屏林业契约具有完整性、系统性、稀有性、不可再生性等特点,颇具申报世界文化遗产的条件,在抢救工作进行到一定程度时将其申报世界文化遗产,目前开始即应着手这方面的前期准备。6.建议建锦屏林业契约博物馆。向省、国家乃至国外基金争取经费建设锦屏林业契约博物馆,将锦屏林业契约以及反映锦屏等清水江流域地区社会发展轨迹的什物陈列其间,使该馆成为锦屏等清水江流域地区社会历史的浓缩点和清水江生态旅游的重心。

2004 年 10 月 6 日　应县委宣传部副部长姜先光之邀,我随他去其家乡平略镇平鳌村。我去平鳌的目的:一是将我为该村起草的平鳌村公路竣工纪念碑的碑文交与村里干部讨论;二是与该村村干就该村契约的收集问题进行商量;三也是想出到山野去呼吸些新鲜空气,因这段时间心里感到很沉闷和压抑。

上午 10 点,我们来到平鳌,先与村支书姜志怀和主任姜文光等对碑文进行讨论,作了些修改。前段时间,我委托姜贤枝到村里找到姜志怀、姜文光等村干,请他们动员群众将村里的旧契约交到县里保管。所以,当我提到契约时,姜文光便答应发动该村的群众将所保存的契约等旧文书交到县里统一保管,但这段时间正忙于筹备通村公路竣工庆典事宜,无暇顾及此事,他约定在11月中旬由我上平鳌去同他们具体办理。

下午,天高云淡,秋风拂衣。我一个人在这深秋的山寨里信马由缰地转悠,拍寨景、古树、花草、木楼、石板道、古碑等所感兴趣的东西,不时同坐在寨间青石板道边的老年人了解一些平鳌的风习,很是畅快,前段时间的那种晦暗心情似乎被抛到九霄云外去了。

在转悠中,我发现寨里有十多块碑,分散在村里的好几个地方,大多用来铺路,有的被马蹄踩磨得很严重,以村西边的那块康熙三十六年(1697)"输粮附籍"碑损坏尤甚,字迹模糊难辨。在两名村干的帮助下(帮洗刷),我将该碑的碑文进行了抄录。

图 2-49　平鳌村景　(王宗勋摄)

寨脚田坝的外缘有一座从大山边伸出来的小山包,那是清代中期平鳌人特意集资捐工从附近搬运泥土来堆成的,目的是为了避免寨间的祥福之气太快、太直接地从水口处向清水江泻出,有一块碑就是记这件事的。人造山包的外边水出处,有几块大石板,我问过路的一位老人,他说这里原来建有化字塔,专门供焚烧写有字的废纸的地方,过去凡是写有字的纸张是不能乱丢乱烧的,必须要选日子统一拿到这里来烧。这化字塔在"文化大革命"时被砸坏了,只剩下这几块石板。

吃晚饭时,我建议村主任姜文光等组织人力把这些石碑集中立在寨脚的凉亭边,既可以保护这些古碑,又可使平鳌多一处人文景观。姜主任说,现在较忙,过几天再搬。我说,最好是明天就搬,否则,你们忙其他事去了的话,这事恐怕就办不成了。请几个人,加上你们村干,十来个人就行了。用不了多少钱,一两百块就可以了。如果村里有困难,我们单位就帮你们出。在我的催促下,姜主任答应明天上午组织人搬碑。

图 2-50 平鳌村民搬迁"输粮附籍"碑 （王宗勋摄）

晚上,村干们还与我讨论该村修建寨门的问题。我建议他们说,寨门是一个村寨的象征建筑,对村寨起到心理上的安定和保护作用,所以一定要从村寨的自然特点、历史文化、风俗习惯等来进行,尽可能与村寨和谐,群众乐于接受。

2004 年 10 月 7 日 上午,姜文光主任果然组织了七八个人,用不到一早上的时间,将分散在全村各处的 9 块石碑全部集中在寨脚凉亭边排立,形成了一道新的风景。这事办毕,我感到很欣慰,村干们也觉得很值。

图 2-51 平鳌寨脚凉亭及石碑 （王宗勋摄）

2004 年 10 月 8 日 上午，我打电话给中山大学历史人类学研究中心主任陈春声教授(张应强在欧洲学习)，询问中山大学对锦屏契约征集研究工作出现变故的意见。陈教授说，对这件事，我们的意见是根据锦屏县政府的意见而定。目前还没有接到锦屏县方面关于这件事改变的正式告知，我们就仍然按照原来的协议的规定要求把工作继续做下去。我们聘请的人员照旧工作，经费我们照旧拨寄过来。贵州某些学术机构、某些人的做法是学术界所不能接受的。我们已与广西师大的何林夏总编有过接触，他有意同我们合作。以前我们答应你给锦屏联系建几所希望小学，我现在联系到了深圳的一个朋友，他愿意来锦屏投资建希望小学。可能的话，我在 11 月份将带他过来看一下。

9 月份，我们贵州这边单方面宣布停止与中山大学的合作关系，但除了我之外，至今未有任何人以任何形式告知他们。加池村的村干已多次向我要求，希望中大能帮助他们修建学校，陈教授说他已联系到能帮修建学校的人，这是个大好消息。

2004 年 10 月 10 日 我向县长王甲鸿汇报 9 月份契约征集工作出现的变故情况(时王甲鸿在外学习)，县政府办公室主任王明相在场。王甲鸿听了之后很生气，说道："这是贵州某些人的狭隘心理造成的，是看到别人出成果后来抢夺成果的行为。省委领导这样的决定也是不了解具体情况，有点官僚主义，最终是会影响锦屏契约抢救这项工作的。我的一贯原则是，谁先做，谁能做出成绩就继续由他做，而且应该开放来做。既然省和州里领导都这样定了，没有什么办法，我们只有服从。这样来有点造孽张应强，他为这事付出了不少心血。他是一个有事业心和学术前途的人。宗勋，要想开点，别人不让做你就别去做，看他们又能搞出什么名堂来。"

听了王县长的话，我心里泛起几缕无奈的凉意。是啊，跳蚤是掀不了被窝的。

2004 年 10 月 13 日 应县政府的邀请，贵州大学人口研究中心教授杨军昌带李小毛副教授和两名研究生来参加隆里生态博物馆的开馆庆典。他们先到县史志办公室找我，要我介绍锦屏历史情况和要求看林业契约。我向他们介绍了锦屏的一些历史情况，并带他们看了飞山庙存放的清代石碑。因为看不到契约，他们感到很遗憾。

2004年10月14日 下午,接县委宣传部办公室电话通知,要我到宣传部去一下,说有领导要见我。原来,中共黔东南州委常委、州委宣传部部长石干昌根据州委书记刘光磊的安排,专程到锦屏调查了解锦屏林业契约的事情,特别指名要看县政府与中大签的那份协议。在县委宣传部(因县委办公楼改建,暂在县法院老办公楼二楼办公),我将同中山大学合作的原因和过程情况向他作了详细的汇报,并给他看了《锦屏县人民政府关于与中山大学历史人类学研究中心合作收集研究锦屏民间山林契约文献的会议纪要》(锦府专议〔2001〕14号)。我汇报说,中山大学这几年确是为锦屏做了一些有益的事,锦屏林业契约能受到各界的关注,成为知名文化品牌,是离不开他们的。省、州领导对这事都作了指示,尽管心里不太理解,但也只有服从。我认为,省委领导的"指示"是听信了贵州某些学术机构某些人不实的报告后而做的。我们贵州有的学术机构的学术人员的做法不对,私心太重。这明明是在抢别人的果实,是违背学术规则的。石部长听了我汇报后认为,中山大学确是为我们办了件好事,我们不应该简单地排挤人家。

我汇报时,县委副书记曹庆五和县委宣传部副部长杨再韬在场。

石干昌部长还到县档案馆看了林业契约收藏的情况。看了之后,在县档案局局长办公室进行了约半个小时的座谈。石部长说,锦屏契约确实非常珍贵,这几年同中山大学的合作是很有成绩的,这个成绩不能否定,否则就是割断历史。没有中山大学,锦屏契约不可能引起外界的关注,引起省领导的重视。目前,省里除了黄瑶副书记的口头指示外,还未见有其他正式的文件。在未有新的正式文件下来之前,先暂停一下有关工作。听了石部长的这些话,我觉得心里好像舒坦了一些。

2004年10月15日 应杨军昌教授的要求,我带李小毛和两名研究生去文斗和加池看一下林业契约产生的具体环境。李小毛是摄影爱好者,他去文斗主要是为了拍风景资料片,而两名学生则做人口与经济方面的资料调查。也许是专业和方向不同,他们在文斗只是走马观花地游了一下,没有像中山大学的学生那样深入群众中去做细致的调查,也没有向我提什么问题,而是直接要我给他们提供些现成的文字资料。我觉得还是让他们在文斗做些调查为好,于是把这两名学生安排在文斗上寨姜启松支书家。之后,我带李小毛走加池。

图 2-52 文斗"诰封"碑 （王宗勋摄）

我们在文斗时,遇见一个自称"米线"的游客。他自我介绍说,他是中国人,1953 年出生,清华大学毕业,1983 年移居法国,是专业做摄影的。2003 年第一次回中国旅游兼摄影时,在云南吃了过桥米线,觉得非常好吃,就将名字改为"米线",这次是慕名来文斗旅游和摄影的。

我们在文斗游走一番后,就翻山去加池,老米也跟着同去。到加池已是傍晚 7 点多钟。当晚,一行在村干姜绍宏家吃饭,在姜绍明家住宿。在加池,老米对文斗的旅游开发谈了些较好的看法。他说,文斗、加池一带生态环境很好,很有旅游开发价值。但要搞旅游,就一定要有自己独特的东西,传统服饰、语言、生活习惯等,不能样样都学别人的。要着力挖掘本地方的传统历史文化积淀,要自己看得起自己,自己尊重自己。文斗要搞传统旅游,就不应修公路,因为公路修通了,这里的传统生活、生产习俗和文化环境会很快就被破坏。现在,很多民族文化东西消失得很快,即使国家立法也阻止不了。文斗的杉木吊脚楼房子就很有特色,很能吸引游客,不应该改变。政府应村民的房屋建筑进行规划和统一规范。

2004 年 10 月 16 日 上午,我带老米和李小毛等参观了四合院和村小学。老米对四合院建筑赞不绝口,认为非常有旅游观光价值。但如果能搬到水库边上,其价值就会更大。加池村人对华侨的到来很惊喜。中午,特地为老米举行了一场小型斗牛活动,老米感激不已。

下午两点,我们即将离开加池时,村里在姜绍烈、姜齐刚、姜有禄等有契约交到县档案馆的人急匆匆地来找我,强烈要求返还复印件给他们,否则就要退回原件。这事我现在已不能做主,又不便同他们说出实情,只有虚与委蛇答应回去"尽快办理"。

我们从加池乘船下到文斗河边村时,老米在此下船上文斗。他说还要在文斗住几天。

2004 年 10 月 20 日 上午,老米从文斗下来,要求我送他到天柱三门塘观光摄影。我于是租车并陪他去坌处和三门塘。他对三门塘的景色也是十分赞美。

2004 年 10 月 22 日 今天是重阳节。应平鳌村的邀请,上午,我带老米去参加该村举行的公路竣工典礼活动。斗牛是活动的重要内容。这次斗牛规模很大,而且是淘汰式的,参加打斗的牛有本县的,也有天柱、黎平以及湖南的。牛打斗得十分精彩,看的人很多,把斗牛场两边的山坡挤得满满的。老心情大悦。我们看了 3 个多小时,他一直拍个不停。

傍晚,我们回到锦屏,老米决定明天离开锦屏。我陪他的这几天,所有的开支都是他负责。明天他要离开了,我决定请他吃饭,但他拒绝。他说,中国人爱面子,但我很反对这种虚假的感情。我是出来旅游的,准备有钱,再说我搞摄影也能赚到钱。你们的工资不高,你用单位的经费来招待我也不好。我一年的收入上百万,你就不用跟我争这个面子了。

吃完饭后,我到他住的烟草宾馆坐了一下,他同我聊这几天来锦屏旅游的感受。他说,锦屏的自然条件很好,风光很美(特别是文斗、平鳌、加池等三板溪电站水库一带),民风很纯朴,很有旅游开发的基础。然而,缺乏搞现代旅游开发所必需的基础条件,如游客所需要的苗族、侗族的语言、服饰等文化气息和卫生舒适的环境,加上村民的素质普遍较低,所以必须进行相应的改造。他向我提出一个要求,就是在三板溪电站库区内的水位线附近,选择一处朝南的"U"形冲弯给他,他们准备投资 300 万～500 万元建一个民族风情村寨,把20～30 户苗侗族民家迁居在这里(苗侗族各一半,住民要有点文化),然后将锦屏地区苗侗族文化的精华集中在这里,如修建鼓楼、风雨桥等,要有苗侗族的生活气息和生产气息。他说,这个民族风情村建起来后,用不了几年肯定能成为清水江旅游的热点。他要我向有关部门联系一些所需要的条件和手续。

2004 年 10 月 23 日 上午,我到县旅游局把老米的想法和要求同局长杨昌勇反馈,杨昌勇局长说这事他们也是第一次碰到,需要同州旅游局联系。他当即打电话给州旅游局,州局回答说,现在三板溪旅游规划还没有搞出来,所以开发建设还需要等一段时间。听了我的反馈后,老米比较失望。当日,老米离开锦屏走镇远。

2004 年 10 月 26 日 我主持召开办公室工作会议,讨论林业契约征集工作的问题。我说,年初县政府成立县史志办公室时将锦屏县与中山大学合作进行的林业契约征集研究工作明确县史志办公室来做,而且已写进县史志办公室的"三定方案"中,现在上级强行把这项工作从县史志办公室剥离,交给县档案局那边去,很多工作都没有正规移交,我们已不可能像以前那样做契约征集了,但中山大学仍旧汇经费过来,要求我们像以前那样做。再者,我们已与省林业厅签订有协议,明年 5 月份以前要完成两本契约文书的点校任务交给林业厅。林业厅的经费我们已用来购买办公用的电脑和照相机,所以这个任务我们得想办法完成。大家讨论的结果是,契约征集工作不能丢,征集契约也是县志资料收集的内容。但鉴于目前的形势,我们不能再像以前那样征集契约的原件,只可用照相机拍照了。

2004 年 11 月 2 日 我根据省地方志办公室的通知来到贵阳参加全省第四次地方志主编培训班学习。上午 11 点,我接到平鳌村民委主任姜文光打来的电话,说有县档案局的几名工作人员到平鳌去要求征集该村的契约,问我是不是交给他们。我说,他们是我联系过来的,请他给予支持,发动群众把契约交给他们。

2004 年 11 月 3 日 上午,我向培训班请假,先到省林业厅产业处找江萍处长咨询我们前段时间呈报的《锦屏林业契约抢救项目报告书》的进展情况,江处长说报告已报上了国家林业局。她还就我先前向官国倍副厅长提议的搞"锦屏林业契约与林业改革"的建议,提出以锦屏林业契约为主要内容搞一个林业产权制度改革研究的课题,从省林业厅找经费 10 万元,参加的人员有省林业厅产业处的李处长、江萍,黔东南州林业局的邓锦光,锦屏县有林业局局长龙林召、副局长朱守剑和县史志办的王宗勋等,具体由锦屏县林业局搞一个方案报给省厅。

从产业处出来,我又到科技处找常青处长,向她汇报所承担课题的执行情况。常处长告诉我说,后天北京林业大学董源教授将带几名研究生到锦屏就林业契约进行调研,请我们负责陪同。我当即打电话给办公室杨秀廷,要他负责接待和陪同。

下午,我在杨有赓先生的带领下,到省社会科学院已退休的副院长冯祖贻先生家,就锦屏林业契约的问题进行座谈。冯副院长了解到锦屏林业契约征集工作出现变故后,建议由锦屏和中山大学联合向国家清史编纂委员会文献组申报出版锦屏林业契约文书。他说,如果国家清史委能够出版锦屏林业契约的话,贵州这边也就没有什么可说的了。

当晚,应贵州大学中国文化书院院长张新民教授的邀请,我到他家拜访。他仍同以前一样,要求我与他们合作研究锦屏林业契约。他说,目前,省里黄瑶书记和龙超云书记(省委常委、省总工会主席兼贵州大学党委书记)对这锦屏契约都非常关心,经常过问,要我们尽快做出成果来。我们贵州大学将倾力来做,同时也希望你能予以支持并参加进来。

2004 年 11 月 5 日 晚 9 点,办公室杨秀廷打电话给我,说今天县政府县长王甲鸿主持召开了锦屏民间林业契约抢救工作会议,参加会议的有县委副书记曹庆五、县人大副主任杨大平、县政府副县长杨国珍、县政协副主席龙生国以及县林业、档案、文广、民族、国土、公安等有关部门的负责人。因我在省学习,所以县史志办公室就由他去参加。他说,会议的气氛比较紧张。会上,王县长传达了省、州领导对锦屏林业契约抢救保护工作的指示,决定成立锦屏林业契约征集领导小组,由王甲鸿担任组长,州林业局、州档案局的主要领导任副组长,领导小组下设办公室,由锦屏县林业局局长任主任、县档案局局长任副主任。

2004 年 11 月 10 日　地方志主编培训结束后,主办单位组织所有参加学习的人员赴海南参观学习。今天参观结束,大部分乘机返回贵阳,我则应邀折道到广州会去见中山大学人文学院院长、历史人类学研究中心主任陈春声教授。

2004 年 11 月 11 日　上午 7 点半,陈春声教授抽时间接见我,我将锦屏林业契约征集抢救工作前段时间出现的变故情况向他作了汇报。陈教授说,这个情况我早就预料到。事情发展到这样,我们也不想同锦屏方面把关系弄僵,我们理解锦屏县领导的难处。但我们和锦屏是有协议的,而且也已投入了部分经费,收集到了 12000 多份契约文书。对这 12000 多份契约文书,除了锦屏和我们以外,其他任何机构都不应该享受,我们要按照协议把它出版出来。如果锦屏县同意我们就按原来的协议联合出,如果怕麻烦不同意的话,我们就自己出,主编仍是张应强和你王宗勋。

陈春声教授表示,他将于今年底或明年初去锦屏一次,带去一个由香港王锦辉慈善教育基金会资助的希望小学项目,资助点定为河口乡加池村小学,因为加池村百姓对我们的契约征集工作做了很多的贡献。

2004 年 11 月 18 日　下午,县长王甲鸿主持召开第二次契约抢救工作会议,参加的有县人大副主任杨大平、县政协副主席舒泽洲以及县林业、档案、史志、农业、国土、城建等有关部门负责人。王甲鸿通报了本月 12 日他带县林业局、县档案局负责人到州政府向刘晓凯州长汇报锦屏林业契约的情况和刘晓凯州长对此工作的指示。刘晓凯对锦屏契约工作提了 6 点意见:1.锦屏林业契约应作为珍贵的历史财富和文化遗产来对待。这份财富不光是锦屏的,也是全州、全省乃至世界的。契约的产权是农民的,我们只是拿来代管而已。2.切实做好征集工作,政府对契约所有者应给予适当的补偿。3.切实做好保管工作,契约一定要放在档案馆中。4.积极向上级争取项目,争取建设锦屏林业博物馆。5.做好林业契约课题研究,培养我们自己的专家学者。6.以林业契约为内容,积极争取申报各种项目。

王甲鸿说,我们全县的契约大约有十万来份。根据州里领导指示,下一步由我们县政府和州有关部门联合成立领导小组,以我县为主,从县档案、林业、建设、农业、国土局和州林业局等有关部门抽出 10 个人专职来做这项工作,锦屏县"四大班子"中各抽出一位领导来协同抓。经费问题,县里拿出 20 万、州里拿出 10 万元作为锦屏契约抢救的专门经费。经费由县档案局代管,由契约征集领导小组办公室根据工作情况安排使用。对拿出契约等资料的群众将给一定的经济补偿。最后,王甲鸿明确由王宗勋和县档案局长共同拿出一个较详细的工作方案来,以便下次会议讨论。

会后,王甲鸿还带与会人员到档案馆去察看了林业契约的收藏情况。

2004 年 11 月 23 日 上午,县长王甲鸿在县政府四楼小会议室主持召开第三次契约抢救工作会议,参加会议的有县政协主席杨顺炎,县委常委、县委宣传部部长龙永贵和县人大副主任杨大平、政协副主席龙生国、州政府原副州长单洪根、县人大常委会原主任李茂江以及县政府办公室、林业、财政、国土、农业、建设、档案、史志等部门主要负责人。王甲鸿说,上级对锦屏契约工作十分重视,我们要本着"挖掘、保护、发展"的"六字"方针,全力以赴地搞好这项工作。不知怎么搞的,有人说,日本和中山大学从锦屏拿去了几千份契约,另外还有人到锦屏民间去收买契约。这话不知是谁传出去的。他问我:宗勋,真是有这回事吗? 我回答说:没有这回事,目前还没有发现锦屏契约原件外流的现象。王甲鸿县长接着说,上次开会说我们要成立领导小组,这个小组以我们当地政府为主,有州林业局、州档案局局长和我县"四大班子"的领导以及我县各有关部门领导为成员。领导小组办公室由王宗勋负责,这方面工作他做了几年,有一定经验。还要从林业、国土、农业、民族、档案等部门抽 10 个人来专门办这个事,县财政安排 10 万元来作为启动经费。经费实行"四专",即专户、专账、专管、专用。

之后,应王甲鸿县长的要求,我简要汇报了 2001 年以来与中山大学合作的工作情况,并解释说,我们之所以同中大合作,主要是因为缺乏经费,是在多次向省、州、县有关部门请求都无果的情况下才做出的无奈选择。而且在合作之前和合作过程中,也曾经多次向省、州档案局的领导汇报过。单洪根老州长说,通过这几年的工作,锦屏林业契约征集抢救工作已经有了一个很好的基础,引起了国内外的重视。锦屏县与中山大学签订的协议要继续下去,不应中断,要为今后申报世界文化遗产做好准备,因为申报世界文化遗产需要有一大批知名专家学者介入。

会议确定,由王甲鸿担任契约领导小组组长,州林业局局长邓锦光、州档案局局长潘文仁、锦屏县政协副主席龙生国任副组长,单洪根和李茂江任顾问,龙生国代表县"四大班子"领导具体负责契约抢救的协调工作。领导小组办公室由王宗勋负责,工作人员从县林业、档案、城建、农业、国土等部门抽调。会议明确办公室尽快搞出一个可行的方案出来。

2004 年 12 月 22 日　县长王甲鸿主持召开第四次契约文书工作会议,参加会议的有县人大副主任杨大平、副县长杨国珍及县政府办公室、县林业局、县国土局、县档案局、县农业局、县民委、县文化广播电视局、县史志办公室等有关部门负责人。

王甲鸿先宣布县契约征集领导小组及办公室文件(这个文件增加了县档案局长和县林业局长为办公室副主任)。然后,主要讨论由我汇报我起草的《契约征集工作方案》和《契约征集办法》。王甲鸿说,我们的契约非常珍贵,省、州领导对锦屏契约非常重视,我们一定要高度重视。目前,大家对契约既感兴趣又不感兴趣。无论如何,我们不能让它流失。我们要加强对这项工作的领导,实行领导小组副组长轮流负责制,曹庆五、杨大平、杨国珍、龙生国 4 个领导任副组长,一人负责一个季度。各部门要切实配合,不能认为自己部门沾不到利益就不配合。根据上级的意见,我们只做不说,不搞轰轰烈烈。经费由契约征集领导小组管理。我们开发利用不能再与其他科研单位合作,目前暂时不搞开发利用,只是做征集保护。因有急事,王甲鸿先退出会场。之后,与会者对"方案"和"办法"进行讨论并提出了一些修改意见。会议没有取得结果。

2004 年 12 月 25 日　根据契约征集工作的实际情况,并征求中山大学历史人类学研究中心的意见,决定辞退龙久腾,县契约征集办公室工作就此停止。从 2001 年 9 月至今,龙久腾在县契约征集办公室工作了 3 年零 3 个月。

下篇　藕断丝连

2005 年

2005 年 1 月 24 日 上午，我收到中山大学陈春声教授发来的电子邮件，说他现已联系到了香港王锦辉慈善教育基金会来锦屏资助加池村建一所希望小学，要我把加池村小学的有关材料在春节前寄到香港去。下午，我向县委副书记曹庆五汇报，曹即通知县教育局副局长欧阳大锡按香港方面的要求准备相关材料。

2005 年 1 月 26 日 晚，省民研所原副研究员杨有赓给我打来电话，说前天（即 1 月 24 日）的《贵州民族报》刊载一篇该报记者覃敏笑采访省政协委员张新民（贵州大学教授）和致公党贵州省主委陈汉彬（贵阳医学院教授）的文章《锦屏文书：亟待抢救的文化遗产》。文中所谈的内容多有不实，如锦屏文书大量流失到外省和日本等，这对率先发现并研究锦屏契约的杨有赓、对锦屏县政府乃至中山大学都有伤害，他准备起诉张新民和陈汉彬以及贵州民族报社。他还建议我去找一份 24 日的《贵州民族报》来看看。

2005 年 1 月 28 日 上午，我到县民族事务局找得一份 1 月 24 日的《贵州民族报》。该报确是刊登有一篇记者覃敏笑采访"长期研究锦屏契约的专家"陈汉彬和张新民两人的文章《锦屏文书：亟待抢救的文化遗产》。在该文中，张新民说道："自上世纪八十年代以来，由于文书的价值渐为世人所知晓，加上媒体的炒作报道，锦屏乡村开始出现了秘密收购和倒卖的现象……外来合作单位的目的并不在于抢救保护文书，只是为了获取第一手原始资料，以便影印出版及完成相关论文的写作……因此我们担心，锦屏文书是否会重蹈敦煌文书流散之覆辙，再步徽州文书爆炒后丢失之后尘。据有关人士介绍，锦屏文书的流散现象已经出现。事实上，日本早就轻易获得了流散于贵阳的锦屏文书档案，并于 2003 年影印出版了三大册文书资料专著。该书当然没有贵州或中国任何一方行政单位或学术机构的著作权、出版权。我们忧虑的是，如果轻易让锦屏文书流散于省外或国外，甚至将著作权拱手让给别人，就会闹出锦屏在贵州、锦屏学在外省的笑话,贵州人民及学者将被外人和历史无情讥笑。""鉴于锦屏文书严重流失的情况,特别是我们丧失了日本出版的三大本锦屏文书著作权的现状,尤其是现在又面临外来单位将绕过我省主管部门、锦屏县政府和有关学术单位,单方面出版0.8万件锦屏文书的形势,必须集中力量对锦屏文书进行抢救、收集,保护和整理研究。"

读了这篇报道文章,我有两点不太认同:一是把张新民和陈汉彬两位教授称为"长期研究锦屏契约的专家",二是"锦屏文书的流散现象已经出现"。据我所知,到目前为止,对锦屏契约文书接触较早较多、谈得上研究的外地学者就这几个人,一是杨有赓,二是日本唐立和武内房司,三是张应强,四是罗洪洋,五是陈金全,其他的学者对锦屏契约的直接接触都是很少的,有的甚至只是听说而已。在我做锦屏文书征集整理的那几年中,除了知道杨有赓从文斗和平鳌借两千来份到贵阳并带部分到日本(这些有部分已退回到锦屏县档案馆)和县档案局经县领导批准送几份文书原件上省档案馆外,还未发现有契约文书原件流出锦屏县境的情况。难道有些事情我不知道吗?还有,文中说的"现在又面临外来单位将绕过我省主管部门、锦屏县政府和有关学术单位,单方面出版0.8万件锦屏文书的形势",如果指的是中山大学的话,这也不实,因为中山大学与锦屏县政府是有合作协议的,而且都是经过我的手,再说省档案局、林业厅都是知道的。

2005年2月3日 加池村的村干姜绍怀、姜绍卿按照我的通知要求,到县教育、建设、计划等相关单位办理了加池希望小学建设所需的材料交给我。我便邮寄给陈春声教授,请他转往香港。

2005年3月9日 中山大学人文学院院长、历史人类学研究中心主任陈春声和人类学系教授张应强、香港王锦辉慈善教育基金会总干事周金生、深圳边防检查总站业务处副处长刘伟权4人来到锦屏。根据县政府县长王甲鸿的安排,我带加池村支书姜其友到广西柳州迎接。

下午,陈春声等一行从湖南省靖州行抵锦屏,未入县城而直接走隆里参观。傍晚回到县城,由县政府安排接待,副县长龙立俊和县人大副主任宋家驹以及县教育局局长姜大海等到陪。

2005 年 3 月 10 日　上午,陈春声等一行乘船走加池,加池村全村村民和小学生到江边迎接,场面很热烈。村民担心周金生爬不惯坡,特地制作了一乘简易轿子将周金生抬上坡。到达村里,村党支部和村民委举行了隆重的欢迎仪式,受场面所感动,周金生临时改变了主意,提前举行援建小学的奠基仪式(原计划是先来作考察,回去向王锦辉先生汇报后再择时举行奠基)。中午在四合院的堂屋里就餐。吃饭过程中,村妇们不时在旁边唱歌助兴。饭后,村里还特地举行了一场斗牛活动。下午回到县城,在烟草宾馆,周金生与县教育局局长姜大海举行了援建签字仪式。

图 3-1　陈春声(中)、张应强(左)、刘伟权(右)在去加池的船上　(王宗勋摄)

王锦辉慈善教育基金会是香港金城营造集团公司出资创办的教育慈善机构,会长是王锦辉(广东省东莞市石排镇人,1923 年出生,金城营造公司的创始人,现已移交给其子王国强)。王锦辉计划在其有生之年在内地资助建100 所希望小学,每所援助 15 万元人民币。加池是第 73 所,也是他在贵州援建的第一所。因加池所在边远,建设条件困难,我建议周金生先生在资金上适当增加些,他说可以考虑增加 5 万元。

2005 年 3 月 11 日　上午,陈春声、张应强、周金生 3 人(刘伟权因单位有急事于 10 日先走)在县教育局副局长欧阳大锡和我的陪同下去魁胆小学考察,魁胆村民委也组织隆重仪式予欢迎。去年正月,张应强和夫人滕萍到魁胆小学考察时,见该学校管理得井井有条,滕萍遂提议以她所办企业广州企业教育公司的名义创立魁胆小学奖学基金,每学期出资 1000 元,用于奖励该校品学兼优的学生。吃饭时,村里拿出这里的特产小米酒,大家喝得十分快意。酒战正酣时,魁胆小学校长突然提出请解决 8 万元援建一幢教学楼的要求。因事出突然,无思想准备,周金生和陈春声显得有点尴尬。在回县城的车上,已有七八分醉意的陈春声对我说,宗勋,我们是好朋友了,既然是你家乡的要求,我们回去想办法。晚上,县政府设宴为他们一行饯行,县委常委、三江镇党委书记杨正永和县人大常委会副主任宋家驹等领导到陪。饭后,我奉命送他们到靖州火车站。送他们去靖州的车上,周金生邀请我于今年的 3 月 20 日到东莞去见王锦辉先生,那时他将从香港回到东莞市石排镇老家来。

陈春声一行来锦屏,目的原有两个:一个是落实援建加池希望小学问题,以兑现先前许下的诺言。另一个是同县政府谈有关锦屏契约文书合作的事。结果只达到一个。另一个因锦屏县政府方面没有向他们提出,所以他们也就不好主动谈。

2005 年 3 月 19 日 应周金生和陈春声的邀请,并经县委书记刘益松、县长王甲鸿等领导的批准,我同加池村支书姜其友取道靖州乘火车到广州,歇宿中山大学。20 日下午,我们随陈春声、张应强驱车到东莞市石排镇拜见王锦辉先生。他在石排镇建有一幢别墅,占地十数亩,内有花园、人工湖、假山、喷泉、桥榭等,房子地上地下各二层,甚是豪华,常年请有十来个人管理。王锦辉先生在硕大的客厅里接见我们。他今年已 83 岁了,耳有点背,左脚微跛,但精神矍铄。我将带去的《锦屏县志》等县情资料送给王老先生,并简要介绍锦屏的情况,因他耳背,加上不会说普通话,所以交流较困难。稍后,周金生带我们参观了整座豪宅,地下室大厅周壁挂满内地受资助小学所赠的锦旗。周金生还在一张中国地图上锦屏的位置上插了一面小旗(凡有他们援建学校的地方都插上小旗)。

晚 7 点半,我们一行人随王锦辉出席石排镇特地为王先生安排的晚宴。宴厅场面很大很豪华,而石排镇的党委书记则更是排场,前呼后拥,我们地方的县委书记也不能望其项背。宴席甚为丰盛,是我平生从未见过的,可以说是奢侈。席间,邻我而坐的石排镇一名股级工作人员频频向我劝菜和介绍菜名,他说酒和很多菜的原料都是进口的,这桌得花几千甚至上万元。他还不无得意地说,说对不起你们的话,像这种宴席,在我们这里,只要愿意,是随时能吃得到的。他说的我相信,这里毕竟是中国经济最发达的地方,我们家乡的很多兄弟姐妹都在这里打工卖苦力。

2005 年 3 月 24 日 周金生从香港给我打来电话,说援建魁胆小学教学楼的 8 万元,王锦辉先生已经同意了,毕竟你们都是王家。另外,加池追加 5 万元用于修通向河边的路。他说,因担心政府挪用建校资金,援建加池建校的资金是不是打到我的个人账户上,由我来管理和监督使用。我要求他直接打给县教育局,由教育局统一经管。钱这东西,有时乃是非之源,少管为妙。

2005 年 3 月 25 日 根据香港那边的要求,我下到加池村,主要是督促和协助村干将他们援建的小学校和道路项目安排和落实。当晚,村支书姜其友主持召开有村"两委"干部和组长参加的会议,我把中山大学和香港王锦辉基金会对援建加池小学的要求同他们说明,并告诉他们援建学校的资金即将汇来一半(7.5 万元)。另外,还追加 5 万元将村里到河边的道路修成青石板阶梯步道,要求尽快把修路的方案搞出来寄过去。

2005 年 3 月 26 日 村组干部分成两组对从河边(三板溪电站水库淹没水位线以上)到村里的道路进行长度和需用工时等情况的调查测量,晚上集中汇总。我根据他们报的情况理成方案。

白天,村干们外出时,我就在姜其有、姜绍阳等人家里翻看此前未征集去的契约,仍是和在文斗一样,拍照完了之后便退还原主。现在加池人很怕我去收集他们的契约,见我不像以前那样把契约原件拿走,他们都很高兴,积极支持配合。傍晚,我还请姜绍明带我到寨边山头指点山场地名。

锦屏民间契约文书的价值,一是其本身的存在,二是为研究人员提供原始材料,三是为基层政府解决山林土地权属纠纷提供参考依据。自 2001 年以来,我们大力在全县范围内寻找和征集契约文书。有时我在想,这样大规模掘地式的征集有必要吗?虽然避免了诸契约等文书遭到灾害和人为的损失,从这方面来说是一种保护。但从另一角度来说,把原来就产生和存在于农村老百姓中间的诸契约文书全部收集上去,也是对锦屏地区文化原生态的一种破坏。在农村适当保留一部分应该是必要的,不必征集干净,在群众手中保存有一部分是有特殊意义的。如果政府能够拿出一笔经费,在农村进行就地保护,也许会收到两全其美之效。

2005 年 3 月 29 日 我利用上省志办汇报《锦屏县志》编纂方案的机会,邀约老州长单洪根一起上贵阳,到省林业厅去找他的老熟人官国倍副厅长,请求划拨曹国江副厅长同意拨给县契约征集办编印《锦屏林业契约选辑》和资助《文斗》一书出版的那 1 万元。不巧,官厅长去黔南出差了。我们就去找科技处副处长常青商量,常青同意按去年签的合同办,资助出版《文斗》一书的款只能打进出版社(贵州人民出版社)。

中午,我约单洪根去杨有赓家吃饭。两人在 1985—1986 年间曾有一段故事。1985 年,单洪根任锦屏县委副书记、县政府县长。这年,锦屏县委、县政府在上级的支持下进行一场林业经济体制改革试验,将集体林场的林木采取"山分山,树分树"形式分到农户经营管理,同时取消了造林的钱粮补助。于是,在一定程度上助长了原本就存在的乱砍滥伐之风,同时群众造林积极性因取消钱粮补助而骤减。当年,杨有赓到锦屏,在县人大主任姜继源的陪同下到乡村进行林业经济调研。回去后,他将了解到的情况写成《锦屏林业改革的成败及其战略研究》一文刊在贵州省政府经济科技咨询小组办公室编的《信息参考》第 49 期上。文中对锦屏县进行的林业体制改革作了较详细的反映,认为锦屏的林业因"政策失误,由中兴骤转衰败",有必要来一次"拨乱反正"。文章刊出后,锦屏县林业局林学会将全文转刊。县委得知后,下令将此刊全部收回销毁。接着,县委书记王家模、副书记李茂江、县长单洪根三人联名向时任贵州省委书记胡锦涛写信反映此事,认为杨有赓文章中所写内容有偏激和不实之处,请求省委派人过问锦屏的林业工作。1986 年 10 月 25 日,时任省委书记胡锦涛到锦屏调研,并就锦屏的林业等工作做出指示。1986 年,二人在凯里就锦屏林业问题曾有过较激烈的争辩。

这次是他俩近 20 年来的第一次见面。现在他俩都是退休的老者了,对那段往事,他们一笑了之。在杨有赓家,我们主要交换了对锦屏林业契约抢救工作的看法,他俩对贵州省领导以行政手段干预锦屏林业契约的征集抢救工作、排斥中山大学的做法都很不满。

　　中午，单洪根先回凯里，我则去省档案局拜会蒋国生副局长。蒋即将退居二线了，见到我非常高兴。他说，正想听你的契约工作汇报呢！我就将与中山大学合作的事和去年9月份省、州领导强行将林业契约抢救工作收到档案局的事同他说了。他说，你这几年对锦屏林业契约档案抢救是很有成绩的，刘强局长我们都充分肯定的。你现在去修县志，但还是县档案局副局长和档案馆馆长，契约工作你熟悉，今后还需要你来做。今年我们省局把锦屏契约抢救列为重点，争取将它申报"档案记忆名录"。

　　2005年4月4日　县政府信访办公室主任龙令益打电话给我，说州政府转来一封群众来信，是河口乡姜正雄写给李飞跃州长的，说你王宗勋几年前到他那里去收集林业契约，答应给他一套复印件，他至今未得到。

　　2005年4月5日　上午，我到信访办看那封信，该信中既不说姜正雄是哪个村的，也不说是哪年到收，收了多少份。我对龙令益说，我们征集契约，在哪一村、哪一户、收集到契约多少份以及那户的基本情况都要做详细记录，并打有收条给人家。我没有接触到姜正雄这个人，也不认识他，请他来与我对证行了。龙令益说，既然是这样，那就不管去他，等他再来信或亲自来了再说。

　　2005年4月14日　上午，接县林业局通知，省林业厅产业处副处长江萍率贵州大学林学院教授温佐吾等来锦屏作林业产业制度改革课题的调研。2004年8月，县史志办公室（县契约征集办）根据曲桂林的建议，会同县林业局编制了《锦屏林业契约文书抢救与开发建议书》报给国家林业局。国家林业不同意拨专款来抢救契约，只同意以林业契约作为历史背景资料做一个有关林业产权制度改革的研究课题。这课题由省林业厅牵头，贵州大学林学院组织课题组负责实施。我到县林业局四楼会议室参加了有江萍、温佐吾等和县林业局朱守剑、王锦河等人参加的座谈会。我重点介绍了契约在林业管理方面的情况。王锦河则介绍了林业契约在林业体制改革中的应用问题，他说，2003年中共中央10号文件《关于加强林业工作的决定》中，有多处直接和间接地引用了锦屏古近代林业的成功经验，这些经验大多记录在林业契约之中。接着,大家讨论课题组在锦屏调查的工作计划,并确定平略镇岑梧、三江镇菜园、大同乡绍洞3个村为调查的点。

2005年4月15日 我陪同江萍、温佐吾等分别去平略镇岑梧村和三江镇菜园村进行课题调查点的初步勘察。在岑梧,采访了老支书陆秀崇,他在回答了我们的提问后,还是呼吁上级允许他们砍树,以解决群众的生活困难。

2005年4月17日 我带办公室聘请的老同志林顺炳去平略镇南堆村抄录碑文。该碑位于清水江南岸南堆村脚的田坎上。该碑文约5000来字,是锦屏地区篇幅最长的碑文了。碑文详细记述了清光绪时期南堆李姓人与平略村人争夺今平略镇高朗村归绞组寨后一带山场权属的详细经过,最后经开泰县判决,南堆人获胜。在诉讼过程中,根据官府的要求,双方都出示关于争讼山场的契约。平秋村人作为第三者也参与了诉讼。透过平秋人参与此诉讼我们可以得到这样一个历史信息,即清水江北岸在清初以前是属于平秋等九寨团款管辖的区域,清代中期清水江木材贸易发展起来以后,下游的移民大量溯江而来,在清水江两岸借地栖住,久之,所居之地遂成己业。而平秋等九寨各寨开始时因地广人稀,管辖不及,听之任之。待发现河边有木利可图,欲争回"领地"时,已为时已晚,只能望江兴叹了。

图3-2　南堆江边摩崖 (王宗勋摄)

我们在抄碑过程中,得到南堆村杨炳兴老人(75岁)的积极协助。抄完此碑后,杨炳兴老人还指引我们到大官滩滩头拍照和抄录了刻在江边生根石上的明永乐年间官军镇压农民造反军的摩崖文。

2005年4月18日 上午,岑梧村主任陆秀朝和加池村村民姜绍明分别到我办公室找我,都要求尽快将前些年他们交给我的契约复印给他们,姜绍明还提出对他所交来的契约进行拍照。我向他们解释说,契约征集和整理工作我们已完全交给县档案局去了,要他们直接去同档案局交涉。陆秀朝说,我们只认打酒人,不认喝酒人,要我去同档案局说。我只有答应他,去县档案局帮他催促。

2005年5月9日 上午,中山大学教授张应强陪同香港王锦辉慈善教育基金会总干事周金生来到锦屏,主要是来落实援建魁胆小学教学楼奠基的事。下午,应县委副书记曹庆五的要求,我陪同周金生、张应强去铜鼓镇高柳村看高柳小学,曹的意思是要求周再援建该小学。其实,该村小学建设早已列入县教育局改造的范围,并且已开挖基脚,此行纯粹是白走。周金生看了之后,明确表示不同意。

2005年5月10日 应周金生的要求,我和张应强陪同他去黎平,专程到邓敏文教授建的岩洞侗族生态博物馆听侗族大歌。在黎平吃晚饭后回锦屏。

2005年5月11日 上午,我陪周金生、张应强赴魁胆村参加该村小学教学楼援建签字和奠基仪式。参加该仪式的有副县长龙立俊和县教育局局长姜大海等,魁胆村民委组织了隆重的欢迎仪式。晚上,周金生和张应强二人走靖州上火车返广州。

2005年5月30日 上午,县委副书记曹庆五召集县政协副主席龙生国、县档案局局长和我在他的办公室开会。

曹庆五说,接到省有关部门的电话,省政协委员、贵州大学教授张新民等将于6月份来我县检查省政协关于锦屏契约文书抢救提案的落实情况,同时商谈贵州大学与锦屏县就锦屏契约文书抢救和研究合作的事情。王甲鸿县长要他来负责与他们对接，今天开会的目的是统一意见，以便同他们商谈。龙生国说，关于契约抢救工作，去年县里开了四五次会，讨论契约征集工作问题，要我代表县里来负责这项工作，但至今一直都没有个结论，我们也不好做工作。我认为，不管是谁来，我们都要认真接待。对中山大学我们也不能回避，必须认真对待，是他们首先出钱来帮我们把契约文书抢救、宣传出名的。县政府与他们签有合作协议，这个协议没有违反国家有关法规。我们不能否认前任正确的东西。如果要我抓，我首先要到中大去走一趟，听取人家的意见，将工作关系理顺。该拿给别人的东西就得拿，要讲诚信。中山大学要出版契约资料，我看也没有什么不得了的，但不是他们一家出，更不能是个人出，而应是中大与锦屏联合出。

档案局领导介绍了去年以来的契约抢救工作情况。他说，至今共计征集到契约文书 13666 份，去年以来共征集到 2428 份。今年以来未开展契约征集工作，原因是县里未明确由谁来搞。今年县档案局做了 3 件事：一是建了特色馆藏室，二是向国家档案局申报了重点档案抢救项目，三是将锦屏契约文书申报了"中国档案文献遗产名录"。

我则介绍了自去年 10 月份以来县史志办公室与中山大学的联系情况。我说，自去年 10 月份以后，县史志办公室就中止了与中山大学并于契约征集工作的合作。与中大联系主要是落实援建我县希望小学的事，目前已落实了加池和魁胆两所小学援建项目。因以前县契约征集办公室下去征集契约时，都答应群众返还契约复印件，很多群众都反映还未得到契约复印件，请县里及时兑现诺言，返还复印件给人家。中大出版锦屏契约文书系列丛书，是署锦屏县政府和中山大学历史人类学研究中心两家，锦屏县政府排在前。

曹庆五要求县档案局将锦屏契约文书征集整理的情况写成个材料，以便张新民教授他们来时汇报。

2005 年 6 月 2 日 我同办公室杨秀廷一道到省林业厅科技处找副处长常青，向其汇报锦屏县史志办公室与省林业厅合作进行的锦屏民间林业契约征集整理工作的进展情况，因省、州领导干预的缘故，无法按原计划进行，请求改变合作合同：省林业厅补助锦屏县史志办公室 5 万元不变，锦屏县史志办向省林业厅提供林业契约选辑两辑，向省林业厅提供锦屏林业史料光盘一套,收集整理并内部出版《锦屏林业碑文选辑》,省林业厅资助王宗勋出版《文斗》一书经费1万元。常青同意了我们的请求。

2005年6月20日 我与杨秀廷一道先乘车后改船上加池,主要是去检查香港王锦辉援建的小学校和河边到村里的石板阶梯步道的建设进度,同时对加池、文斗、平鳌3个村进行村情资料调查。当天下午,我们在村寨附近核实了原先抄的几块修路和到两公里外抄乌漫溪的建桥(石板桥)碑文。

晚上,我们同村支书姜其友和文书姜齐锋进行了加池村的村情资料调查。调查中得知,村民姜齐洪家里还保存有部分契约,以前我们来征集,他不愿意交。我们提出对他家的契约只进行拍照,不像以前那样拿走原件,他于是同意拿出来让我们拍照。

2005年6月21日 上午,我们在姜齐洪家拍摄契约文书。他家的契约有50来份,大多是水田的买卖契约。他们认为,水田远比山场贵,所以田契不愿交给县里。下午,我俩走小路去文斗,沿路抄录了一些碑文。到文斗上寨寨门处,见村里已把原来立在河边四里塘、即将被三板溪电站水库淹没的《婚俗改革碑》和《义让金榜山序》等几块碑搬上来安在这里,使这里形成碑群,文斗的历史人文味道更浓了。我俩便将还没有抄录的碑文抄录和拍照。晚上在上寨村主任姜廷化家食宿并做村情调查。交谈中,姜廷化还介绍了3月下旬,他和易遵华应西南政法大学陈金全教授的邀请,到该校做了题为《清代苗族民间契约法律文书》的介绍性讲座。他说,他们两个农民到大学搞讲座,引起了不小的轰动。

2005年6月22日 上午,我俩到文斗下寨做村情调查,并将村里的几块修路和修水井碑的碑文作了抄录。原计划吃中午饭后,我俩下乌斗溪上平鳌村。吃午饭时,杨秀廷突然接到其妻子电话,说今天要赶上贵阳去学习,要他回家照顾小孩。饭后,他便匆匆赶船回去了。

杨秀廷回去后,我仍按照计划下乌斗溪走平鳌。姜良锦等村干劝我说,文斗去平鳌的路文斗这边是石板路,平鳌那边是泥土路。这条路现在很少人走,平鳌的那边更是没人割拌,草很深,加上天热,非常不好走,建议我绕下三板溪后再乘车上去。因与平鳌的村干事先有约定,必须要到平鳌去,否则就失信于人。我嫌绕下三板溪太远太麻烦,坚持要走捷径过乌斗溪。

我背了个相机,沿着石板路慢悠悠地下去,路上还抄了两块不很长的碑文。快接近乌斗溪时,农田没有了,阔叶树林多了起来,同时与平鳌那边山的距离也越来越近,树林间鸟的叫声也变得阴阳怪气起来,我身上的冷浸感慢慢滋生。先前听平鳌人说乌斗溪桥头有两块碑,在乌斗溪木桥文斗这头的大树下,是平鳌人立的修桥碑。我到那里,扒开杂草看了一下,有一块是清嘉庆年间的,有一块则是光绪年间的,两块都上了厚厚的白苔,字迹难认。我无心抄录,急忙走过那用三根大杉木拼成的、颤悠悠的烂危木桥。过了桥,需沿溪右往下走约300多米才是上坡,但这段路非常糟糕,高密的杂草树枝把本来就不大的泥土路完全给掩盖了。我哼着壮胆歌,猫腰扒草找路前行,心里最担心的是蛇。这时,以前听易遵华等文斗人所讲有关在乌斗溪发生的砍树死人和鬼怪恐怖的故事已然充斥在脑海之中。走了约百来米,忽然扑拉一声,不知是一只兽还是一条蛇从前方一两米处往路坎下窜去,我顿时毛骨悚然,于是加快速度。不料欲速则不达,没走几步,眼镜被草挂掉了,只好蹲在草丛中摸。摸得眼镜,相机包又不幸掉到了路坎下的深草中。这时已顾不得什么了,跳下路坎拣了相机包,又快速前行,身上汗如泉涌。走完溪边"险"境、开始爬坡后,路才开始显现形状,绷紧的心才渐渐舒释,盘踞在脑子中的鬼怪恐怖故事于是慢慢退去。我生长在农村,山路走过不少,但像这样的狼狈也仅此一次。上到半山的田埂上,我坐下来休息,慢慢清理粘落在身上的杂草,对刚才在溪边的狼狈样感到好笑。

图3-3 被淹没前的乌斗溪木桥 (王宗勋摄)

　　以前听我母亲交代,一个人走远路时一定要带上些能吃的东西,以备防路上的饿鬼。一旦出现腿软乏力浑身冒虚汗时,说明被饿鬼缠上了,就拿出食物,先分一半给鬼,留下一半自己吃,这样就可以化险为夷。我从文斗出发时,村主任姜良锦硬塞给我几个粑粑,也许他们也意识到这个习俗,幸亏这几个粑粑用不上。

　　现在正是杨梅成熟的季节,从乌斗溪上平鳌的坡路两边,挂着青红相间果实的杨梅树随处可见。我沿路检验不同树上的杨梅酸和甜的程度,直到舌头和胃反感后才罢休。

　　上到平鳌坡顶时,已是下午4点钟。我坐在一棵大树下的懒板凳上休息。只见天高云淡,山风习习,蝉歌阵阵,感到无比的舒畅。休息了近1个小时,汗水和疲乏消得无踪无影。我来到村里找到村支书姜志怀和村小学老师姜泽才,向他们做平鳌村情调查。

　　2005年6月23日　上午,在姜泽才老师的引介下,我到姜先光的一个房族兄弟那里拍到了23份契约,之后又在寨上老坟场间抄了几张前清的老墓碑。

　　2005年6月25日　下午,我带返聘到县史志办公室工作的林再祥老同志(原县信访办副主任)去平翁村抄碑。该村大寨往岭隆组途中的岭上立有4块碑。传说这里清代中期建有一座小土地庙,庙里的签很灵验,魁胆、高岑、孟寨、小江以及天柱县悠洞等周边民众都来这里抽签。到民国初年,这座庙颓坏,平翁村的好义者便倡议集资,将庙里的签语整理刊刻在石碑上,供信人自己研判。该村的"怪才"龙承晚(传其有过目不忘之功,曾到王寨赶场,在书摊上将一本皇历翻一遍后,回家就能将该皇历背抄下来,并制成本子又拿到王寨卖)于是将庙里的签语整理成七言签诗100首,每首4句。签诗内容主要是劝人从善,勿做亏心事,且有一定的文采,对当今建立和谐社会有一定的利用价值。下午,我们抄得了两块。

　　晚上,我俩在签诗碑对面我岳父家食宿。我岳父已82岁了,身体不是很好,耳朵较背。吃饭时,我的大老表龙向宗问我,前年(2003年)三月(农历)他的侄儿龙久腾回家里来收去他家和他二弟龙向坤家的契约(龙向坤过继给堂伯为嗣,故也存有契约)去,都已经两年多了,但到现在还都没有得到复印件,是怎么回事？当时，我知道他们家还保存有些契约，所以就派龙久腾回家来拿去整理，思想本来很保守的老岳父，知道是我派来的，就出乎意料地同意拿了出来，同时还叫二老表向坤把他家的也拿出来交给久腾，一共200多份。久腾把这些契约拿到办公室后，因一直忙于整理别人家的，以为是自己家的放后点无所谓，想不到去年7月却被档案局的人撬柜子拿去了，至今仍未整理。老岳父有点埋怨我，说他们是从新寨下面搬上来住的，现在所管的这些山场不时与三江镇新寨村和平翁大寨发生权属纠纷，需要这些契约作凭据。现在你们拿去又没能退回来，万一以后发生山林权属纠纷拿什么做证据？我很有疚意，但又无可奈何，只有向他们保证说，回去尽快把复印件催来。而二老表龙向坤则坚持要退回原件。

2005 年 6 月 26 日 上午，我和林再祥老主任冒雨到对面岭上把余下的两块碑文继续抄完。

2005 年 7 月 15 日 下午，省民族研究所原副研究员杨有赓给我打来电话，告诉我关于他起诉贵州大学教授张新民的事。他说，今年5月份，他向贵阳市云岩区人民法院起诉贵州大学教授张新民和贵阳医院学教授陈汉彬二人，在今年1月24日就锦屏契约文书问题接受《贵州民族报》记者覃敏笑采访时说不实的话，侵犯了他的名誉权，要求恢复名誉并赔偿1元精神损失费。该法院受理了此案，并已于7月14日上午开庭审理。庭审时，张新民教授带他的两名学生、覃敏笑委托的律师到庭，陈汉彬及律师未到庭，而他则有其妻子在旁听。庭审主要围绕杨有赓1996年带锦屏契约文书到日本整理出版以及署名问题进行争辩攻防，整个庭审过程他都占据上风。他还要我转告中山大学陈春声和张应强两教授，希望他们也起诉张新民等。如起诉的话，他愿意无偿代理。晚上，我把杨有赓的意见电话向中大陈春声教授转告。陈教授说对我说，请转告杨老师，谢谢他的好意。他们没有时间和精力、也不想去跟人家争斗。同时，他还建议我说，你王宗勋最好也不要掺和进去。我很感谢陈教授的提醒。其实，我一微不足道的小角色，是不敢掺和这些的。就如同是金庸武侠小说中的武功高手过招，没有武功的人，只得远离战场，否则难免会受到飞来的砂石打着的。

2005 年 8 月 24 日 下午，我在县委宣传部看到一份有关锦屏契约文书的文件，即 8 月 5 日，中共贵州省委宣传部、贵州省文化厅、贵州省新闻出版局、贵州省财政厅、贵州省教育厅、贵州省档案局 6 家以黔文提复〔2005〕37 号联合行文《对贵州省政协九届三次会议党派、团体提案〈关于抢救"锦屏文书"的建议〉的答复》。文件称：一、该提案第一条建议以新的"锦屏文书"概念（包括各类契约、账簿、图册、碑铭、乡规民约、政府文告等历史文献）取代原先"锦屏林业契约文书"概念，以扩大原始材料的征集保护范围。锦屏文书的抢救、征集、整理等工作，在锦屏主要由档案部门负责；二、锦屏林业契约档案依法应集中统一保管在锦屏县档案馆。据了解，锦屏林业契约档案确有流散现象。因此，当地政府已采取措施杜绝林业契约档案外流；三、对锦屏林业契约档案进行抢救、收集、保护和整理研究是一项重要工作。关于"以贵州大学为依托设立锦学研究中心并与锦屏县政府合作"的建议是可取的，可以依托贵州大学中国文化书院开展"锦学研究"。目前贵州大学中国文化书院已与锦屏县联系，展开了研究工作，贵州大学将从人力、财力方面给予积极的支持。关于出版问题，新闻出版局认为，从版权保护的角度考虑，锦屏文书的收集、整理和出版工作由我省有关机构、专家和出版单位共同完成；四、锦屏林业契约档案是国家档案信息资源的重要组成部分。近几年，省档案局已从中央补助我省和省财政安排的重点档案抢救经费中陆续安排 10 万余元用于锦屏林业契约档案的抢救。省财政表示，今后还将进一步给予经费支持，做好其抢救工作。

这份文件，以贵州官方的名义将"锦屏文书"的名称正式确定了下来。

2005 年 8 月 31 日—9 月 6 日 黔东南州地方志办公室组织全州各县（市）志办公室主任赴香港考察学习。其间，我于 9 月 3 日下午顺便拜访了王锦辉老先生和周金生先生。王锦辉老先生在他的酒店里设宴款待了我，宴席也很丰盛。席间，我向王老先生汇报了加池和魁胆两座希望小学的建设情况（因他耳背和不谙普通话，故由周金生翻译），他很满意。关于高柳小学，王先生本来也有意援助，但由于已经获得资金并已开工建设，决定取消此项目。我便趁机提出将高柳项目转移到锦屏的其他地方，周金生请示王老先生。王老先生说，你来一趟香港不容易，就表示同意再给锦屏建一所学校，要我回去后赶快选定交通方便一点的地方，我当场建议改在平秋镇平翁村，周先生交代我回去后尽快将材料报过去。饭局结束时,见桌上剩下一些菜,王老先生说不能浪费,交代服务员打包让其太太带回家。王老先生乃亿万身家,尚且如此节俭,令我们这些内地虚讲面子的穷人感到汗颜无比。

又是一个意外的收获,我心里十分高兴。

图3-4　笔者与王锦辉先生合影　(周金生摄)

2005年10月12日　贵州省民族研究所原副研究员杨有赓给我打来电话,说日本学习院大学武内房司教授写信给他,说已向一个财团申请得到一笔330万日元(约合20万人民币)的经费,计划用来做锦屏契约文书的整理费用,具体是选择一两个村寨的契约文书进行拍照,制成光碟,武内他们拿一套,锦屏留一套。所余费用补给锦屏做契约文书抢救工作的机构。我说,这事有点麻烦,得请示县里有关领导。

2005年10月14日　我向分管副县长龙立俊汇报日本学者欲出资来合作做锦屏契约文书的事。龙立俊说,这事他也做不了主,得请示上级,因为省、州政府领导对锦屏契约文书有较多指示。

2005年10月19日　应加池村民委的请求,我前往到加池村,一是看香港王锦辉先生援建的小学校和石板阶梯步道建设的进度情况,二是与村干们商量两个工程纪念碑的问题。石板阶梯步道已经修竣,从河边上去,新修的道路用统一规格的石板,或砌成阶梯,或互相拼连,曲直有致,较原来的泥土路便利了许多,群众赞不绝口,言语中充满着感激。学校的主体工程已完成,正在外粉刷。工程的纪念碑问题,村干们认为,该村学校和道路得到香港人的援建,都是加池契约文书之功。如果没有这些契约,加池也不可能得到中山大学的重视。所以,工程纪念碑里应该镌刻上村里捐献出契约者的姓名,我认为也应该如此。

2005 年 10 月 28 日 应固本乡培亮村民委的邀请,我请加池村民姜绍明陪同走培亮村(因姜绍明在加池有亲戚,对该村熟悉),一是去指导他们编修村志;二是去收集村情资料;三是去找些契约资料。先前听石齐干说,培亮村两百多年来未发生过重大的寨火,这村里还保存有数千份旧契约,尤其是范修潭家有一份清光绪年间盖有开泰县印的契约长册,有两米多长。

我们先乘船到河口,然后再改车到培亮坡脚。下午 4 点左右到达培亮,找到村支书范华团,他便通知村长和文书等村干集中在他家开会和吃晚饭。

吃饭之前,我同村干们调查培亮的村情资料。培亮村位于乌下江西岸,距固本乡政府驻地 12 公里。东隔乌下江与启蒙镇雄黄村相望,南与本乡八一村接壤,西隔苗吼溪与河口乡裕和、培尾村相望,北与河口乡瑶光里寨村党艾自然村相望。村寨坐落在一斜坡山弯之间,吊脚木楼顺沿山势层叠而上。后龙山势雄伟,寨脚有乌下江环绕,明堂开展。史料称其"鄙亮",古苗语称"穷强卑亮",是古青山界四十八苗寨之一,传说 500 年前即有人在此居住。吃饭时,我提出在村里找契约拍照,范华团等人都不表态。这也许是我第一次来,他们对我还不熟悉、不放心的缘故。看来得多来几次才行。

2005 年 10 月 29 日 早上,我在姜绍明的亲戚家里拍到了 4 份契约。然后在村里转悠,拍村景。培亮后龙山蓄有一片近百亩的古树林,这片林子可能就是这个村子的水源林。寨内井泉较多,且装修讲究。这里的民居多数是吊脚楼,修自清光绪年间的两幢窨子屋还保存较好,其中至今有一幢还住人,悬挂在堂屋中柱上抱柱对的金字还清晰可鉴。寨间清代中期修筑的青石板阶道还很好,走在其间有一种返回古代的感觉。村内曾建有南岳庙,早已毁。村边存有一块刊立于清咸丰年间、黎平府调解培亮等乌下江沿岸村寨对乌下江木材放运权纷争的告示石碑,这块碑对研究过去乌下江流域木材贸易历史和区域经济状况较有价值。

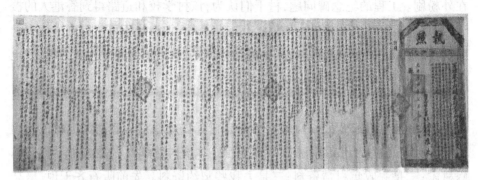

图 3-5　培亮村范修潭家保存的山林田土登记清册　（王宗勋摄）

　　吃了早饭,我和姜绍明离开培亮溯乌下江走启蒙镇流洞村岑果寨。经过八受村时,我停下来做了简短的调查了解。八受村位于乌下江的中游,跨居江的两边。这里地形复杂,乌下江东南而来,在此纳接了三条溪水、绕一大湾后向西北瑶光方向流去。这个村辖上寨、湾塘、坪寨、猛馒、归更、高凸、高受、果两、扣昂 9 个自然寨,共有 240 多户,1100 多人。通过乌下江,这里上能通黎平,下可达"三江"等地。清乾隆初期,成为乌下江流域重要的木材集散地,商贾来往频繁,有些商人因留恋八受优越的经济环境而在此定居。这里在民国 27 年(1938)曾发生一件大事。这年 6 月 14 日深夜,乌下江突发罕见的洪水,地处河坝上的坪寨全寨 30 多户 100 多人,以及奉命清乡驻扎这里的第五区义勇壮丁队 70 多名官兵连同枪械被大水卷走,民间称此事为"水打八受"。因这里即将被三板溪电站水库所淹,我拍了几张照片作为留念。

　　流洞村的岑果自然寨位于乌下江右岸的半山上。此时正在修取代即将被淹的乌下江边的南加至王家榜公路,我们沿着被挖得时有时无的小路走了四五十分钟来到岑果。这是一个有二三十户人家的小村子,寨前有一片原始残次阔叶树林,新修的八受至王家榜的公路从寨间穿过,这个原来僻处大山深处的"三僦"小村即将迎来交通便利。经一番咨询,我们找到该寨的退伍军人吴礼柱。吴礼柱为人爽快好客,他向我介绍了该寨的一些情况。我向他了解有关旧契约文书的事,他爽快地说家里还有一些,随后就去把家里所保存的 60 多份契约拿出来让我拍照。只是要求我拍了之后,将照片返还给他。

2005 年 11 月 7 日 下午,中共贵州省委常委、贵州省总工会主席、贵州大学党委书记龙超云在黔东南州委常委、州政府常务副州长李再勇,贵州大学副校长李建军,贵州大学张教授等的陪同下来到锦屏考察锦屏契约文书的抢救和保护工作。根据王甲鸿县长的要求,我也参加了接待和汇报。

龙超云一行先在县档案馆看了契约文书,然后在档案馆的三楼会议室进行了简短的座谈。龙超云说,锦屏契约文书无比珍贵,它不只是锦屏的,也是贵州省乃至全国的,不能只是由锦屏县来搞,也不只能是由档案部门来搞,而应作为省政府的重要课题来搞,要把它作为政府的行为,今后要加大资金的投入。接着,李建军副校长和张教授与县档案局局长就贵州大学与锦屏合作开展锦屏契约文书抢救事宜进行了讨论。最后达成初步共识,即贵大先出 10 万元给锦屏县档案局,锦屏县档案局优先向贵大提供除了已提供给中山大学之外的所有契约文书复印件 1 套。

2005 年 12 月 23 日 下午,我参加州志办公室召开的年鉴工作会议结束后,上贵阳到省林业厅科技处,按照合同要求向常青副处长呈交锦屏县史志办公室与省林业厅合作项目的成果《锦屏林业碑文选辑》和《锦屏林业契约选辑》各 44 本。之后向她请求拨资助我出版《文斗》一书的费用。她说,资助出版《文斗》一书的 1 万元款还得请示省厅的有关领导。

2005 年 12 月 24 日 上午,我应省民族文化宫的邀请,到省民族文化宫出席民族地区文献资料征集研究座谈会。参加会的有省民族文化宫主任高聪、今旦(贵州省知名民俗文化专家)、席克定、杨有赓和日本学习院大学教授武内房司以及省民族研究所研究员黄海等。我在会上介绍了前段时间锦屏契约文书抢救的情况。高聪主任听了之后,有意把锦屏契约文书征集省列为省民族文化宫民族文化资料征集的重点工作,并请我加入他们的团队。我因忙于《锦屏县志》编纂等工作,无暇他顾,于是婉谢他们的邀请。下午,我和杨有赓陪同武内房司去青岩古镇参观。

晚上回来,杨有赓先生向我详细介绍了他和致公党贵州省主委、贵阳医学院教授陈汉彬和贵州大学教授张新民打官司的事,并把他写的起诉书和法院的判决书给我看。他说,今年 1 月份,陈汉彬、张新民两位教授在接受贵州

图 3-6 笔者与武内房司(中)、杨有赓(左)合影

民族报记者覃敏笑采访时，有些言语伤害了他，侵犯了他的名誉权。今年 5 月，他向贵阳区云岩市人民法院起诉，要求判令陈、张两人向他赔礼道歉，恢复名誉，并赔偿精神损失费 1 元。8 月 5 日，贵州省委宣传部、省新闻出版局、档案局、文化厅、教育厅、财政厅联合出《对贵州省政协九届三次会议党派、团体提案〈关于抢救"锦屏文书"的建议的答复〉》，该文件将锦屏文书定性为档案。9 月份，云岩区人民法院以此文件为依据做出判决，不支持他的主张，判他败诉。他不服，向贵阳市中级人民法院提出上诉。12 月 10 日贵阳市中院做出终审判决，维持原判。他虽不服，但无可奈何，于是写了一首小诗："文件凯歌高奏，法律无奈低头。包公扼腕叹息，悲观正义蒙羞。"

这件事，算得上是锦屏契约文书抢救过程中的花絮了。

2006 年

2006 年 1 月 4 日 为落实平翁小学的援建问题，应香港周金生和中山大学张应强的邀请，并经请示县政府龙立俊副县长同意，我去广州与周金生等具体商谈。我于 4 日下午两点乘锦屏至东莞卧铺车走广州，5 日中午到达。

在路上颠簸了二十来个小时,腰酸背痛,在路上吃饭时尝到了黑店宰客的滋味,我终于也略略体会到了我们的兄弟姐妹们来广东打工的艰辛。

2006 年 1 月 7 日　晚,按照约定,我随陈春声、张应强两教授到广州市郊区同周金生见面,到场的还有广东省政府侨务办公室副主任朱尔武。周金生将带来的香港王锦辉基金会资助平翁小学建设经费 12 万元的协议请朱尔武签字见证,之后交给我带回锦屏由县教育局和平翁小学负责人签字。我还向周金生和陈春声二人介绍了加池小学和魁胆小学工程建设的进度情况。

返回广州市区的路上,我对陈春声教授说,我们锦屏县民间有两大文化"瑰宝",一是契约文书,二是碑刻。契约文书是不能做了,是否可以弄点经费我们去搞碑刻收集(拓印)?陈教授说,这个可以,我们就从刚申请得到的教育部清水江课题经费中拿出点经费来做,具体还是由你和张应强负责办理,你回去先拟出一个方案来。

2006 年 1 月 8 日　上午,我在张应强那间只有七八个平方、却到处堆满书籍的办公室里与他商谈锦屏契约文书影印出版的事情。我说,锦屏县政府很在乎这个事情,署名一定要有"锦屏县政府"或锦屏县民间契约征集研究领导小组,出版以后要送一套给锦屏县收藏。张应强说,我们中心 2004 年就与广西师大何林夏签了出版合同,你们寄来的那些复印件都已发到他们那里了,现在他们正在排版,大概在今年内出版面世。这是一套丛书,书名叫《清水江文书》,第一辑计划收录契约文书 5000 多份,计划分 10 册,署名是"锦屏县人民政府、中山大学历史人类学研究中心编印",主编是我和你。出版以后,中大历史人类学研究中心和锦屏县各有一套,我俩也各有一套。陈春声老师计划等这套书出版后,由中大组织召开一次国际学术会议,先在中大开,然后到锦屏结束。

2006 年 1 月 10 日　上午,我将到广州的情况向龙立俊副县长作汇报。根据龙立俊的意见,下午,县教育局长姜大海、平秋镇党委副书记、代镇长欧阳甫培、平翁村支书彭恩玖、平翁小学校长龙登明等在教育局会议室举行香港王锦辉教育基金会援建平翁小学协议的签字仪式,我作为见证人参加。

2006 年 2 月 22 日 因编纂《锦屏县志》中的《锦屏契约文书》篇,需要到县档案馆去查阅契约文书。然县档案馆新规定,凡查阅契约文书的一律要有县分管领导的签字。上午,我到县政府找副县长龙立俊,请他签个字。龙立俊说,这些契约大都是你们去收集来的,没必要签字,我给他们局长打个电话,你去查就行了。

我还对龙立俊副县长说,2004 年 8 月以前的契约文书都是我们办公室的人员下去征集上来的,当时都答应群众要返还复印件和发证书给他们。这几年,由于档案局可能因人手少等方面原因,未能及时对契约进行整理并返还复印件给群众,群众认为我们不守信用,意见很大。有的多次来找我,还要求将契约的原件退还给他们,有的还写信到州里反映,请县政府出面协调此事,以免出现其他事情。龙立俊答应将去协调。

2006 年 2 月 26 日 上午 9 点,根据香港周金生的要求,平翁小学举行奠基仪式,参加仪式的有副县长龙立俊、教育局长姜大海、平秋镇长欧阳甫培、团县委副书记胡炳宁和我。奠基之后举行简短的仪式,村支书彭恩玖介绍了平翁村的基本情况,龙立俊、姜大海分别作了简短讲话。

2006 年 2 月 28 日 接到省林业厅科技处常青副处长的电话通知,我上省厅去办理资助《文斗》一书出版经费的转移手续。2003 年,在杨有赓先生的帮助下,通过省林业厅原副厅长曹国江从国家林业局争取到锦屏林业契约抢救经费 10 万元,放在省林学会代管。这 10 万元中,省林业厅安排给北京林科院(北京林业大学)专家到锦屏考察调研费用 5 万元,给锦屏县 5 万元。在给锦屏的 5 万元中,扣除 1 万元给省林业厅科技处作所谓的"管理费",锦屏实得 4 万元。2004 年我们去拨得 3 万元,余下 1 万元,科技处认为锦屏契约研究因受省领导的干预、工作未能按合同进行的原因而欲卡住不给。后经向官国倍副厅长力争,才同意转资助我出版反映生态环保村寨文斗人文历史的《文斗》一书。3 月 1 日上午,我到科技处将这 1 万元转账到贵州省人民出版社财务处,出版社那边由我的魁胆同乡王才禹(文艺编辑室副主任、编审)代转。

2006 年 4 月 7 日 按照陈春声教授的意见,报经县政府分管领导龙立俊的同意,县史志办公室开始开展碑刻拓印工作。我们聘请了原契约征集办公室工作人员龙久腾和加池村姜绍明承担此事。拓印工作要求是,每块通碑文拓印两份,每份工价 15 元,另外每块碑补助 5 元。纸张、墨等材料和交通费用凭票据实报销。所有的经费由中山大学那边负责。所拓印的两份碑文中,一份寄往中大,一份留锦屏。

2006 年 4 月 25 日 上午,应敦寨镇政府的要求,我去敦寨指导该镇的修志工作。在翻阅他们的镇志稿时,发现其中收录有明代嘉靖、万历两朝的契约文书资料。我询问修志人员焦正芳老师此资料源于何处,他说是在本镇九南村收集得来的。在此以前,我们征集契约文书都只是在清水江两岸的村寨进行,所以只熟悉这一带的情况,而对敦寨亮江流域接触不多,对毗邻湖南省靖州的九南山区我们则更是一片盲区。看到这几份契约资料,我兴奋不已,仿佛寻宝人看到了一间藏宝室的大门现出了一条细细的缝,于是决定钻进此门去看个究竟。如果这几份契约属真,那么锦屏契约文书的历史将往前推了一大节。下午,我买了几包糖和几斤肉,请焦老师带领,花 60 元租了一辆面包车上九南。我们从管寨走,这条路是新修不久的通村公路,坑坑洼洼的,塌方处很多,十四五公里的路走了近两个小时。

九南地处锦屏县的东南面,与湖南省靖州县藕团乡接界,原来设有九南乡,1992 年后撤销并入敦寨镇。这里地处高山,山多田少。山中盛产楠竹和山核桃,杉木不多,山核桃过去是这里的主要经济林。这里的民风与湖南那边接近,历来彪悍。由于山多田少,交通不便,九南片是敦寨镇最偏僻贫困的地方。如云亮村,因为贫困,村里的女孩纷纷外嫁,外面的女孩不愿嫁进来,以致有大量男青年娶不到媳妇,成为有名的"光棍村"。

焦老师因长期在敦寨镇内从教的缘故,在九南一带学生很多,人缘很好,所以哪家保存有契约他全都了解。当晚,我们在焦老师的学生、九南小学校长龙运富家里吃和住。第二天早上,焦老师带我去拜见龙立才老人。龙立才 70 多岁了,身体不是很好,他一个人在家。经过我们一番说明,他就把契约翻出来让我拍照。经过两个多小时的忙乎,我将他家的 228 份契约全部拍照完。这些契约中,有一份是明代嘉靖三十五年(1556)买卖荒山的,一份是万历四十一年(1613)裁决田赋纠纷的。这两份契约的发现颇有意义,它把锦屏契约文书产生的年代提前到了明朝,往前推了 100 多年。

拍完龙立才家的契约文书,焦老师又带我到同村的陆洪林家,拍到了他家的契约 174 份。他家的契约文书中,有一个小册子,记录这一带民工去修筑古州城墙的事,很有意思,可惜没有落时间。另外,我们还了解到有几家还保存有契约,但主人不在家。于是我交代龙运富老师帮联系,如可能的话,请他下锦屏时带下来,我拍照完后又带回去,其费用由我们负责。

通过在九南拍的这两家契约,可以看出与清水江两岸契约文书的最大不同点,就是这里核桃山林的买卖较多,杉木山林的较少,极少有佃山和林业收益分配方面的文书。

2006 年 4 月 28 日 龙运富老师来到我办公室,带来了九南村熊国凡家的契约 18 份。我拍照之后,交给龙运富老师带回。

2006 年 5 月 27 日 平略镇修志人员张友模很兴奋地来到我办公室,说给我带来了一份"年代最早"的契约。打开来看,是一张落款清康熙六年(1667)、该镇留纪村人立的地界碑的碑文。张友模说,留纪与南堆村交界处存在山林权能属纠纷,所以留纪人就立了这块碑,碑现还存在留纪村里。我仔细观察这张地界碑文,发现有几个疑点:一是文字表述是清朝后期至民国初期的风格;二是契约中提到的"打岩塘"等地名都是清后期才出现的,而"归胆"在康熙时称为"鄙胆";三是契约纸张有人为作旧的感觉(农村伪造老契约的办法,通常是从火炕上扫来黑烟灰,放在锅子中煮沸后,将写好的契约置于锅水里浸泡一下,然后拿出来置于火炕上晾熏一段时间)。于是我对张友模说,这张契约造假嫌疑较大,不可信,建议他在《平略镇志》中最好不要引用。

2006 年 6 月 16 日 我交代龙久腾将他与姜绍明拓印的碑片清理,寄给中大张应强。在两个多月中,二人先后在锦屏县内的三江、平略、河口、茅坪等乡镇和天柱县三门塘共计拓印得碑文 68 通,发生费用 5568 元。所用的基本上是以前吉首大学杨庭硕教授教的技术。因工作难度大,报酬偏低,二人不愿再做,碑文拓印工作遂告结束。

2006 年 6 月 17 日 上午,我乘船去河口调查红军长征经过河口乡瑶光、韶霭、塘东等村的情况,顺便带北京林业科学院派来锦屏做田野调查的硕士研究生金银亮调查了解林业历史和林业契约文书的产生的环境和在农村林业管理上的具体使用情况。金银亮是奉其导师刘金龙之命前来锦屏了解林业历史和林业契约文书的,省林业厅科技处常青处长特地交代要我向他介绍锦屏林业历史和契约文书等情况,并带他在锦屏做调研。

2006 年 6 月 18 日　上午,我们请受聘编纂《河口乡志》的姜述熙老书记带路去韶霭和塘东两村做调查。在韶霭村,我们找到支书吴道康和同样受聘编纂《河口乡志》的龙家亮老师了解相关情况。

吴道康支书在向我们介绍一些情况之后,还向我说了一件令人头疼的事。该村村民龙章义痴迷堪舆,在邻近隔壁锦来村乌沙寨边的韶霭村以前契约管理山上看到一穴好地,就将他的父亲安葬到那里。乌沙人则认为自己的风水受到侵犯,就组织人将该坟刨挖,龙章义又组织人去复葬,乌沙人又复挖,并在坟地上淋粪便。龙章义就不断向乡、县和州政府反映,请求处理乌沙人的行为。

11 点钟,龙章义来向我反映情况,并执意请我去他家吃午饭。对他的问题,我根本无力解决,坚决拒绝去他家吃饭。但吴支书说,既然他爱意安排了,就去吧。于是,我很不情愿地随吴支书他们去龙章义家。他家的情况很糟糕,可以说家徒四壁。但午饭办得却很不错,有鸡有鱼,这明显是在村干的授意下刻意办的,目的是想得到我的某些帮助。席间,龙章义和吴道康向我说了很多情况。从他们介绍的情况中,我知道这事已反映到州委领导那里去了,而且现在乡、县两级正在按州委领导指示将之作为重大维稳案件进行处理。听了之后,我向龙章义明确表示,你这个事我帮不了忙,你现在只有听乡和县领导的,千万不要做出其他过激的事出来。这餐饭吃得很不舒服。

午饭后,姜老书记带我们从韶霭走锦来村。锦来村由锦来、乌沙、乌什、党样 3 个自然寨组成,共有 150 多户,700 余人。因加池的契约文书中,有相当部分涉及党样寨,我于是要姜书记带我去党样寨看一下。从锦来到党样有两公里多的山路下坡尤多,党样寨地处一个朝东的山窝里,从这里向东越过直线约 3 公里的三板溪电站水库大湾,可清晰地看到加池寨的全貌。从加池那边看来,党样如同一颗珠宝镶嵌在青绿大山的上半部,到这里后觉得果然处在大山之中,但明堂开展,亦是适居。这里有三四十户人家,有杨、龙、宋、姜4姓。这些人中,杨、龙、宋3姓是清代中期从天柱和湖南来这里同加池等村人佃栽山场而落居的,姜姓则是附近来这里管山落居的。我问一位党样的杨姓村干,党样寨是否还保存有旧契约文书?他说,我们党样的先人大多是从外面迁来这里同别人种山的,解放前都是穷人,没有什么田土,也就没有什么契约,加上曾发生几次寨火,契约大都烧了。即便保留有一部分,人们都不轻易拿出来。因为我们党样的山林土地都是先人花银钱同周边村寨买来的,很不容易。人们担心契约拿出来让外人看了,别人就会造假契约来混争。

2006 年 7 月 9 日 应中大张应强教授的要求,我将中大历史人类学专业博士研究生钱晶晶和邓刚送到调查点。钱晶晶的调查点仍旧是在她做硕士毕业论文调查的天柱县三门塘;邓刚所做的是"三锹"群落社会调查,所以将他放在平略镇岑梧村。

"三锹"是散居在锦屏、黎平和湖南省靖州县藕团乡三秋等地的特殊群落,散居在锦屏县平略镇的岑梧村,河口乡的九佑、中仰、美蒙村,启蒙镇的高表村、流洞村岑果组,固本乡的九桃村和瑶里村小瑶光寨;黎平县的大稼乡的俾嗟、岑堆、乌勒、乌山、董翁、归斗、岑努等寨。靖州县的"三锹"则主要分布与锦屏县铜鼓镇相邻的藕团乡三秋一带。这些村寨人自认为是"锹家",有着强烈的族群认同感,认为他们与周边的苗、侗、汉等民族都不同。他们没有自己专用的语言,但会操本地区流行的苗、侗、汉3种语言。在1970年代以前,他们仍顽强地实行族群内联婚制,而拒绝同哪怕距离最近的族群外的人通婚。他们居住的村寨都十分边远,生产和生活条件都非常困难。1980年代前期,"三锹"人曾向中央提出将他们划为"三锹族"的要求,但未获批准。这群人现在分别归属于附近的苗族或侗族,即原则上会说什么语言(指苗语或侗语)就报什么民族,大多报侗族,少数报苗族,没有一个村寨报汉族。这个特殊族群很值得研究,但他们的问题长期以来都被政府忽略。

岑梧村是离锦屏县城最近的一个"锹家"村寨。今天上午,我将邓刚送到岑梧,安顿在村民委主任陆秀植家,陆秀植对小邓很欢迎。中午饭后,我要陆秀植带我俩在村里和附近的山上转了一下,特别是去看清康熙至乾隆那组契约所涉及的平展坡、九白冲、董所等处山场。

2006 年 7 月 25 日 香港金城营造王锦辉慈善教育基金会董事长王锦辉先生偕夫人叶秀莲、孙女王沛芝，在周金生和陈春声、张应强等的陪同下来到锦屏，对他们援建的加池、魁胆、平翁 3 所小学工程进行验收。我奉县政府之命到贵阳机场迎接。

2006 年 7 月 26 日 王锦辉一行先赴加池验收。先乘车到三板溪码头，然后改乘船。到加池坡脚，全村村民全部出到半坡迎接，特地制作了 4 顶轿子将王锦辉夫妇和孙女及周金生抬上坡。乡政府在新建的小学前举行隆重的剪彩仪式，王锦辉对工程和接待非常满意，剪彩过后，又给村里追加 10 万元用于完善通向河边的石板道和修缮老木质教学楼。仪式结束后，村里还组织了文艺节目和斗牛活动。尽管文艺节目略显粗简，但这是村民们表达高兴和感激之情的最好方式了。中午，在四合院里就餐。

2006 年 7 月 27 日 上午，验收魁胆小学。魁胆村民委和村小学做了精心的准备，先是派由 20 多辆摩托车组成的车队，到两公里以外的大公路上鸣放鞭炮迎接由 5 辆车组成的验收队伍进村。进入村口时，全村村民列队夹道欢迎，先是身着传统银饰的女孩，后是芦笙队，再后是小学生，接着是着传统银饰盛装的妇女，再后是身着古绸装的老年男子。这种场面在魁胆这个侗寨从未有过，确实令人感动。王锦辉夫妇和周金生等更是激动不已，连连向人群致意道谢。村民委在村委会前举行欢迎仪式，身着盛装的女青年向王锦辉夫妇唱歌敬茶，献连心彩带，还给王沛芝小姐赠戴特地定制的北侗银头花。全村五六百村民环立四周观看，称赞场面自古未有。欢迎仪式结束，王锦辉一行在众人的簇拥下，步行到村小学参加剪彩仪式。仪式由镇长欧阳甫培主持，镇党委书记彭泽良致欢迎词，村长王必玖介绍村情，副县长龙立俊简短讲话，王锦辉先生即席讲话，对学校工程表示满意，并表示再追加 5 万元作为增加学校设备之用。仪式结束后，村小学组织师生举行斗松牛、唱侗歌和文艺表演活动。中午，在较宽敞的王宗显家就餐。按照魁胆侗家特有的习俗，在堂屋摆上由三张方桌连成的连桌，请王锦辉夫妇坐上席(靠神龛)，然后是周金生、陈春声、龙立俊、张应强，再后是村里的王裕庆、王昌海两位退休老教师……席间，按照地方最隆重的礼仪，村里的歌手向王锦辉夫妇敬唱九寨侗族大歌，以表示感谢和敬意。魁胆属于北部侗族,这里的大歌与黎平等南部的侗族大歌风格上各有千秋,只是没有加以外宣,名气没有黎平大歌那么大而已,现也已被列入贵州省非物质文化遗产名录,加以保护。

图3-7　魁胆小学学生斗松牛　(杨秀廷摄)

下午3点,王锦辉一行准备离开魁胆,全村老少又集中村委会前列队欢送,摩托车队放鞭炮一直送到两公里外的水库路口。

离开魁胆后,王锦辉一行即转到距魁胆5公里的平翁村验收,村里组织学生到路口迎接。入村到学校里稍事休息后,即举行剪彩仪式。仪式程序与魁胆相似,欧阳甫培主持,彭泽良致辞,支书彭恩玖介绍村情,然后龙立俊、王锦辉讲话。王锦辉再给该校追加5万元资金用于增办设施。最后由一位女学生代表发言致谢,该学生口齿清楚,举止大方,颇得王锦辉夫妇的赞赏。仪式结束后,由村里从瑶白请来的文艺队表演了精彩的、北侗味十足的节目,令人耳目一新。活动结束时已5点多钟,随后在学校旁边的村委会里进餐。平翁村人历来好客,尤好酒礼,但前来参加活动的人才从魁胆下桌不久,吃饭是出于礼节应付,且都不喝酒,村民们未得尽兴,感到很遗憾。

2006 年 7 月 28 日 上午,王锦辉一行在副县长龙立俊的陪同下,到隆里古城参观,隆里特地举行了舞龙活动。隆里的舞龙很有特色,很具盛名。看完舞龙之后,又在城内参观了一番,然后在城内的饭店里吃午饭。下午,从隆里返回,并折走到天柱县三门塘参观,天柱县坌处镇人大主席龙庆忠到场陪同。

2006 年 7 月 29 日 王锦辉一行(除张应强)乘大巴车离开锦屏走贵阳,我奉命随车送行。傍晚抵达贵阳。晚饭后,我带陈春声教授去杨有赓先生家拜访。杨有赓对陈春声的到来非常高兴,滔滔不绝地介绍了他"发现"锦屏契约文书和与日本的唐立、武内房司等合作整理锦屏契约文书以及同贵州大学张新民教授等打官司等情况。陈春声对杨有赓先年艰苦地发现锦屏契约,并坚持对它进行关注和研究,为后人研究开路和打基础表示钦佩。

2006 年 8 月 1 日 下午,我陪仍在锦屏做调查的张应强上岑梧村去看其学生邓刚的调查环境,平略镇的干部张友模同往。在我们的要求下,岑梧村支书陆秀朝带我们详细走了康熙契约反映的长冲、九白冲、平展坡、董所坡等处山场。晚上,我们还就岑梧的历史和"三俅"的风习,以及岑梧陆姓先祖向苗馁人买长冲等处山场等访问了陆宪基老人,陆宪基还演唱了几首俅歌。

2006 年 8 月 22 日 下午,香港王锦辉教育基金会总干事周金生打电话给我,说王锦辉先生之子、香港金城营造公司总裁王国强(全国政协委员)邀请我 9 月份到香港去一趟。原因是王锦辉慈善教育基金会原计划在内地资助建 100 所希望小学,现在已经完成,王国强先生准备把这 100 所希望小学的资料汇编成一本书。他没有时间,听陈春声教授说我是做县志编纂的,这方面有些经验,请我过去协助整理。我往返所有的费用由基金会负责,要求 23 日答复。

2006 年 8 月 23 日 上午 8 点,我在县政府门前遇见正准备下乡的县长王甲鸿,就香港那边邀请过去的事请示他,他说可以去,但得问分管副县长。我随后又去问龙立俊副县长,龙立俊说,别人这样支持我们,我们能帮别人的也应尽量帮。既然他们邀请就去,但时间不能太长。

2006 年 9 月 9 日 上午,县林业局通知我,要我到县林业局参加为前来锦屏做调研的国家林业局对外合作司鲁德处长、北京林科院研究员刘金龙等主持的有关锦屏林业契约调研的座谈会。我应请在会上介绍了锦屏林业契约文书以及在林业经济发展中的作用,并就如何做锦屏林业契约研究提了一些建议和看法。鲁德、刘金龙对锦屏林业契约很感兴趣,要求亲自下到农村实地了解。下午,根据鲁德等的要求,我带他们到平略镇岑梧村就林业契约的作用等问题进行面上调研,并又对老支书陆秀崇等做了采访。

2006 年 9 月 11 日 我接到香港周金生发来邀请我到香港去的邀请函。当日,我到县政府请示常务副县长龙立坤。他说,这事得请示陈英华书记才行。

2006 年 9 月 14 日 我到县委陈英华书记办公室向他请示。陈书记说可以去,但要引进资金来,不要空跑一趟。15 日上午,我去找刚来的代理县长袁尚勇签了字。

2006 年 9 月 16 日 我乘班车上凯里,到州公安局办公出境手续,并请贵阳的朋友帮订了 17 日上午贵阳到广州的飞机票。下午赶到贵阳。然当晚 8 点钟,我突然接到县委组织部杨副部长打来的电话,他说县委领导有新指示,你不能去香港了,必须返回。我问原因是什么,他说他也不清楚。我很纳闷,于是就壮胆直接拨打县委陈书记的电话,询问原因并请求准行。陈书记说,这是组织决定的。无奈,只有服从。我于 17 日上午退机票返回。

2006 年 9 月 21 日 上午,应县委办公室通知,我到县委办公室(因办公楼改建,暂借在县水利局七楼)参加县契约征集保护领导小组会议。会议由县委常委兼县委组织部部长宋华主持。宋华首先宣读县委办公室下发关于成立县契约征集保护领导小组的通知,小组由宋华任组长,县委常委兼县政府副县长李腾刚(贵州大学教师下来挂职)、副县长龙立俊任副组长,成员有县委办、县政府办和县林业、档案、财政、司法、史志等部门的主要负责人,我也是成员之一。其次是李腾刚宣读县档案局起草的关于征集抢救契约文书的工作方案。然后,与会者参这个方案进行了一番讨论。会议要求各有关部门加强对锦屏文书重要性的认识,积极支持和配合县档案部门做好契约征集与保护工作。

2006 年 10 月 8 日　上午,县委常委、县委组织部部长通知我到其办公室(在县林业局七楼)。他向我解释了那天(9 月 16 日)县委临时改变计划不准我去香港的原因。他说,省、州领导对锦屏契约文书十分重视。最近有人反映,锦屏有 15000 多份契约文书流出到广东甚至日本等地,这要进行调查的。听说你与中山大学张应强教授准备联合出版一套锦屏契约文书的丛书,这套书若署有你"王宗勋"名字的话,将会有麻烦的,对你不利,请你认真考虑。我解释说,中山大学出版锦屏契约文书,是按照 2001 年与锦屏县政府所签的合作协议进行的。2004 年 9 月我们这边单方面中止这个协议,从来没有同他们中大进行过任何形式的联系和沟通。锦屏契约文书是我和张应强共同负责做的,文书征集和裱糊整理等工作主要是我在负责,排版等主要是张应强在负责,署我的名字是国家著作权法允许的,这是职务署名。如果不署我的名,只署他们的名,那我们锦屏这边就什么都不沾边了。接着,我又把我从 1995 年开始做锦屏契约和 2001 年以后同中山大学合作开展的情况向宋华部长做了详细的汇报。我说,我们同中山大学合作的那几年,从来没有让一份契约文书的原件从我们手中流出到中山大学以及其他外省,说锦屏有 15000 多份契约文书流出到广东、甚至日本,纯粹是别有用心的人制造的谣言,我不明白为什么要造这些谣言。我还同宋华谈了对契约征集抢救工作的一些看法。

现在,我才明白,不同意我去香港,原因是我有"文化间谍"嫌疑,真令人无语。

2006 年 10 月 25 日　上午,我在县档案局得知,今年 8 月 16 日,贵州新华通讯社记者王丽写的《贵州"锦屏文书"流失严重,亟待抢救》一文通过内参在第 407 期《国内动态清样》上刊登,引起国务委员陈至立的高度重视,她对贵州"锦屏文书"的抢救保护工作作了批示。随后,中共贵州省委书记石宗源、副书记王富玉、省委常委龙超云、省政府副省长吴嘉甫等领导随即也都作出了相应的批示,要求省有关单位和黔东南州摸清情况,查找存在的问题,研究提出抢救保护"锦屏文书"的具体方案和措施。

这是一件大好的事情,我心里感到一种欣慰。我们前些年的努力不白费,终于感动了上苍。

2007 年

2007 年 1 月 10 日　前两天，张应强教授来信息说，中山大学历史人类学研究中心拟组织牛津大学科大卫、台湾学者魏捷兹以及中山大学的几名学者于最近到湖南省靖州考察一下飞山文化，要求我过去打前站联系一下（本欲再次来锦屏，但考虑贵州方面有些人士对前些年中大与锦屏合作搞契约文书有微词，担心可能会给锦屏增添麻烦，故改在靖州）。今天，我约县政协文史委员会主任林顺先用政协的车到靖县与该县政协文史委员会联系，请其支持。该县政协副主席杨位出面接待，对中大学者来考察飞山文化表示欢迎。但因一些特殊原因，靖州不便外国人停留。晚上我回复张应强。于是，中山大学的计划取消。

2007 年 2 月 5 日　上午，我到县政府分管副县长闵启胜汇报修志等工作时，再一次向他反映：2001—2004 年与中山大学合作征集契约文书期间，所征集来的契约有相当部分还未返还复印件给群众，群众意见很大，请他出面催促县档案局尽快返还给群众。闵启胜说，他将去与县档案局协调。

图 3-8　姜元泽老人清理契约文书

2007 年 5 月 1 日　今年，县委组织部安排我们县史志办公室继续联系帮扶文斗村。今天，我带办公室吴育瑞上文斗。此次去文斗的目的，一是作为联系单位去了解、检查生产和计划生育等工作，二是想去看一下下寨"三老家"后裔姜元泽家的契约文书。

2007 年 5 月 2 日 上午，我和吴育瑞买了一些饼干糖果来到姜元泽家拜访。姜元泽属于文斗下寨"三老家"的第三房，家里还保存有"三老家"的契约等文书 1000 多份。我和姜元泽老人已是老熟悉了。这些年，来访他老人家的学者、记者很多，他家保存的契约文书很多学者都曾翻阅和拍照过。我提出拍照他家的契约文书的要求，他满口答应。于是，我在吴育瑞的协助下拍照。因来翻动的人多了，他家的契约保存状况及存放顺序与我开始所看到的已经完全不一样，不是折成三指大小用稻草或麻绳捆成小扎（或包）放在箱子里，而是完全打开一张张叠撂，然后卷成一卷卷的，用一张床单包成一大包。从研究的角度来看，他家现在的契约文书的价值已降低了许多。

图 3-9 文斗远眺 （王宗勋摄）

为了避免外人打扰，我们在他家楼上的一个小房间里拍照。姜元泽老人在一边坐，与我们聊他们家的过去。因契约都已经打开，拍照的速度就快了许多。中午，我们在他家吃饭，饭后继续拍。以前估计他家的契约要有 1000 多份，但我们一共只拍到了 420 份，与先前的估计少了许多，是先前估计有误还是他只是对外公开一部分？ 不得而知。

2007 年 6 月 23 日 上午，我到县政府副县长闵启胜办公室向其汇报工作。我向他汇报关于锦屏契约文书博物馆建设的想法。我说，听有消息说州里领导要将锦屏文书博物馆建在凯里,并将锦屏契约文书全部拿到上面去统一保管。如果真是这样的话,将会给锦屏带来很大的损失和麻烦。首先,锦屏将损失重要的文化资源,诸契约文书的价值也会因此而大打折扣。其次,以前我们在征集时,都同群众说承诺,契约文书县里只是拿去帮他们代管,所有权还是群众的,而且只放在锦屏县档案馆内保存,不拿出去。这些契约文书有相当部分对处理山林土地权属纠纷还有重要参考作用,群众经常来翻阅。如果拿出去了,岂不是对群众不守信用,出尔反尔? 今后群众来查阅怎么向群众解释? 我自己家的和我亲戚家的契约也都放在档案馆里,我个人表示反对。请县政府努力同上级争取,尽可能在锦屏建博物馆。闵启胜说,这事目前只是提出来讨论,还没有最后确定。

2007 年 7 月 9 日　下午,县政府副县长闵启胜电话通知我到他的办公室。闵和挂职期满、即将离任的县委常委兼县政府副县长李腾刚向我了解锦屏契约文书出版的事情。闵启胜说,听说你同中大张应强主编的《清水江文书》已经出版。近日我县领导接到我们省政府和州政府有关领导的批示,省、州领导对你们出版这套书很恼火,认为你们打乱了贵州省关于“锦屏文书”工作的整个计划,使这项工作陷入混乱和被动之中。因为贵州都是用“锦屏文书”一名向国务院有关部委争取支持的。2006 年 10 月,陈至立国务委员也是以“锦屏文书”一名批示到国家发改委和贵州省委的。省委书记石宗源责成省委王富玉副书记召开有李军、龙超云、李飞跃等省、州领导参加的专题会议,对锦屏文书的抢救保护形成了专门的意见。中山大学出版这套书从未与锦屏县政府联系打招呼,出书之后也没有送给锦屏县一套。你作为这套书的主编之一,请你来具体介绍一下出这套书的情况,然后我们来商量如何解决这个问题。

我于是又一次把 2001 年起到 2004 年 3 年中与中山大学合作的情况向闵、李汇报。我说,在 2001 年中大历史人类学研究中心与锦屏县政府签订的合作协议里,就已明确要将所收集到的契约文书结集出版,当时我们就制订有一个具体的工作计划。2004 年 9 月以后,我们贵州这边单方面中止与中大的合作关系,但至今没有任何一个单位以官方的名义正式向中大通报这件事情。作为这项工作的主要参与者和锦屏与中山大学合作的主要联系人,我对我们贵州这边领导的意见也毫不知情。在这种情况下,中山大学继续按照协议和计划工作是情理之中的,我们应该理解。至于书名取为"清水江文书",2002 至 2003 年,中山大学就提出了出版计划,就是用这个书名,因为这个名字包括的地域范围比较宽广,包容量大。"锦屏文书"这一名称,容易给人的错觉是区域狭窄,就单指锦屏县一隅。再则,"锦屏文书"名称是 2004 年由贵州大学张新民教授等最先提出来的,2005 年经省委宣传部、省文化厅、省档案局等几家单位联合行文最后确定的。至于如何解决与中大的问题,我认为,最好的办法是我们贵州省的相关单位与中山大学双方互相沟通联系协商,具体应是我们县政府与中山大学历史人类学研究中心进行协商。如果还像以前那样,光是我们这边说,人家那边不知道,那也解决不了问题。

闵、李二领导要我把这个情况告诉张应强,就说锦屏这边要求暂缓出版《清水江文书》。当晚,我把闵、李二人的意见发电子邮件告诉了张应强。张应强回复说,本月中旬他将带学生来锦屏做田野调查,届时他将与闵启胜等面谈沟通。至于《清水江文书》的书名,因书已经印刷,不可能更改了。

其实,"清水江文书"这一名称对锦屏并非不好。锦屏本来就是清水江文化的核心区,锦屏契约文书是清水江文化的核心内容,只要锦屏县认真地把契约文书搞好、搞出真正的成绩出来,这里自然会成为"清水江文书"的中心,到时,锦屏文书与"清水江文书"是可以划等号的,说到锦屏文书人家就会想起"清水江文书"。同样,提起"清水江文书"人们也就会想起锦屏的。而且,锦屏还会因此而占领清水江文书的制高点。

2007 年 7 月 15 日 中山大学张应强教授带他的研究生邓刚、朱晴晴、贾慧和韩国江陵大学教授金弘吉及其女儿金知恕一行 6 人来到锦屏做暑期田野调查。金弘吉来锦屏的目的主要是想进一步了解锦屏契约文书,当他听到我介绍 2004 年以来锦屏契约文书的情况以后,就放弃了原先的计划。不过还是想让我们带他到文斗、加池等农村的民户家里去看一下契约文书的实际存在状况。我说,现在我们的省、州、县里对契约文书作了较严格的控制,不准外面(尤其是外国)的专家学者直接接触,所以他的这个要求也不能答应,他感到非常失望。

2007 年 7 月 16 日 下午,我同张应强教授应约来到县政府副县长李腾刚的办公室,就锦屏契约文书工作进行座谈,当时还有副县长闵启胜和县政府办公室副主任石玉锡。李腾刚首先介绍贵州这边关于锦屏文书的最新情况。他说,锦屏文书得到你张教授和王宗勋主任的努力,特别是得到你们中大的大力支持,取得了很大的成绩,引起了省乃至中央领导的关注。2004年9月,我们省委黄瑶副书记作了批示,要求锦屏文书暂停与锦屏以外的大学等学术机构的合作,在征集整理完成之前不做任何宣传和研究,目的是避免在外面引起炒作,导致流失。停止合作不是专指中大,也包括贵州大学在内。去年,陈至立国务委员在贵州省给中央写的"抢救锦屏文书的报告"上签字转给省委石宗源书记,大意是:"宗源同志,锦屏文书抢救存在什么困难,请报告中央政府。"宗源书记将此批示转给王富玉副书记。王富玉副书记在当年10月份主持召开常委会议,专门讨论锦屏文书的事情,李军、龙超云和贵州大学校长、副校长,黔东南州州长李飞跃等都参加。王富玉书记交代贵州大学校长,要张新民教授也不要再去搞。前段时间,省里领导打电话给我们县委陈英华书记,说中山大学最近已出版了一套《清水江文书》,与省里的工作部署不大一致,一是与省里不准搞研究出版的意见不一致,二是"清水江文书"与"锦屏文书"一名不符。我们目前给州、省、中央的报告都是用"锦屏文书",突然冒出一个"清水江文书",给我们的工作造成很大的被动。现在上边有个意见,就是希望中山大学不要再出第二辑、第三辑了,暂时不要开有关锦屏文书的学术会。"清水江文书"的书名问题,我们看如何来协商解决?

张应强说,我们2001年开始做锦屏契约文书。当时就有个工作计划,要将收集到的锦屏契约文书逐批整理出版,像徽州文书那样。贵州省的上述意见,至今没有人正式知会我们中山大学。之前,我们与出版商有个出版合同。我们已出了第一辑,目前正在做第二辑。学术会议可以不开。至于"清水江文书"名称应不是大问题,可以协商解决,比如,在"清水江文书"后加括号"锦屏文书",或在"锦屏文书"之后加括号"清水江文书"等。

2007年7月18日 贵州大学中国知识产权研究所所长龙宇晓(天柱县人)来到办公室来找我。他说,他最近在从江县做研究课题,是特意过来找我的,主要是想了解一下锦屏文书的事情。我将我前几年同中山大学合作的情况以及2004年以后出现的情况向他简要介绍。我说,2004年以后,锦屏文书由县档案局在搞,我的精力主要是编修县志。在同他的交谈中,我也谈了一些我对锦屏文书抢救的一些观点和看法。我说,2004 年以后我们贵州省有的领导在锦屏文书问题上的一些做法确实是令人费解。我认为,锦屏文书不应该完全地封闭起来,而应该适当地开放来做。

龙宇晓说,前段时间贵州方面在锦屏文书问题上做的确是不那么如人意,主要表现是有些学术人士和行政官员不是按学术惯例和规则来办事,而是依靠行政命令。省内有的观点认为,以前中山大学合作来做是利用我们贵州对锦屏文书的认识不到位悄悄来做的,是发达地区来掠夺贫困地区的文化资源,等同于清朝末年至民国初年英、法等西方国家来中国巧取掠夺敦煌文书。因为是通过你王宗勋把大量契约文书输送到了中山大学的,所以有的人把你"封"为"王道士",有的偏激者甚至想将中山大学诉诸公堂。现在贵大领导要我来参与做锦屏文书。我认为,要做好锦屏文书,这得有包括中山大学在内的很多外省高校学术机构力量来参与,不能像我们贵州的某些教授和领导那样自我封闭起来做。在锦屏文书的研究上,我们既想同张应强他们合作,同时也希望像你这样的地方学者能同我们一起来做。龙宇晓说,他这次过来的另一个目的,也是为了见一下张应强教授。但恰好张应强带学生贾慧到湖南省靖州做田野调查去了。

龙宇晓提到的"王道士",我开始不太明白。晚上,上网查了一下。原来,王道士的真名叫王圆篆,湖北人,清光绪至民国前期敦煌莫高窟道士。1900 年的一次偶然,他发现了一个藏有数万件唐代经文、画卷等珍贵文物的密窟。他于是多次向当地官府报告,请求采取措施抢救保护,但都未获得重视。后来,英、法、日等国冒险家得知,先后同王圆篆以很低的代价骗买走了上万件文物,造成敦煌文书的大量流失国外。王圆篆卖那些文物所得银两悉数用于莫高窟的设施建设。后人对这个王道士褒贬不一,或说他是造成敦煌文书流失的罪人,因为他的出卖,导致现在敦煌在中国,而敦煌学在国外,中国人研究敦煌文书需要到国外去;有的说他是敦煌文书保护的有功之臣,因为如果他不发现、不把这些东西卖到外国去,留在国内也会被战争或其他原因毁坏掉的,现在至少在国外还能看到敦煌文书。

原来,王道士是这样一个有争议的历史角色。他们把我封为"王道士",我感到既荣幸又很冤。荣幸的是把锦屏契约等同于蜚声海内外的敦煌文书,而我是其发现者。当然,我也明白,他们封我为"王道士",肯定是贬义,即是出卖文物,让锦屏文书外流。这确实是冤啊!因为在我们与中大合作的那几年,我们从没有让一份契约文书的原件流失到省外,更别说国外,送给中山大学的复制件也是按政府的文件行事的。何况,中山大学也不是外国人开办的,他张应强还是贵州剑河的苗族人。

2007 年 7 月 24 日 张应强带金弘吉父女离开锦屏走铜仁。金弘吉到锦屏期间,我们先后带他们在县城和魁胆、茅坪、卦治、乌坡、岑梧等地做调查,主要是看村寨的风貌人文和碑刻。他几次提出要我们带去文斗和加池看契约,我们都不答应他。因为看不到民间契约文书,金弘吉感到很失望。我说,希望你过几年再来,那时形势可能会发生改变。

2007 年 9 月 4 日 县政府副县长闵启胜又电话通知我到他办公室。他说,中山大学出版的《清水江文书》第一辑,给我们省、州、县的工作造成了很大的被动。州里有关领导对此很生气,责问锦屏县为什么不阻止中大出版这套书?他要我再次将与中山大学合作做锦屏契约文书、特别是《清水江文书》出版的情况写成个书面材料报给袁尚勇县长,待县委讨论后报给省、州。我说,对这个问题我已写了好几次汇报材料,就像"文革"时期"坏分子"们写交代材料一样,实在不想写了。可闵副县长坚持要我再写一次。尽管心里很不愿意,但晚上还是把材料整理了一下。5 日上午,我把材料交给闵启胜。

2007 年 10 月 11 日 为了核实《锦屏县志》中《锦屏契约文书》篇的内容,今天上午我到县档案馆要求查阅契约文书,然赵局长说,前两天县里开了个锦屏文书工作的专题会议,县委领导明确指示,不准随便查阅契约文书资料。若必须查阅的话,得有县委宣传部领导的批示方可。我无奈,只有空手而返。

锦屏文书这些年来虽说在国内历史文献等学界有了点名气,但距离让国内外学术文化界都知道、将其申报世界文化遗产的要求还非常遥远,还需要大力宣传,还要请更多的专家学者来关注、来阅读和研究,为什么要把它严严实实地封起来呢?

2008 年

2008 年 1 月 13 日 中午下班时,我在路上遇见我的小学老师、现在县民族中学任教的王经伦老师。他对我说,2002 年龙久腾到小江瓮寨他的岳母周细熙老人家里收来她家的 100 多份旧契约,当时说是很快就把复印件返还给她,现在已五六年了,她都还没有得到复印件。她说很后悔拿给久腾,要求我去把原件退回给她。老岳母已经 80 多岁了,经常念叨那些老契约,说如果得不到那些东西,她死不瞑目。他要我去同县档案局领导说一下,尽快把复印件给她。下午上班时,我即打电话给县档案局的分管副局长欧祝愿,她说,他们将尽快办理。

2008 年 1 月 15 日 张应强教授来电给我,说《清水江文书》第一辑已出版,共有 13 册,书已运到中大,要我找个时间去广州把它带回来。

2008 年 4 月 17 日 上午,我们县史志办公室的联系点文斗村支书姜良锦、主任易遵华和老村干姜廷化来找我,讨论关于县里将文斗列为"社会主义新农村示范点"后,如何开展建设等问题。在讨论中,我提出在文斗建一个林业生态博物馆,重点收藏文斗的契约文书以及其他特色资料和物件,这样既可以解决文斗契约文书安全保管问题(县里出于发展旅游方面考虑,同意文斗不把契约交到县里统一保管),又可供给游客参观,并适当收取些费用。博物馆的经费问题,由我们向上级联系申请。对我的这个建议,几个村干都很赞成。

2008 年 4 月 23 日 上午,县政府副县长闵启胜在六楼会议室主持召开座谈会,向奉命下来检查锦屏文书抢救保护工作情况的省民族事务委员会古籍办公室主任陈乐基等汇报锦屏文书的抢救工作情况。参加会议的有县委宣传部副部长杨秀廷、县档案局局长王奎以及县林业局、县民族宗教事务局等部门的负责人,我也应请出席。

先是陈乐基主任介绍来意。他说,他们是奉省委领导的指示下来就锦屏文书抢救保护工作进展情况以及存在问题作调研的,要求大家介绍情况和谈对这项工作的建议和想法。然后,由闵启胜副县长代表县政府书面汇报锦屏文书抢救保护工作的情况以及存在的问题。他说,锦屏文书抢救存在的问题,最主是缺少经费,还有就是缺乏专业人才。再后是参会部门负责人发言。

因闵启胜副县长点名,我首先发言。我说,锦屏文书抢救工作量大,需要有大量的经费来支持。由于缺乏经费,工作进度较慢,有很多工作都无法开展,原来征集时对群众的承诺都难以兑现,以致群众有意见,进而造成征集困难。其次是对文书征集整理工作县里没有主动权。2004 年以后,省政府成立了锦屏文书工作领导小组,县里就一直听省领导小组的(主要是听省档案局的)。然而从 2004 年至今,将近 4 年了,可省里的锦屏文书领导小组并未真正的开展实质有效的工作,省里各部门之间的关系都还没有协调好。从省的层面来看,锦屏文书抢救研究工作是一盘散沙,没有整合出一支统一有力的队伍。不客气地说,省锦屏文书领导小组是不作为的。再次,听说省州有领导要求将锦屏文书博物馆修建在凯里或贵阳。我认为这样不妥。先前我们去向群众做征集工作时,都向他们保证契约就放在锦屏,不会拿出外面去。若把契约文书拿出去,群众今后来查阅就不方便,所以群众是不会答应的,我自己也不赞成,因为我家和我的亲戚也有契约文书放在档案馆里。再说,从契约文书的研究价值上来讲,一旦离开产生它的特定环境,那么它就失去了应有的价值。所以,请上级领导予以考虑。

杨秀廷也就契约的征集保护谈了较好的意见。他认为,这些年来,省锦屏文书领导小组未能充分发挥其应有的作用,协调好区域内各县之间、各研究机构之间的关系,以致现在各县和有关研究机构各行一套,没有能形成应有的统一力量,将锦屏文书真正的抢救保护和研究起来。其他部门的负责人也都谈了自己的看法。陈乐基主任表示,他回去后,即将会上所听到的意见向省有关领导作反映。

2008 年 6 月 18 日　我上贵阳去贵州大学出版社与该社编辑讨论《乡土锦屏》的排版问题。

2008 年 6 月 19 日　上午,我到省民委找领导递交"关于要求建文斗村苗族生态博物馆的请示",恰好省民族文化宫正在举行一个小型会议,我也应邀参加。主持会议是省民族文化宫主任高聪,参加会的有杨有赓、龙宇晓等。原来,杨有赓从文斗、平鳌两村借去的契约文书先前只退了一部分给我,他还保留有一部分。最近,杨有赓将这部分契约转赠给了省民族文化宫,由龙宇晓负责组织力量进行整理,他们开这个会就是讨论此问题的。我心里有点不是滋味,我一直深深信任的杨有赓先生怎么能把锦屏文书私自授送给其他人呢?他打的借条现在还保存在文斗和平鳌的呀!我到会后,他们就与我讨论建"文斗生态博物馆"的问题。他们建议我以县政府的名义分别向省民委和省文化厅写专题报告,但我对他们的建议半点兴趣也没有。

2008 年 6 月 28 日 我在平略镇农机站欧站长的陪同下,到岑梧村调查林粮间作问题。村主任陆大培、文书陆秀渊带我在村周边转,找林粮间作的地块。二人向我介绍说,他们岑梧历来重视林粮间作,杉树栽下后,一定要在其间套种小米、苞谷等杂粮和叶烟、辣椒等经济作物。过去岑梧田少,缺粮严重,所以套种小米最普遍。自从九几年外面有工打、有钱赚后,人们大多外出打工,粮食不再那么紧张,种小米的人就渐渐少了。这些年种的人很少,收来的都用来烤酒。

果然,我们在村周边转了很长时间,都没有发现林粮间作的地块。最后在一处偏僻的小冲边发现有一块,面积约有两亩,今春刚栽下的杉苗和小米苗都长得很旺盛,为了让杉苗不

图 3-10 岑梧叶烟 (王宗勋摄)

受遮挡的缘故,杉苗周边 30 厘米左右没有小米苗。后来,陆大培又带我去看他自己的一块套种叶烟的幼杉地。他说,叶烟这东西要新地,而我们的地绝大多数都栽有了杉树。这几年国家搞"禁伐",不准砍树,没有新地,所以栽叶烟的也就很少了。

2008 年 8 月 10 日 上午,我邀约县委宣传部副部长杨秀廷一起去三江镇小江看望在那里做田野调查的中山大学硕士研究生朱晴晴。下午,我带朱晴晴到甘寨进行走访。甘寨村也较有历史味道,遗留有古石板道和大宅基。在同龙宜栋等老人们进行访谈中得知,这里在清道光时期曾经盛产用来染侗布的蓝靛,卖到九寨、三江、大同和天柱县的石洞、高酿等侗族地区,远的卖到湖南的洪江。几乎家家户户都栽种有蓝靛,有的人家还因之发家致富。现在甘寨河对面的溪冲里还遗留有 40 多口当时浸泡靛蓝的塘子,大的长宽有三四米、近两米深。后来洋布进来了,家布渐少人穿,蓝靛也就逐渐没人栽种了。龙宜栋说,他们这个寨子也发生多次寨火,契约多数被烧掉了,剩下少数都藏得很深,不轻易拿得出来。

2008 年 10 月 27 日 下午,应县委副书记宋华之请,我到他的办公室与他讨论锦屏文书特藏馆的建设和锦屏文书的抢救保护工作。我向宋华书记提了 4 点建议:1.锦屏文书不能继续关起门来做,而应该开放起来,让其知名度进一步提高。应选择明年或后年的一个恰当时间,在锦屏召开一次高规格的锦屏文书学术研讨会议。这个会议可由中山大学、西南政法大学、贵州大学联合来举办,除国内外专家学者外,还应请省和国家有关部委的领导参加。因为没有做学术支撑,"锦屏文书"这个名称将维持不了很长时间。2.建设锦屏文书特藏馆建设不应拘泥于传统档案思维模式,而应跳出档案,应以大博物馆的理念来搞。3.锦屏民间的文书不宜全部都征集上来,现征集到的两万来份做研究已经足够,应留少部分在民间,这样锦屏文书就会显出多样性和原始性,研究价值会更高。同时,也显出我们锦屏民间文化的厚重。4.在锦屏文书研究方面,目前太缺乏人才。当下应成立直属于县政府的锦屏文书研究中心,利用它作为对外联系各学术机构、对内培养本地人才的平台。

2009 年

2009 年 2 月 8 日 贵州大学龙宇晓教授特意自从江县折道来访我,向我介绍了他去年 7 月下旬到马来西亚首都吉隆坡出席第 16 届国际档案大会的情况。他说,他在会上专文介绍了锦屏文书,引起了较大的轰动。就锦屏文书收集整理问题,他与我进行一些沟通。

2009 年 3 月 21 日 上午,应中山大学张应强教授的请求,我将该校博士研究生邓刚送到平鳌村做"三俅"研究课题的外围资料调查。县公安局退休干部姜贤枝和平鳌小学退休教师姜泽才予我们以热情的接待。

平鳌和文斗是清水江边两个古老的苗寨,两者关系非常密切,同时矛盾也非常多,在文斗和平鳌两村的契约文书中都能够明显的看得出来。应我的要求,下午,两位姜先生带我俩对平鳌与文斗相交界的山场和生产区进行实地查考察。两位姜先生带我们顺着乌斗溪方向的山脊走了近两个小时,一直走到能看到华洞村里格寨和与九佑村党加自然寨相交界的地方,因路实在不好走才止住。这一带地貌破碎,沟谷切割很深,交通极为不便,生产条件十分恶劣,但这一带却是平鳌和文斗两寨重要的木材生产区域,党加、里格等小自然寨是清代中期外地佃户来这里佃种山场而形成的村落。可见当年人们生活的艰辛、生存的不易。

2009 年 8 月 9 日 张应强教授的学生朱晴晴来到锦屏。她硕士研究生毕业后,继续读张应强的博士,张应强将她的博士调查点仍旧放在小江。

2009 年 8 月 10 日 下午,张应强教授与凯里学院副院长徐晓光从黎平来到锦屏。

2009 年 8 月 11 日 徐晓光副院长说,网上对文斗这个村子炒得很厉害,他从未到过文斗,想上去走走看看。于是,我与张应强便陪同他上文斗。在文斗,我们各个景点走马观花地看了一下。老徐的感觉是文斗这地方果然名不虚传,很有历史感,值得来走来看。

晚上,我与张应强就《清水江文书》第二辑的编辑出版进行了具体的商谈。

2009 年 8 月 12 日　我陪同徐晓光副院长下茅坪和天柱县的清浪、坌处、三门塘等沿江村寨,去考察过去"当江"和"争江"发生地的自然环境情况。坌处、清浪、三门塘这 3 个寨子在清代与上游锦屏的茅坪、王寨、卦治 3 寨为了争夺"当江"权进行了长达 100 多年的斗争。在清光绪以前,因上游 3 寨有黎平府的庇护,下游 3 寨屡斗屡败,嘉庆六年(1801)还在嘉庆皇帝的亲自干预下,被黎平、镇远两府联合派兵弹压。光绪后期,清水江流域经济形势发生了变化,资本主义经济迅速发展,在利益的驱动下,沿袭多年的"江规"被买卖木商和"三江"行户们破坏得仅剩虚名。这时,坌处等下游寨又向省政府提出"当江"请求,早已厌恶斗争的茅坪等上游 3 寨也就不再阻拦,坌处等 3 寨于是获得省政府批准"当江"。这样就出现上下两个"三江":上游的茅坪、王寨、卦治 3 寨称"内三江",下游坌处、清浪、三门塘 3 寨称"外三江"。如今,"外三江"中的三门塘还保留些当年"当江"的一些印迹,其他两寨已很难觅到当年的踪迹了。再说,在下游白市地方,湖南人正在修建一座四五十万千瓦的大电站,这 3 个寨子不久将被搬迁。我在坌处和清浪拍了一些碑刻。到远口后,徐晓光他们走天柱,我则搭班车返回。

2009 年 9 月 14 日　上午,根据县政府副县长杨冰的安排,由我陪同国家清史编纂委员会委员陈桦、人民大学清史专家宝音朝克图、北京师范大学清史专家孙立新、黄明及贵州大学中国文化书院马国君一行上文斗考察。我带他们在村里各景点走马观花地看了一下,在村里的农家小饭店里吃了中午饭就回来,接着又赶去隆里古城参观。下午 6 点钟赶到县城,又到县档案馆看了一下所收藏的契约等文书。

陈桦一行是应贵州大学中国文化书院的邀请前来对清水江文书(贵州大学最近又提出要将"锦屏文书"更名为"清水江文书")进行考察的,其目的是计划由贵州大学与锦屏县政府联合向国家申报重点项目经费,将锦屏契约文书系统影印出版成《清水江文书·锦屏专卷》。

在考察过程中,我断断续续地向几位专家介绍了锦屏文书的情况,并就出版的问题与他们进行了一些讨论。陈桦等专家对"锦屏文书"的名称问题谈了些看法。他们认为,用"锦屏文书"来概括清水江流域的契约等文书显得窄了些,"清水江文书"这一概念要广得多,所能包容的东西要多得多。把"锦屏文书"纳入"清水江文书"系统中作为重要部分从整体上来看要恰当些。出版锦屏文书一定要立意高和大,要有排山倒海的气势,能够在国际上有影响。要出版就全部出,而不是只出哪一部分。

看来,对于"锦屏文书"的名称存在有两种不同的看法,一种是以锦屏县和省、州档案部门等贵州省官方坚持用"锦屏文书";另一种是学术界,他们中大多则偏向用涵盖面较宽的"清水江文书",就连原来极力主张用"锦屏文书"的贵州大学的专家们也已改弦接受"清水江文书"了。

2009 年 12 月 2 日　上午,应凯里学院《原生态民族文化学刊》编委会的通知,我到凯里学院参加该学刊编委会年会(我系该学刊的编委之一)。参加会议的有凯里学院院长曾羽、副院长徐晓光、广西民族大学教授徐杰舜以及学院相关部门负责人。会议由学院党委书记龙则池主持。我在会上提出两点建议:一是加强以锦屏文书为主要内容的清水江文化栏目的建设;二是学刊应以黔东南为主要关注地,着力培养本地作者尤其是县一级的作者。我还就锦屏文书的研究问题请教了徐杰舜教授。

2010 年

2010 年 1 月 2 日　应中山大学张应强的邀请,并经县政府有关领导批准,我带办公室聘请人员焦正芳从黎平乘飞机走广东,主要目的是去中山大学取回锦屏县与中山大学合作编的《清水江文书》第一辑,并就第二辑编辑出版工作与张应强商量。

2010 年 1 月 3 日　上午,在张应强位于著名的马丁堂(广东省级文物保护单位)三楼楼梯头那间窄长的办公室里,我第一次看到了《清水江文书》(第一辑)。这一辑共分为 13 册,计收录了加池和文斗两村的契约等文书影印件

5000多份。看到这套书,心里有一种五味杂陈的感觉。这套书从资料收集到编辑出版,可谓历经艰难曲折,劳心劳力,饱受争议,有点像是与"小三"生下的孩子。下午,我与张应强就出版《清水江文书》(第二辑)问题进行了具体讨论,同时初步决定在今年的适当时候由中山大学组织召开一次锦屏文书国际学术会议。

2010年1月4日 中午,我们与中山大学副校长陈春声、历史系主任刘志伟等一起吃午饭。席间,陈春声副校长说,中大与锦屏合作近10年了,我们的校长黄达人多次听我们介绍锦屏是一个山水秀美的地方,也想过去看一下,感受一下老师工作和学生学习的环境,但总是抽不开身。他今年到时间退了,决心过去走一下,时间大概定在3月份。关于召开锦屏文书国际学术会议,陈春声说他考虑一下。

2010年1月5日 我带《清水江文书》(第一辑)两套回来,一套指定送给县里,一套给这套书的主编之一的我本人。由于黎平这边因天气原因飞机无法降落,航班取消,我们只得在机场滞留一天,第二天改飞贵阳而回。

2010年1月8日 我到县委副书记宋华办公室,向他汇报到中山大学取回《清水江文书》(第一辑)的情况。宋华对我说,中山大学出版这套书未征求锦屏县政府的意见,严格来说是不合法的,如贵州这边有人操纵炒作,中大那边会有麻烦的。我说,中大出这套书是按2004年与锦屏县政府签订的合作协议进行的,我们这边没有任何单位正式通知他们说不准出版,他们有他们的说法。我建议宋华方便时过中山大学去走一下,同他们沟通沟通。他也认为是应该找机会过去沟通一下。

宋华还与我就锦屏文书的征集、保管、利用等问题进行讨论。宋华说,现在县档案局在大力进行征集民间契约文书,将契约征集作为一项任务通过县政府布置给各乡镇。我再一次建议说,民间的契约等文书不应全部收集上来,应适当保留一部分在农村,这样才能保持锦屏林业历史文化的多样性和原生态性,才能体现锦屏林区农村历史文化的厚重。目前,县档案馆应把精力较多地放在文书的整理和管理上,以便吸引国内外专家来研究和利用。

2010 年 1 月 10 日　接县委宣传部通知,我和宣传部副部长杨秀廷陪同北京紫晶石文化传播公司编导李显刚、张宁等人上文斗。李、张等人是应黔东南州委领导的邀请,前来为拍摄以锦屏文书为主要内容的清水江林业历史文化专题片而作前期考察的。因单位有事,下午我就赶回来,他们则在杨秀廷的陪同下继续在文斗同群众进行调查访谈。

2010 年 1 月 20 日　下午,县政府副县长龙运俊在县政府六楼会议室主持召开座谈会,向国家林业局资源司副司长徐济德、处长王洪波和国家林业局驻贵阳专员办处长喻泽龙、州林业局局长邓锦光等汇报林业产权制度改革和锦屏文书的情况,县委书记陈英华、县长袁尚勇、县人大副主任文英、县政协副主席舒泽洲和县林业局、县财政局、档案局和县史志办公室等单位负责人参加了会议。徐济德副司长先介绍来意。他说,根据新华社贵州分社周晓农等所采写的锦屏集体林权制度改革的内参报道,国务院领导批转到国家林业局,国家林业局贾志邦局长在文件上签字,要求国家林业局派人下来进行调研。他们即是奉命下来做集体林权制度改革情况调查的,除听县里的汇报以外,还要下到农村和林场向群众做实地调查。

之后,锦屏方面汇报。先是县林业局局长刘剑鸣汇报锦屏林业的历史情况,然后由我汇报锦屏林业契约文书以及价值、开发利用的必要等。徐济德、王洪波、喻泽龙 3 人对民间林业契约文书十分感兴趣,不时向我提出有关契约文书的问题。接着,龙运俊、文英、袁尚勇、陈英华先后汇报了锦屏的林业改革工作。陈英华书记说,锦屏目前"是享受青山绿水的富人,又是守着青山绿水的穷人"。锦屏的希望在山上,林业契约是锦屏的林业历史文化遗产。契约时代体现林业经营的灵活性,老百姓的利益得到最大化实现。所以,老百姓把山当田管,将树当菜种。我们搞林业改革,其宗旨就是使群众的利益实现最大化。我们以前所搞的几次林业改革,不是很成功,因为群众的利益都没有能够实现最大化。前几年我们搞林权制度改革,把"林权证"发给林农,开始时他们高兴了几天,之后就不当回事了。因为他们认为,他们不能真正左右分落给他们的山林。我们对前人留下来的林业契约文书加以研究,从中找出可供借鉴的东西出来,应用到林业改革中去很有必要。

徐济德说,锦屏的林业对国家的贡献很大。了解锦屏的民间林业契约文书也是我们此行的最主要目的之一。通过大家的介绍，我们对锦屏民间林业契约有了一些认识，过去林业契约文书大量存在，这肯定有它的合理性。集体林权制度改革，目的是明晰产权，调动林农的积极性。但要把林农的生产积极性完全释放出来，不能简单地靠明晰产权，这值得我们去深思，需要国家和社会各方面的支持。"林权证"严格来说没有法律依据，得不到法律的支持。锦屏把林农的木材交易强行拉到要素市场上去，这也不完全合理。搞木材采伐改革，我们并不主张搞什么采伐设计和评估，这样会增加林农的生产成本。福建省三明市的林业改革经验在锦屏这里就行不通。我们主张，搞林业改革一定要尽可能地减少林农负担。

2010 年 1 月 21 日 上午，根据徐济德司长的要求，我陪同他们下乡去调研。先是去茅坪镇阳溪村，这里是县里搞集体林权制度改革的试点，各方面工作都搞得较好。茅坪镇党委书记杨帆组织村里的干部和部分村民开座谈会，村支书龙昭煊汇报村里林权制度改革的情况。龙昭煊是个老村干，工作很有经验，汇报有点有面，头头是道，徐济德等很满意。

下午，一行人去三江镇菜园村。这里有一个 1960 年代办起来的集体林场，管理得比较好，历来都是县里搞林业改革的试点。三江镇党委书记向信胜等到村里组织村干和部分村民集中村委办公楼里开座谈会，听取村干和村民们对国家实行"禁伐"等林业政策的意见和建议。在发言时，村干和群众对国家实行"禁伐"政策意见很大。有一名群众还反映说，现在

图 3-11　徐济德看契约文书　（王宗勋摄）

"木材砍伐指标"很难得搞,在县里就给分掉了,有的人掌握有很多的木材指标,但村里一般人根本搞不到。徐济德听了这话很不高兴,当场质问县林业局负责人"是怎么回事？"弄得场面很尴尬。

离开菜园村,徐济德提出一定要带他去农村看林业契约文书。经一番联系,最后我把他们带到三江镇新寨村村民龙久忠家,他家里还保存有十几份山林田土买卖契约文书。徐济德等在农户家里看到契约文书,很高兴,交代龙久忠说,这东西很珍贵,一定要好好保管。

晚上吃饭时,徐济德和邓锦光不断地与我讨论林业契约文书的问题。我趁机向徐济德提出想搞个研究课题,把锦屏林业契约文书与林业改革结合起来加以研究,最后出一本书。这个课题由徐济德领导。他和邓锦光听了之后,都很支持,徐交代我搞一个方案来先报给邓锦光,然后再上报到他那里。

2010 年 1 月 22 日　上午,根据安排,我先是带徐济德等到县档案馆看所收藏的契约等文书,然后陪他们到隆里古城参观。徐对隆里古城不感兴趣,他说,这种古镇在北方较多,在城里转了十多分钟就出来。出了隆里古城,就去看春蕾林场。这时下雨,雾很大,不便上山。在场部里吃了午饭后,他们就走天柱去了。

2010 年 3 月 1 日　今天上午上班,见县政府大门口悬挂一横幅"祝贺锦屏文书入选《中国档案文献遗产名录》"。到办公室后,我即打电话给县档案局局长王奎咨询具体情况。原来,上月 22 日,"中国档案文献遗产工程"国家咨询委员会会议,批准锦屏文书入选《中国档案文献遗产名录》。贵州省入选这一名录的除锦屏文书外,还有黔南的水书。这下,锦屏文书这一名称终于在国家最高层面定了下来,成了"注册商标"。

2010 年 3 月 4 日　下午,经请示县委常委、县委宣传部杨国珍部长同意,在县政法委会议室举行我所撰写、由贵州人民出版社出版的《看得见历史的村寨——文斗》一书的首发仪式。参加座谈会的有宣传部、文化广播电视局、民委、政协文史委、河口乡、文斗村等单位的负责人,由宣传部副部长杨秀廷主持。末了,县电视台记者还就这本书的编写及意义等对我进行了简短的采访。

《看得见历史的村寨——文斗》这本书有 14 万字,以文斗的契约文书等历史文献为切入点,介绍了文斗苗寨的历史人文情况,力求对文斗苗寨的人文旅游资源进行推介。这本书从开始起笔写到出版,历时近7年,延宕的主要原因是出版经费难以筹措。开始时,县政府主要领导亲口答应我财政上帮我出出版印刷经费,但后来其答应却成了画饼。最后,幸亏得到中山大学第二期"985工程"哲学社会科学创新基地重点课题《地方文献与民间文书的历史人类学研究》、贵州省林业厅和文斗籍人士李鸿先生的支持,此书方得以面世。

2010年3月25日 前段时间接到家在天柱县高酿镇攸洞村、我姨兄胡贤维的电话,说他家里有部分古旧文献,要我抽时间过去看一下,如有对我有用的就拿下来。今天,我取道从小江过去。从小江上攸洞没有公路,全是传统的毛路,涉溪爬坡的,鲜有坦途。

胡兄是个佛事工作者,平时以佛事为副业。他说,去年他从该镇地坝村一杨姓人家里买来3箱经文等佛事方面的线装书籍,其中夹杂有一些与佛事无关的书,所以叫我过去看一下。我对他的3箱书进行清理,除了大部分是佛教方面的书外,还有部分是民国时期民间纠纷调解、诉讼和乡党应酬方面的文抄本,有部分是清末至民国时期的私塾教材。我选了20来本涉及民间纠纷调处和诉讼及应酬方面的带下来拍照。

我向胡兄了解有关契约文书事。他说,他家过去是地主,家里田土山林契约较多,可惜都在土地改革时给没收烧掉了。

2010年4月15日 上午,贵州省政协副主席杨玉学率省文化、民委等有关部门领导和专家一行14人在州政协副主席胡国珍等的陪同下来锦屏就三板溪电站水库淹没区民族文化保护问题进行调研。锦屏县政协在烟草宾馆五楼会议室举行汇报会,锦屏县委书记陈英华、县政协主席朱汉琴、县政府副县长龙运俊以及县民宗局、文化局、建设局等单位负责人参加汇报,我也应请到场。

会上,先是由县政府分管电站移民工作的副县长汇报电站库区文化保护的情况,然后由县委书记陈英华就锦屏文书的保护问题进行汇报。陈英华说,锦屏文书是清水江民族文化的典型代表,极具珍贵性,州"四大班子"领导多次开会讨论有关锦屏文书的抢救保护问题。锦屏文书数量大,抢救保护存在很大的困难,最突出的是经费方面,这些困难是地方政府所无力解决的,请省里给予经费等方面的大力支持。省有关部门领导和专家就如何保护锦屏文书提出了些意见和建议,如省文化厅的领导建议对锦屏文书应进行认真的普查,不一定全部都要征集上来,应采取灵活的方式进行保护。省民委的领导认为,锦屏文书的保护应采取多种方式进行,不应一刀切,应采取政府行为与民间群众自发行为相结合。民间私人文书是私有财产,应得到群众的同意。同时托管也是一种方式。杨玉学副主席说,三板溪电站库区民族文化保护工作很重要,各方面都要统一思想认识。地方政府一定要处理好发展与民族文化保护的关系,既要发展好,又要保护好民族传统文化。锦屏文书是清水江民族文化的代表,很珍贵,很重要,我们一定要做好抢救和保护工作。我们回去将协调力量、加大对水库淹没区民族文化的保护投入,同时地方政府也要采取切实有力的措施,把这项工作开展起来。

2010 年 7 月 28 日 上午,根据县政府通知,我到县城赤溪坪犁头嘴原三江区公所办公楼址上参加锦屏文书特藏馆开工仪式。开工仪式由县政府副县长杨冰主持。锦屏文书特藏馆设计成侗族鼓楼形象,计有九层,总建筑面积6988 平方米,设计投资 1900 万元。这笔不小的投资中,国家级财政出 600 万元,其余部分由省、州、县 3 级政府筹措。

锦屏文书特藏馆的开工建设也是我们十多年来从事锦屏文书征集抢救工作梦寐以求的成果。它建成以后,很可能会成为锦屏县城的一个地标性建筑,同时也将是锦屏文书研究的一个很好的平台,对锦屏文书的保护研究及地方文化的发展都将具有深远的意义。

2010 年 8 月 7 日 中山大学校长黄达人偕夫人汪清、副校长陈春声、历史人类学研究中心主任刘志伟一行来锦屏考察,锦屏县委按省部领导规格予接待。上午 8 点,黄达人一行抵达黎平机场,县政府副县长王泽梅率县政协副主席王明相、先期到达的张应强、我以及县教育局副局长吴运熙到机场迎接。9 点,黄达人等到隆里参观考察,隆里组织了 5 条龙在东门广场迎接和表演,然后在导游的引领下在城里参观。中午,在古城里江化远家吃农家饭。饭后,即赶到天柱县三门塘村看中大学生钱晶晶的田野调查点。因天太热,他们去三门塘时间不长,只是到钱晶晶住的杨支书家喝了碗油茶,在村里转了一下便上锦屏来休息。

2010年8月8日　早晨,黄校长一行先是到县城的飞山庙看了一下,然后直接走我的老家魁胆村。黄校长是继1964年贵州省长李立、1983年国家林业部部长雍文涛之后,第三个来到魁胆的省部级官员,而且他还是麾下有成千上万名高级知识分子的中国名牌大学的校长。一个偏远的侗族村寨能够迎接来自中国改革开放前沿地区的名牌大学校长,也堪称奇迹了。

村里非常重视。村民委组织村小学全体师生和全村村民着节日盛装到村东路口列成两队,夹道欢迎,在鞭炮的前引下,将黄达人一行带到村脚的风雨桥上。在风雨桥上,村民们向黄达人等敬上用节骨茶煮的香油茶,唱侗家迎宾歌。之后,村里的退休教师王裕庆等引领黄校长等一行参观村貌和村小学。

图3-12　黄达人(后排左三)等与魁胆村民合影　(张应强摄)

中午,安排在村民龙本洲家吃午饭。按照魁胆侗家最隆重的宴席礼,酒席设在堂屋,由3张四方桌拼成联席。宾主座位十分讲究,黄达人夫妇坐在上位,即背对神龛。在魁胆村习俗里,这个位置只有母舅、祖母舅以及地位尊贵的人才能坐,其他人是不能随便坐的。黄达人夫妇两边依次是村里王昌海、王裕庆两位退休老师、陈春声和刘志伟、张应强和王明相等。菜肴是按魁胆最好的标准做,喝的酒是这里的特产——小米酒。小米酒很有杀伤力,入口香醇绵和,回味甘甜,但后发制人,稍有过量,即被醉翻。席间,男女歌手们向客人唱被称九寨侗歌上品的多声部大歌(嘎阿力),向客人敬酒。面对村民们无法拒绝的热情,黄老校长也喝了几杯,但毕竟不胜酒力,频频向陈春声、刘志伟等告急请帮,最后干脆离席到楼上休息。陈春声、刘志伟、张应强3位教授多次到魁胆,已是老朋友,所以主人们就更放手了。到最后,刘志伟教授完全失去战斗力,陈春声教授勉强能自己走路。临离魁胆时,黄校长还特地向魁胆小学捐赠了5000元。

下午,县里安排黄校长等去参观三板溪电站。晚饭后,他们一行赴黎平。

黄达人校长是第一位来到锦屏的全国重点大学校长。虽然集省部级干部、名牌大学校长和高级知识分子于一身,但他非常谦和,没有那种令人生畏的架子和排场,很具亲和力,甚是受人尊敬和爱戴。上魁胆之前,我悄悄向陈春声教授提出想请黄校长给刚建不久的魁胆风雨桥题字,陈教授说,黄校长最怕别人要他题字,他曾说过,谁要他题字,他就跳楼。在魁胆期间,我斗胆向他提出请他给魁胆风雨桥题字,没有想到他欣然应许,答应回去完成。

2010年9月6日　下午,我到县档案馆查阅契约文书资料,看见工作人员正在整理契约文书的原件,他们竟然在每件原件的边上加盖红色印框,框内填写编号和原持有者姓名。我当即指出,这种做法是对契约原件的破坏,应该停止,要加盖印记只能盖在原件的外缘裱纸上。工作人员说,这是贵州省档案局的领导要求他们加盖的,说这是为了防止丢失。

2010年9月7日　上午,我找到县政府分管副县长杨冰,向他反映在契约原件上加盖印戳的事,请他制止。杨冰当即打电话给县档案局局长王奎,要求他停止这种破坏性的做法。

2010年9月28日　下午,我接通知到县政府五楼会议室参加由副县长杨冰主持的锦屏文书暨清水江木商文化学术研讨会筹备会。参加会议的有县委常委、县委宣传部部长杨国珍,县政协副主席王明相以及县委宣传部副部长杨秀廷、县档案局局长王奎、县文化广播电视局局长杨昌勇等。

杨冰副县长首先传达了黔东南州人民政府对举办2010年州庆和州国际旅游博览会活动的文件,文件要求在今年10月份举办锦屏文书暨清水江木商文化学术研讨会,以进一步宣传推介锦屏文书。学术研讨会主办单位为中共黔东南州委、黔东南州人民政府,承办单位为凯里学院和锦屏县人民政府,会议的经费由锦屏县人民政府承担。随后,我汇报了我与凯里学院副院长徐晓光等筹备的情况(会议举办的方案、与会外地专家学者的联系等),并根据清水江木商文化尚未认真挖掘, 对这一区域文化概念尚未完全界定清楚,外界还不很了解的实际,建议此活动只限于锦屏文书,将"清水江木商文化"内容删除。杨冰认为,这是州政府要求的,不好更改内容。大家认为,举办这种大型学术活动,要尽早把参会的专家学者定下来。

2010 年 10 月 11 日 下午,县政府副县长杨冰主持召开第二次锦屏文书暨清水江木商文化学术研讨会筹备会议。我首先汇报了联系与会专家学者的情况,然后与会者就会议经费、地点、会期、省州有关工作部门领导的联系以及会务、后勤保障安排等问题进行讨论,最后确定:会议地点在县烟草宾馆,会议经费预算 7.5 万元,会期由两天缩短为一天,省、州相关部门领导由县对应部门负责联系邀请,会议筹备组下设后勤、秘书、宣传、安全保卫、会务、医疗 6 个小组,每个组各自制订工作方案并负责相关工作。

2010 年 10 月 13 日 上午,杨冰副县长主持召开第三次锦屏文书暨清水江木商文化学术研讨会筹备会议。县委副书记宋华、县人大副主任龙立俊、县政协副主席王明相以及县档案、宣传、史志、文化广播电视、交通、建设等部门负责人参会。各筹备小组分别汇报工作开展的情况。宋华对筹备工作提出要求:一要加强对环境的整治;二要确保交通的畅通;三是要增加综合协调、信访维稳工作组;四是根据会议需要,将会议经费增加到 15 万元,经费由县档案局负责经管。

2010 年 10 月 15 日 首届锦屏文书暨清水江木商文化学术研讨会在锦屏县城烟草宾馆举行。参会的专家学者有:国家文化部樊传庚博士等 3 人,中国社科院历史研究所研究员、安徽大学徽学研究中心特聘教授栾成显,中国社科院历史所研究员、徽学研究中心副主任阿风,中国人民大学教授张妍,北京理工大学法学院副院长谢晖, 中央民族大学民族学法研究所原所长吴宗金,北京图书馆原研究馆员粟周熊,西南大学历史系教授陈宝良,《林业经济》副主编许勤,中山大学教授张应强,湖南省吉首大学教授罗康隆、杨庭硕,贵州省社科院院长吴大华、原副院长冯祖贻,贵州大学教授张新民、龚丽妮,贵州省苗学研究会龙宇晓,贵州民族学院教授孙兆霞,贵州民族研究所原副研究员杨有赓,中共黔东南州委常委、州政府副州长赵至敏,原副州长单洪根,凯里学院副院长徐晓光,州档案局局长杨通永,天柱县政府副县长李腾刚以及天柱、黎平、三穗、剑河县档案局的负责人等,共 65 人;锦屏方面参加的人员有县长袁尚勇、县人大主任王经勇、县政协主席朱汉琴、县委副书记宋华、县委常委兼宣传部长杨国珍、县人大副主任龙立俊、县政府副县长杨冰、县政协副主席王明相和县委宣传部副部长杨秀廷、县史志办主任王宗勋、县档案局局长王奎、县民族宗教事务局局长刘剑鸣、县林业局副局长杨通灿。会议由凯里学院副院长徐晓光主持。

图 3-13 锦屏文书学术会议会场 (杨胜屏摄)

会场设在烟草宾馆五楼会议室。上午 8 点半至 9 点,与会人员参观从县档案馆搬来展出的契约文书原件。9 点钟会议开始。首先由县长袁尚勇致辞,然后由州委常委、副州长赵至敏讲话。接着是大会主题发言,依次是杨有赓、张新民、张应强、单洪根、龙宇晓、王宗勋,每人 20 分钟。上午发言完毕,与会人员到烟草宾馆大门前合影。下午,会议自由发言,规定每人限 10 分钟。谢晖、吴大华、李腾刚、栾成显、冯祖贻、杨通永、孙兆霞、陈宝良、王明相、张妍、吴宗金、粟周熊等先后发言,最后由县委副书记宋华作会议总结。发言摘要如下:

杨有赓:我是锦屏文书的第一个发现和研究者。1964 年大学刚毕业,我随省民研所民族经济调查组来锦屏作经济调查,在文斗姜元均家发现了当时被视为"封建糟粕"的清代山林买卖契约文书,并同他借出 300 多份作为研究资料。之后 1985 年和 1995 年,又先后两次来锦屏做林业经济调查。最后一次是带日本武内房司来的,在平鳌村又借去了几千份契约。1996年,我应日本东京外国语大学亚非语言文化研究所唐立等人邀请,带800多份锦屏契约文书原件到日本进行整理研究。带锦屏契约文书出去,经过了省保密、文物和民委三家的严格审查。带出去的契约文书,我整理完后又都带回来,并没有留一份原件在日本。2005年1月贵州省"两会"期间,省致公党向省政协会议提出要求保护锦屏文书的提案,这本是件好事,但提案中称"有人将锦屏文书流到日本",这是歪曲事实,所以我就到法庭上起诉相关人员。后来,省文化、档案、出版、文化、教育等几家单位联合下个文件,说锦屏文书属于国家档案,法庭根据这个文件,不支持我的主张,我败诉。

我与锦屏文书结下不解之缘,一生都在追求将锦屏文书发扬光大。记得1999年,王宗勋到我家去,同我谈锦屏文书,说有意继我之后做锦屏文书研究。见后继有人,我很高兴,就将我所收到的平鳌、文斗的契约两千多份交给他带回来。我还亲自陪同王宗勋去找省档案局领导,向他们介绍和说明锦屏契约文书的重要性,但他们无动于衷,说这些东西千篇一律,价值不高,不予支持。无奈之下,王宗勋才找中大的张应强来合作。现在张应强、王宗勋他们把锦屏文书整理出版了十几本,这是个大贡献。

锦屏文书分布之广、数量之多、时间之长全国罕见,它涉及林粮间作、生态环境保护以及社会管理等,在世界上具有唯我独尊的地位,完全可以就此申报世界文化遗产。目前,把锦屏文书定性为档案,我认为是不科学的。因为定为档案,专家学者就无法研究利用。应将它定为民间历史文献,允许专家学者来阅读研究。我赞成张新民教授者的观点,成立"锦学"研究中心。刚才看到锦屏文书原件,发现原件上面加盖有新印章,这是对文书的破坏,应该停止。

张新民:清水江曾是联系中原和西南地区的大通道,对促进西南地区的开发和发展起到重要的作用,所以被称为"水上丝绸之路"。清水江流域盛产木材,明代以后,木材贸易发展,进而促进林业的发展,产生大量的文书。清水江文书记载着林业生产的整个过程,而这方面其他地方历史文献却很少有记载。

现在,清水江中下游民间保存的清水江文书数量达30万份,内容十分丰富,价值非常高。从文献的角度来说,清水江文书是可以同甲骨文和敦煌文书、徽州文书相比肩的,意义十分巨大。最近在天柱还发现清顺治年间和明崇祯年间的。文书产生的时间可能还要早得多。清水江文书具有很强的归户性,同时空间分布也很清楚。在清水江文书中,我们可以了解到国家在这里的影响,了解到生产制度和社会管理制度,这里有很多被称为"习惯法"的规范性文书。从这些文书中,可以清楚地看到社会血缘关系的变化,可以还原老百姓的生产和生活以及社会发展的历史面貌。

图 3-14 　与会专家参观锦屏文书 （王宗勋摄）

　　研究锦屏文书不是几个人、一两个机构所能完成的,需要有人类学、社会学、法学、民族学等众多学科来关注和参与,建议建立"清水江学",如同敦煌学、徽学一样。这些年,我努力奔走呼吁,希望能得到国家项目来支撑。搞清水江文书需要国家和学术机构来共同努力,还应当兼顾各方面的利益。通过清水江文书带动地方经济文化的发展,这方面地方政府也有责任。清水江文书如何保护利用,使之变成活的文化遗产,将之申报为世界文化遗产,意义更大?我们现在就是往这方面努力。

　　张应强:那几年我们同锦屏的合作尝试是很有意义的,使我们对锦屏文书的价值有了初步的认识。2004年后,合作就告一段落,但以后每年都要来锦屏一两次做田野调研。我们做锦屏文书的原则是,在县里收集到的文书,原件都留在当地,因为这些文书只有留在原保存地才有价值,才有利于学术的持续发展。我们没有能力穷尽和终结锦屏文书的研究,但希望把它发扬光大,希望有更多的人一代一代做下去。若能如张新民教授所说的建立"清水江学",使清水江文书成为一门学问,那是非常有意义的。

这些年,我对锦屏文书的认识还只是感性的,还很粗浅。今天我们看到的文书大多是契约,是民间协议文书,可以从这些协议文书中了解这里区域社会的历史演变情况。这些文书也不完全是私契,也有国家与私人的联系互动方面的,有少数民族对汉文化的学习、民间关系的兼顾。锦屏文书绝大多数是"白契",也即是未经官府盖印确认。大量"白契"的存在,说明民间协商权威的存在,民间信用体系完整存在。通过锦屏文书,我们可以看出区域社会生活的协商性以及协商过程的复杂性。

单洪根:介绍清水江木商文化。我认为,清水江流域自明代以来发展的木材贸易,促成了清水江木商文化的形成。清水江木商文化具有开放性、法规性、封建性、儒商性、投机性和竞争性6大特点。

龙宇晓:2008年7月下旬,我到马来西亚首都吉隆坡参加第16届国际档案大会。在会上,推介了锦屏文书,使锦屏文书进一步让世界知道。锦屏文书是中国土著民族的文化遗产,全面记载了混农林经济的整个过程,包括经验,这在全世界都是有独特意义的。锦屏文书目前已处于濒危状态,必须加以抢救和保护。文书的保护必须有一定的机制,要照顾当地人的权益,要让当地社会受益。

王宗勋:锦屏文书为什么在民间大量存在,其原因:一是苗侗等少数民族对汉文字的崇拜;二是对契约文书发生作用的生产资料私有制时代的怀念甚至抱有幻想;三是土地改革、农业合作化、"四固定"等各个时期基层工作不细致、不彻底,留有后遗症,以致契约文书在解决山林土地权属纠纷过程中仍具有现实的参考价值。

谢晖:我们国内有多个地方发现有地方文书,如敦煌、徽州、自贡、台湾的宜兰和高雄等,近年来在锦屏县发现清水江文书。清水江文书数量之多,仅次于徽州文书。这些文书是地方习惯法,是国家法律在这里的具体体现。以前,西方国家普遍认为中国缺乏民间法基础,无规范意识。清水江文书的大量发现,这些文书都是记载民间习惯法的素材,这就回击了西方认为我国缺乏民间法基础、缺乏规范意识的言论。

锦屏地区先民的法律意识很强,订立契约非常主动。这些契约中,大多都是白契,未经官府验证,说明我们这里的古人规则意识很强。外国人通常认为,中国人的权利意识较淡薄。但从清水江文书来看,锦屏地区先人的权利意识非常强,这怎么能说我们的先人缺乏权利意识呢? 有交易就有权利。对这众多的清水江文书的研究,可以进一步唤醒我们国民的法律意识、权利意识。从清水江文书中,我们可以感受到近代资本主义萌芽的滋生,原始股份合作经济。

我建议,在凯里或贵阳成立一个清水江文书研究中心,我们可以参与进来,对清水江文书进行深入的研究。

吴大华:我们以前主要是在榕江、从江、黎平等地区做调查研究,对清水江一带关注较少,所以对清水江文书了解不是很多。听了上述专家学者介绍后,觉得锦屏文书很神奇,内容十分丰富,如山林土地买卖、利益分成、财产分割、权属纠纷解决、宗族和村寨事务管理等,它涵盖清水江流域社会的各个方面,反映清水江古代社会文化生活的发展变迁。现在已引起不同学科、视野的关注和研究,这是好事。我们也计划组织力量加入这方面的研究。

李腾刚:我 2006 到 2007 年在锦屏县政府挂职,负责锦屏文书工作。现在到天柱县,也是负责搞文书工作。锦屏文书如何保护,我认为需要整合资源,各方面一起努力才行。收集契约文书,前段时间是锦屏县档案部门在做。陈至立国务委员批示下来后,开始时省文化厅也想牵头做,但发现不好做,后来就还是由档案部门在做。2006 年 10 月 24 日,省委常委开了个会,讨论锦屏文书的征集和保护问题。锦屏文书进馆以后,如何保护和向社会开放的问题,应研究出一个方案来,现在省档案局布置做锦屏文书数字化,就是为了利用打基础。

栾成显:我在上世纪九十年代在日本岸本美绪那里看到锦屏契约文书。首先,锦屏文书如何定位? 我国很多地方都有明清时期的契约文书,但差别很大,数量或多或少,以徽州文书数量最多,50 多万份。台湾文书也有 3 万多份。锦屏文书有 30 多万份,仅次于徽州文书。这是宝贵的文化遗产。这些年,由于杨有赓等学者的努力工作,取得了很大成绩。现在,锦屏文书的收集整理取得的成绩和开发利用还不平衡;名称也不统一,有称"锦屏文书",有称"清水江文书",有称"林业契约文书""苗侗法律文书"等;抢救也是多个部门参与,有档案、有文化、有学校,还有政府,名称不统一、多方面介入,这样也不利于文书的进一步开发。

我提三点建议:第一,思想观念上,我们或多或少存在保守思想,怕开放。

契约文书不等同于档案,几百年前的文书不能与现行官方产生的档案等同起来。这个观念一定要改变,文书一定要开放。不然,30万件文书将发挥不了什么作用,就如同废纸。其实,有效的保护与合理的开发利用并不矛盾。第二,机构和资源上应该整合。否则,各自为政,就不利于文书的开发利用。贵州省成立了一个政府授权的锦屏文书保护工作机构,但竟然没有人来参加会,很不理解。第三,清水江流域的文化资源应整体开发,不要小打小闹,小打小闹成不了气候。30几万件文书与目前的开发利用很不相称,建议搞一个大的国家项目,把所有的文书全部整理出版,出版上几百册,这样不但是在国内,就是在世界上也很有影响。这些大型书主要面向国际上的大图书馆,一套几十万元,这样给县里也能创收。搞这些东西,一定要有高度,一定要摒弃部门利益观念,听说贵州省档案局有意见不来参加这个会,这是不对的。文书放在档案局保管可以,但绝不能把它封存起来。

稍后补充:锦屏文书归户性很强,不像徽州文书那样乱。收集整理时,一定要注意保持其原始性和归户性,对文书原保存户的信息要注意收集。还有就是防止贩子到农村去乱收买,同时还要防止造假,徽州文书有不少是伪造的。

杨通永:2006年8月,新华社贵州分社记者王丽就锦屏文书抢救保护问题向中央写了一份内参,登载在《国内动态清样》上,这份清样送给时国务委员陈至立同志审阅批示。陈至立同志对这事很关注,当天即签署意见并转给贵州省委。陈至立同志的意见转到贵州省委后,引起省委、省政府的高度重视,随后召开有关会议专门研究"锦屏文书"的有关抢救与保护工作,并于同年10月正式成立了贵州省锦屏文书抢救保护领导小组,组长由省政府副省长蒙启良担任,办公室设在省档案局,省档案局当时的局长刘强兼任办公室主任。2007年初,黔东南州政府和锦屏、黎平、天柱、三穗、剑河5个县相继成立了锦屏文书抢救保护工作领导小组,开始大规模的抢救工作。至今,全州共已收集到8万多件,现正在整理。今年,投资1900万元的锦屏文书特藏馆在锦屏动工兴建。以上说明省、州政府对锦屏文书抢救的重视。

锦屏文书是清水江人民接受汉文化的表现。我们应站在更高的高度来看待,来抢救保护和利用。目前,涉及锦屏文书的专家学者不少,但力量分散,各干各的,建议应整合这些力量,以一个单位为基础力量来做。我们档案部门在这方面没有号召力,应以诸如凯里学院、贵州大学等学术机构来承头做。

　　锦屏文书应有明确定位。有专家说,锦屏文书是继故宫档案和徽州文书之后的第三大文书,下一步还应多做宣传,进一步扩大影响。

　　锦屏文书应彰显珍贵。锦屏文书的价值很高,是另一类"敦煌文书",特藏馆建起来以后就成了另一个"莫高窟"。至于如何开放,现档案馆只是让看,不让拍照。如让人随意、过多地拍照,那么锦屏文书的就会失去其珍贵的价值。锦屏文书如果过度开发,就显得门槛很低,其珍贵价值就体现不出来。

　　冯祖贻:对于锦屏文书我很早就已知道,以前杨有赓来找过我,后来王宗勋也来找过我。我们也想做,当时我觉得时间还有些早,而且情况比较复杂,特别是黄瑶的那几条意见,弄得很不顺畅,我没有胆量做。但后来张应强他们冲破阻力,把工作做出来,出了十几本书,让锦屏文书同大家见面,这是很大的成绩。后来清史委的人来找我谈,想搞个 55 万的项目,把这些文书系统整理出版,我觉得自己年龄大了,力不从心,所以就放弃了。现贵州大学想做,我也很支持。

　　锦屏文书的整理应有序进行。前段时间做了很多工作。在抢救上,应走有序的道路,不论文书、文物、档案,只要把他们收集上来加以保护就好,现在关键是如何把它有序地利用起来。上午听了王宗勋介绍,他们征集文书非常艰难,王宗勋他们那时走的路,现在可能行不通了,应考虑其他的路子和办法。应考虑按市场规律,搞些经费下去征集,给文书持有人以相应的利益,贵州民院的孙兆霞他们这方面比较有经验。但按市场规律办,我很担心有文书造假,有的人就会炒作,所以要注意鉴定。同时,利用者也应该考虑保管者的利益。

　　把锦屏文书定为"林业契约",范围太小,不能反映它的全部内容,称为"锦屏文书"是可以的,但是不是考虑范围更大一点的概念? 其他如天柱县出的文书称为"锦屏文书"他们是不是有意见? 这个名称要让其他地方能够接受。

　　过去提地方文书首先就是徽州,现在锦屏文书有 30 多万件,全国排第二,世界上都有名。现在领导也很重视,据说陈至立批来 6000 万用来搞锦屏文书,不知这些钱都用在哪里去了?(杨通永插话:"这 6000 万只是个传说,没有的事")我们是不是找一个出版商联合出一大套书,把所有文书都出版。这样,我们黔东南、锦屏在世界上就会有大的影响,到时候锦屏就是中心了。

　　孙兆霞:我们在贵州安顺地区做屯堡文化研究时,也发现一些契约文书。那些文书,当地群众不同意收集上来,而要留在那里作为发展旅游的资源。这样,我们就买保险柜将文书保存起来,统一放在村里保管。村里还打算以这些文书为基础,建一个小型博物馆来接待游客。

王明相:我们从 2001 年开始同中山大学合作开展锦屏文书抢救,有些成绩,有些经验,需要好好总结。后来贵州大学加入进来,扩大对锦屏文书的研究,是一件好事。锦屏文书的收集抢救需要大量的经费投入,地方政府财力有限,大学的经费也困难,必须有项目来支撑。锦屏文书应彰显珍贵,过早开放会影响其价值。但对研究人群应有区别对待,保管部门应与研究人员、研究机构签订协议。锦屏文书的保管、研究和开发、利用,从我们的角度看,应当作为促进锦屏地区经济社会发展的品牌来做。

陈宝良:我对锦屏文书谈 3 点意见:1.锦屏文书都是民间私人的文书,与官方的档案不一样,不应该视同于档案。2.锦屏文书应与碑刻、族谱等互为补充,相辅相成。3.锦屏文书收藏与利用的关系问题。征集和收藏很重要,但如何有效利用更重要。不利用起来,这些文书的价值就体现不出来。我不同意为了彰显其价值就把文书封存起来,只有让更多的专家学者来利用这些文书,它的价值才能得到最好的彰显。最后,我送上两句话:"锦屏藏文书,清江通天下。"

杨庭硕:几十万件文书是锦屏的财富。现我在做生态人类学,锦屏文书在生态方面的价值给我以全新的感觉,完全颠覆了过去的传统观念。过去认为,搞生态环保,就要把农民从要保护的土地上赶出去,把地圈起来搞保护。对锦屏文书研究得出的结论是,清水江苗侗族农民种粮食的过程,其实也是植树造林的过程,也是环境保护的过程,这种模式延续了几百年。如何处理好林地的利用和生态保护问题,如何处理好经营者近期利益和长远利益问题,锦屏的先民创造了很好的经验,这些经验在锦屏文书中有很多的反映。关于锦屏文书的保护和利用问题,我认为把保护和利用对立起来是不对的,最好的利用就是最好的保护。

锦屏文书是活态的文书。这些文书其实就是整个地区经济关系、社会关系的综合反映,每一份都有其特定的价值,而且大多数都具有迁延效力。我们从锦屏文书中可以看出,锦屏的青山绿水从何而来。

吴宗金:此前王宗勋向我介绍了些锦屏文书的情况,说他们从百姓手中把契约文书拿来,只打个收据。这些文书涉及群众个人权益问题,个人权益受到法律的保护,光打个白条是不行的。锦屏文书十分庞大,研究它不是凯里学院或其他一两个机构所能完成的,需要多方面参与才行。锦屏文书涉及人类学、法学、民族学、林学等诸多学科,需要很多专家学者的关注。王宗勋以契约文书为切入点,写了本《文斗》的书,很不错。建议下一步编一本能影响各学科的锦屏文书文集。我同意王明相说的锦屏文书应该为当地的经济社会发展服务。我建议将锦屏县城的两座风雨桥建成锦屏文书文化长廊,将锦屏文书制成精美的挂幅放上去,这样就成了全国唯一的契约文化长廊。同时,在100多里的三板溪两岸村寨间适当点缀些带有契约文化气息的建筑景点,打造契约文化江湖,效果会很好的。

图3-15　与会全体人员合影　(杨胜屏摄)

阿风:锦屏文书让我大开了眼界,锦屏所收藏的文书数量之多大大超出我的想象,研究人数之多也超出想象。我谈几点意见:一是文书的定位。锦屏文书是中国传统文书的组成部分。明代以后,文书纳入国家体制,各地的文书都发展起来。随木材贸易的发展,文书进入清水江流域地区。从锦屏文书中可以看到苗侗少数民族与汉族文化的交融,也可以看到清水江的历史与中国历史联系在一起。有的说锦屏文书是继故宫清代档案和徽州文书之后的中国第三大地方文书,这样说不准确。文书与档案不是同一类,不能比。锦屏文书只能与徽州文书相比,属于第二大地方文书。另外,对锦屏文书的整理,应拟定一个标准,不要重蹈徽州文书的覆辙。锦屏文书的保护和利用问题,建议将你们已开建的特藏馆建成锦屏文书研究中心,将文书在那里面陈展出来,使这个馆成为爱国主义教育基地,人家来看后受到启发和教育。锦屏文书应每隔几年开一次国际学术研讨会,以进一步提高锦屏文书的知名度。

张妍:锦屏文书确实具有很高的价值,从中可以看出明清时期中国经济的全国化、中国资本主义经济的萌芽等历史问题,我们可以摸索出中国发展的轨迹。前面有学者说锦屏文书应彰显珍贵,这不错。但我们应从本质上认识锦屏文书的珍贵性,它是全人类的,不是一个部门的。彰显珍贵不应该是把它封起来,而是应该真正地开放,让更多的人来研究,出更多的成果。应把锦屏文书有计划、分批次的整理出版,让更多的人能看到、研究。

文书现在由档案部门来统一保管,这也好。但在农村搞小型的保管、立体的保管,这既有利于文书的保护,同时也有利于地方旅游发展。我们保护锦屏文书,终极目标是让它发挥其应有的作用,否则它就是废纸。研究越深入,其价值就越能彰显。每两三年开一次学术会是很必要的。

我是国家清史编委会文献组的工作人员,我们是文献的组织整理者。我们所编的文献也包括地方文书,徽州文书、湖北文书、山西文书等。锦屏文书我们也已将它纳入整理的范围,把锦屏文书出版成在世界上都有影响的大集子,这样对地方经济的发展是有积极作用的。

粟周熊:我不苟同王宗勋主任说的,锦屏文书大量保存下来的原因是苗侗人民对汉文字的崇拜,我认为是当年搞的土地改革不彻底造成的。

我是图书馆出身的。过去农村没有杀虫技术,但这些文书都得到很好的保存,其中肯定有奥秘,值得图书馆借鉴。对锦屏文书的保护,我建议要"四个统一",即认识统一、组织统一、规划统一、经费统一。不然,大家都视之为"肥肉",都来抢,这样就把力量分散,而且互相扯皮。

按照学术界的常规,开一个高层次的学术会议,往往需要半年左右的时间作准备。而今天这个会准备时间才有一个多月。由于时间仓促,大部分与会专家学者没有来得及准备论文,有的在会上的发言都是临时准备的,有的纯粹是为了应付。但大家都觉得会开得很好,很有意思,此前对锦屏文书持有不同观点的人都来了;行政界和学术界之间、学术界内部之间有关锦屏文书的各种不同的观点、意见都在这会上提了出来，在这里发生交集和碰撞，使各专家学者对锦屏文书都有了一定的了解，锦屏文书在国内的学术界得到了较好的宣传。很多专家学者认为，像这种会再开上两三次，锦屏文书在学术界的地位就基本上确定了。

2010 年 10 月 16 日　上午，会议组织所有与会人员赴民族村寨文斗参观。先是乘两辆中巴车到三板溪码头，然后分乘包船抵文斗。到文斗后，由我负责"导游"，向一行人介绍文斗的生态环保等情况，并在上寨姜廷庆的家里参观了其所存的契约文书。在文斗能够看到契约文书的原件，所有人员都十分高兴。大半天下来，我口干舌燥，声音嘶哑。

图 3-16　笔者(右一)与张新民(右四)、杨庭硕(右六)、张妍(右七)、冯祖贻(右八)、
　　　　栾成显(右九)等部分专家在文斗　（吴宗金摄）

中午，一行人在上寨姜冠标家开的"农家乐"饭店里吃饭，所吃的鱼肉瓜豆等都是他们自己生产的，味道很不错，大家都较满意。晚上在烟草宾馆，我拜会了栾成显先生，他向我重复了昨天的观点：这些文书一定得向专家学者开放，封起来是不行的。否则，它就是废纸一堆，没有什么价值。只有开放让大

家来研究,它的价值才得以彰显,它的作用才得以发挥。

2010 年 10 月 17 日 上午,所有与会人员陆续离锦返程。

下午,我回到办公室,静静地回想这个会议,想对它做个评价。说内心话,这个学术会开得不是很成功,主要是因为准备仓促,与会者大都没有学术论文,会议没有产生出一个可供大家看的成果,甚至连这个会议的纪要都落实不下由谁来写。

但是,这个学术会却是十多年来锦屏文书抢救保护工作的结果和总结,是对我们这十多年工作的最好肯定。同时,这个会又是锦屏文书抢救保护和研究工作的新开始。如果政府能按照会上专家学者们所提的建议和意见真正去落实,组织一帮甘愿在寂境中孜孜不疲的人努力地去做的话,锦屏文书肯定是会成为姜穆先生所说的"黔学的一门显学"的,这朵中国地方文献的奇葩肯定是会大放异彩的!

跋

　　自参加工作以来,我就养成了记工作笔记的习惯。对每天所做、所见、所闻的事情,自己认为是重要的都要记录下来。

　　1995年10月,贵州省民族研究所原副研究员杨有赓先生,带领日本东京外国语大学教授唐立来锦屏考察民间契约文书。通过他们,我才知道在我们锦屏民间还散藏有大量的旧山林土地契约文书。1997年3月,姜继源老人将他保存的一批旧契约文书交给了我,嘱咐我认真研究,做出些名堂来。此后,我便与民间契约文书结下了缘。特别是2000年10月与中山大学张应强教授结识后,在他的鼓励和支持下,我更将民间契约文书的收集整理研究当成了重要的事业来做。在此后的几年里,我与张应强携手倾力,在各方面的支持配合下,使锦屏文书由最初被遗落在清水江两岸大山深处的故旧纸张变成了知名的地方文化品牌,成为了"黔学的一门显学"。虽不敢贪天之功为己有,但本人在这过程中确是做了一些力所能及的事。在这过程中,有困惑和彷徨,有庆幸和愧疚,有成功和喜悦,也有愤怒和无奈。

　　《寻拾遗落的记忆——锦屏文书征集手记》以日志的形式记录了我在1995年10月至2010年10月的15年间,从事契约等文书征集整理研究工作中的所作所为、所见所闻、所思所悟,记录了锦屏文书这株奇异山花从大山深处一步步走上学术殿堂的艰难历程。其中,有对锦屏文书留存最初的状态和自然、社会环境的印象,有农村群众和基层干部对诸文书的心理态度,有文书背后的悲喜故事,也有笔者对诸文书的肤浅认识与理解。

这本书最大的特点是纪实性。事件发生的时间、地点、过程以及相关的角色都是真实的。2004年后,锦屏文书征集整理工作中出现了一些在现在看来属于插曲和花絮、但在当时却引起各方面有不同看法的事。为不影响和谐,在秉持纪实原则的前提下,笔者对个别人名和事件的某些情节做了些技术处理。

对于是否出版这本书,我犹豫了很久。有的朋友建议我不要匆忙出书,再等上几年时间,一是等事件再沉淀些时日,二是再修改提炼一下。但现在碰到了我认为比较好的机会:一是清水江文书(锦屏文书)学术研讨会今年10月初在锦屏召开,二是锦屏有关部门争取到革命老区转移支付资金项目经费经费来支持出版锦屏文书与锦屏文学系列丛书。于是,我就有点匆忙地把它抛了出来。

这是一本拙作,不当之处,在所难免,欢迎指正。如有冒犯,请多包涵。

王宗勋

2015年5月31日晚于锦屏望江新城